Die zulassungsüberschreitende Verordnung von Fertigarzneimitteln (Off-Label-Use)

RECHT & MEDIZIN

Herausgegeben von den Professoren
Dr. Erwin Deutsch, Dr. Bernd-Rüdiger Kern, Dr. Adolf Laufs, Dr. Hans Lilie,
Dr. Andreas Spickhoff, Dr. Hans-Ludwig Schreiber

Bd./Vol. 90

PETER LANG

Frankfurt am Main · Berlin · Bern · Bruxelles · New York · Oxford · Wien

Martin Schwee

Die zulassungsüberschreitende Verordnung von Fertigarzneimitteln (Off-Label-Use)

Eine Untersuchung vorwiegend im Bereich des Rechts der Gesetzlichen Krankenversicherung unter besonderer Berücksichtigung der sozialgerichtlichen Rechtsprechung

PETER LANG
Internationaler Verlag der Wissenschaften

Bibliografische Information der Deutschen Nationalbibliothek
Die Deutsche Nationalbibliothek verzeichnet diese Publikation
in der Deutschen Nationalbibliografie; detaillierte bibliografische
Daten sind im Internet über <http://www.d-nb.de> abrufbar.

Zugl.: Göttingen, Univ., Diss., 2007

D 7
ISSN 0172-116X
ISBN 978-3-631-57175-0

© Peter Lang GmbH
Internationaler Verlag der Wissenschaften
Frankfurt am Main 2008
Alle Rechte vorbehalten.

www.peterlang.de

Vorwort

Die vorliegende Arbeit wurde im Sommersemester 2007 von der Juristischen Fakultät der Georg-August-Universität zu Göttingen als Dissertation angenommen. Neuere Literatur und Rechtsprechung konnten bis April 2008 Berücksichtigung finden.

Zuvorderst gilt mein Dank Herrn Prof. Dr. Dr. h.c. mult. Hans-Ludwig Schreiber, der die Anregung zu dem Thema der Arbeit gab. Er hat deren Fertigstellung sowie meinen Werdegang in vielfältiger Weise gefördert. Bedanken möchte ich mich auch bei Herrn Prof. Dr. Harald Bogs für die zügige Zweitbegutachtung.

Dank schulde ich weiter den Freunden und Kollegen aus meiner Göttinger Zeit als Mitarbeiter von Herrn Prof. Schreiber, besonders Herrn Dr. Florian Schwill für die wertvolle Zusammenarbeit während meiner juristischen Ausbildung sowie Herrn Dr. Daniel Combé für seine weitreichende Motivation.

Ich danke meiner Familie. Meine liebe Frau Sandra hat mich durch ihr Verständnis und ihre Ermutigung bei der Fertigstellung der Arbeit entscheidend unterstützt. Aufrichtiges Interesse und freundschaftliche Zuwendung habe ich zudem durch meine Großmutter erfahren. Meine Eltern, denen ich diese Arbeit widme, haben durch ihr Vertrauen sowie ihre uneingeschränkte Förderung meiner Ausbildung die Anfertigung dieser Arbeit erst ermöglicht.

Kassel, 06. Mai 2008   Martin Schwee

Inhaltsverzeichnis

Teil 1: Einleitung

A. Einführung

In der Medizin werden in besonders rasantem Tempo Fortschritte erzielt und Forschungsergebnisse für die praktische Anwendung nutzbar gemacht. Nicht selten ist die Rechtswissenschaft und -praxis berufen, möglichst ebenso schnell die mit dem medizinischen Fortschritt einhergehenden Rechtsprobleme zu erkennen und zu lösen. Als Ergebnisse solcher Bemühungen sind aus der Gesetzgebung der Vergangenheit etwa die Schaffung des Arzneimittelgesetzes von 1976 sowie des Transplantationsgesetzes von 1998 zu nennen. Die rechtliche Komponente der Medizin stößt nicht immer auf Zustimmung, sondern wird von Ärzten und anderen im medizinischen Bereich Tätigen vielfach als fortschritts-hemmend kritisiert. Allein der Umfang und die Fremdheit der juristischen Aspekte der Medizin machen die tägliche Arbeit von Medizinern komplizierter und für den behandelnden Arzt auch unsicherer. Wenn dabei auch von der Gefahr der Verrechtlichung der Medizin gesprochen wird, so kann doch die grundsätzliche Notwendigkeit einer Regelung ärztlicher Tätigkeit und medizinischer Vorgänge nicht mehr bestritten werden.[1]

Besonders am Beispiel der Diskussion um das Transplantationsgesetz wird dies deutlich. Sie befasste sich eingehend mit der rechtlichen Einordnung des medizinisch längst Möglichen. Bis Ende der 1960er Jahre galt der Herz-Kreislauf-Stillstand als der unstreitige Todeszeitpunkt des Menschen. Im Jahr 1967 gelang dem Chirurgen Christiaan Neethling Barnard die erste Herztransplantation, was auch zu einem Überdenken der Merkmale des Todes führte. In der Bundesrepublik Deutschland stellte sich der Gesetzgeber mit dem Entschluss zum Erlass eines Transplantationsgesetzes dieser Problematik. Die Frage nach der Grenze zwischen Leben und Tod als maßgeblicher Zeitpunkt für die Organentnahme beim Spender wurde interdisziplinär diskutiert und stellte hohe Anforderungen an die rechtswissenschaftliche Einordnung. Eingang in das Transplantationsgesetz von 1998 fand schließlich das nicht unumstrittene Hirntodkriterium. Dies wird als der irreversible Zeitpunkt angenommen, von dem ab der Organismus nicht mehr gesteuert wird, sondern allein restliche organische Vitalfunktionen vorhanden sind.[2] Eine Definition des Todes über das Hirntodkriterium nahm der Gesetzgeber jedoch nicht vor, er stellte den Hirntod in § 3 Abs. 2 Nr. 2 TPG als Mindestvoraussetzung der Organentnahme neben die Todesfeststellung gem. § 3 Abs. 1 Nr. 2 TPG, welche weiterhin allein den erweiterbaren Er-

---

[1] *Schreiber*, Der Chirurg 1980, S. 411.
[2] *Schreiber* in: Festschrift für Erich Steffen, S. 459.

kenntnissen der medizinischen Wissenschaft unterworfen ist. Es gelang hier somit, durch juristisches Eingreifen in die ärztliche Tätigkeit das Vertrauen in die Transplantationsmedizin zu stärken.

Auch in der breiten medizinischen Praxis berühren sich Medizin und Recht: Gerichtliche Auseinandersetzungen zwischen Arzt und Patient etwa wegen möglicher Behandlungsfehler sind längst an der Tagesordnung. Es wäre jedoch verfehlt, die Arbeit der Rechtswissenschaft und –praxis hier als Bedrohung anzusehen oder abzulehnen. Im Gegenteil kann die Rechtswissenschaft im Dienste der Medizin arbeiten, indem sie Vorgänge in der Medizin rechtlich strukturiert und absichert und damit eine größere Transparenz und Verlässlichkeit schafft, somit letztlich das Vertrauen der Patienten zu stärken vermag. In diesen Rahmen lässt sich auch das dieser Arbeit zugrunde liegende Problem einfügen.

In jüngerer Zeit trifft Medizin auf Recht auch dort, wo es um die ärztliche Verordnung von Arzneimitteln geht, welche den im Zulassungsverfahren nach dem Arzneimittelgesetz festgeschriebenen Bedingungen nicht entspricht (Off-Label-Use).

In der Praxis ist das Problem seit langem bekannt, es ist so alt wie das Zulassungsverfahren selbst: In vielen Bereichen ist die im Zulassungsantrag genannte Indikation nicht ausreichend, sie wird dem späteren Einsatz des Arzneimittels nicht gerecht. Der pharmazeutische Unternehmer beantragt die Zulassung getreu seiner marktwirtschaftlichen Ausrichtung für Bereiche, in denen sich die notwendige Refinanzierung seiner Entwicklungskosten realisieren lässt. Daraus folgt unmittelbar der Zwang für die Ärzte in Bereichen außerhalb dieser „marktwirtschaftlichen Indikation", dass sie bei erkannter Wirksamkeit ein Arzneimittel anwenden müssen, welches für diese konkrete Anwendung im Zulassungsverfahren aber nicht überprüft wurde.

In vielen Bereichen der Medizin, so etwa in der Onkologie, der Pädiatrie oder bei der Behandlung von HIV-Patienten ist ein Off-Label-Use gängige Praxis und nicht hinfort zu denken. In der Pädiatrie werden nach einer Studie in der stationären Arzneimittelversorgung zwischen 25 % und 90 % aller Arzneimittelverordnungen für Kinder und Jugendliche entweder off-label oder ohne nationale Zulassung getätigt.[3] In der Onkologie wird von einem Anteil von bis zu 60% in der Regelversorgung ausgegangen.[4]

---

[3] *Bücheler/Schwoerer/Gleiter*, Bundesgesundheitsbl. 2003, S. 467 (468).
[4] *Zylka-Menhorn*, DÄBl. 2001, A3413.

Dieser auch als zulassungsüberschreitende Verordnung, Off-Label-Use oder Verordnung außerhalb zugelassener Indikationen bezeichnete Vorgang wirft - auch nach Äußerung des BSG zu der Thematik in dem wegweisenden Urteil vom 19.3.2002[5] und dem Aufgreifen des Problems durch das GMG vom 14.11.2003[6] sowie das 12. AMG-Änderungsgesetz vom 30.7.2004[7] - eine Vielzahl von Rechtsfragen auf.

Es stehen bei diesem Off-Label-Use von Arzneimitteln elementare Grundsätze der Arzneimittelanwendung im Widerstreit. Zum einen ist der seit der „Contergan"-Katastrophe im deutschen Arzneimittelrecht nicht mehr wegzudenkende Grundsatz der Arzneimittelsicherheit betroffen: Werden künftig Arzneimittel in Bereichen angewandt, in welchen diese zuvor nicht auf ihre Unbedenklichkeit und Wirksamkeit getestet wurden, so birgt dies ein Gefahrenpotential. Zum anderen sind hier die ebenso wichtigen Prinzipien der effizienten Versorgung des Patienten durch die gesetzliche Krankenversicherung zu beachten. Stellt die Regelung des durch das GMG vom 14.11.2003 eingefügten § 35b Abs. 3 SGB V hier einen richtigen und gerechten Lösungsweg dar oder handelt es sich um eine unzureichende Regelung? Weiter stellen sich berufsrechtliche Fragen: Was sagt das ärztliche Standesrecht sowie die einzelnen Berufsordnungen der Ärzte über das Thema der zulassungsüberschreitenden Verordnung von Arzneimitteln aus? Schließlich werden auch wirtschaftliche Konsequenzen für Ärzte und pharmazeutische Unternehmer zu erörtern sein. Rechtsfragen sind vor allem zu beantworten hinsichtlich der Regresspflicht des Arztes gegenüber der Krankenkasse sowie der Haftung des pharmazeutischen Unternehmers für Arzneimittelschäden.

B. Definition des Off-Label-Use

Der Begriff Off-Label-Use beschreibt die Anwendung von zugelassenen Arzneimitteln außerhalb der im Zulassungsverfahren genannten und geprüften Bedingungen. Abweichungen hiervon können bei näherer Betrachtung ganz verschiedenartig sein, da die Zulassung in mehrfacher Hinsicht überschritten werden kann.

---

[5] BSG, Urteil v. 19.3.2002, Az.: 31 KR 37/00 R, BSGE 89, 184.
[6] BGBl. I S. 2190.
[7] BGBl. I S. 2031.

Die Praxis kennt dabei eine Verordnung eines Arzneimittels außerhalb der geprüften Indikationen[8], außerhalb der geprüften Applikationsart[9], außerhalb der empfohlenen Minimal- und Maximaldosis, außerhalb der geprüften Altersstufe, Arzneimittelverordnung bei Kontraindikationen sowie die Verordnung von nicht zugelassenen Arzneimittelkombinationen.[10] Generell zulassungsrelevante Merkmale des Arzneimittels sind Bezeichnung, Bestandteile, Darreichungsform, Anwendungsgebiete, Gegenanzeigen, Nebenwirkungen, Art und Dauer der Anwendung, Dosierung, Überdosierung, Warnhinweise, Anwendung während der Schwangerschaft (§§ 22 ff. AMG); eine jegliche Abweichung von diesen Zulassungsmerkmalen bei der Anwendung des Arzneimittels stellt einen zulassungsüberschreitenden oder zulassungsfremden Gebrauch dar.[11]

Auch wenn es allein um die Anwendung eines zugelassenen Arzneimittels außerhalb der zugelassenen Indikationen geht, entstehen Definitionsprobleme. So war zu beobachten, dass die Zulassungsbehörden bei der Beschreibung der Anwendungsgebiete „hoch spezifisch formulieren"[12]: Etwa Altersgrenzen der Prüfklientel, Stadien der Erkrankung oder auch Dokumentationserfordernisse finden sich in diesen Beschreibungen, möglicherweise aus Gründen einer Haftungsvorbeugung, wieder.[13] Zur Abhilfe einer unnötigen Ausuferung der Klassifikation von Arzneimittelanwendungen als Off-Label-Use wurde daher etwa die Heranziehung der Unterscheidung zwischen Anwendungsgebiet und Anwendungsbereich nach dem ATC-Code[14] vorgeschlagen.[15] Erst beim Überschreiten des therapeutischen Bereichs über die definierte dritte Stufe des ATC-Codes

---

[8] Häufig wird die Definition des Off-Label-Use auf diese Abweichung von den zugelassenen Anwendungsgebieten als Hauptanwendungsfall beschränkt, vgl. *Niemann*, NZS 2002, S. 361.

[9] *Pschyrembel*, Klinisches Wörterbuch, Stichwort Applikation: Art der Anwendung des Arzneimittels (etwa Pulver, Tabletten, Saft, Tropfen, Kapseln in der peroralen Applikation, Zäpfchen, Lösungen in der rektalen Applikation oder Injektion, Infusion, Inhalation in der parenteralen Applikation).

[10] *Wartensleben*, PharmR 2002, S. 128 (129); *Bücheler/Schwoerer/Gleiter*, Bundesgesundheitsbl. 2003, S. 467 (468); *Ludwig/Müller-Oerlinghausen/Willich*, Bundesgesundheitsbl. 2003, S. 455.

[11] *Francke/Hart*, SGb 2003, S. 653 (654).

[12] *Dierks*, Bundesgesundheitsbl. 2003, S. 458 (460).

[13] Vor diesem Hintergrund wurde zudem das Problem von Klinikärzten und niedergelassenen Ärzten beschrieben, ausreichende und vollständige Informationen über den Zulassungsstatus zu erhalten: Rote Liste, Fachinformation, Beipackzettel und auch AMIS-Datenbank von BfArM/PEI/BVL seien in der täglichen Praxis nicht ohne Hindernisse auszuwerten. Vgl. *Bausch*, HessÄBl. 2002, S. 327 (328); anders jedoch *Hopf*, DÄBl. 2002, A1069 (1070).

[14] ATC-System: Anatomisch-therapeutisch-chemisches Klassifikationssystem zur Erfassung von Umfang und Struktur der vertragsärztlichen Arzneimittelverordnungen.

[15] *Dierks* in: Glaeske/Dirks, Off-label-Use Weichenstellung nach dem BSG-Urteil 2002, S. 56, 66.

hinaus wäre hiernach eine Neubewertung der Nutzen-Risiko-Analyse erforderlich.[16]

Der Begriff des Off-Label-Use bezieht sich auf zulassungspflichtige Fertigarzneimittel nach dem AMG. Ein Off-Label-Use liegt damit vor, wenn ein Einsatz des Arzneimittels erfolgt, welcher gem. § 29 Abs. 2a AMG eine Zustimmung der Zulassungsbehörde oder gem. § 29 Abs. 3 AMG eine Neuzulassung erforderlich macht.[17]

Arzneimittelanwendungen, welche den Bereich des § 29 AMG dagegen nicht betreffen, werden als „unlicensed use" bezeichnet.[18] Hier findet eine Anwendung außerhalb einer (nationalen) Zulassung statt. Als Beispiel aus der Pädiatrie ist hier etwa die Gabe von modifizierten Fertigarzneimitteln[19] zu nennen.[20]

Weiter ist der Off-Label-Use abzugrenzen von dem sog. „compassionate use". Diese Anwendung ohne arzneimittelrechtliche Zulassung findet aus humanitären Erwägungen unter den mit dem 14. AMG Änderungsgesetz aufgestellten Voraussetzungen statt.[21]

---

[16] *Dierks* in: Glaeske/Dirks, Off-label-Use Weichenstellung nach dem BSG-Urteil 2002, S. 56 mit Verweis auf *Kloesel/Cyran*, AMG, § 29 A1.O, Rn. 25.

[17] *Schroeder-Printzen/Tadayon*, SGb 2002, S. 664.

[18] *Schroeder-Printzen/Tadayon*, SGb 2002, S. 664.

[19] § 4 Abs. 1 AMG: Fertigarzneimittel sind Arzneimittel, die im Voraus hergestellt und in einer zur Abgabe an den Verbraucher bestimmten Packung in den Verkehr gebracht werden oder andere zur Abgabe an Verbraucher bestimmte Arzneimittel, bei deren Zubereitung in sonstiger Weise ein industrielles Verfahren zur Anwendung kommt oder die, ausgenommen in Apotheken, gewerblich hergestellt werden. Fertigarzneimittel sind nicht Zwischenprodukte, die für eine weitere Verarbeitung durch einen Hersteller bestimmt sind.

[20] *Bücheler/Schwoerer/Gleiter*, Bundesgesundheitsbl. 2003, S. 467 (468), m.w.B. aus der medizinischen Praxis.

[21] Vgl. Teil 2, A.III.2.d.

Teil 2: Die zulassungsüberschreitende Verordnung nach dem Arzneimittelrecht

Der zweite Teil dieser Arbeit stellt die verordnungsrelevanten Bereiche des Arzneimittelrechts vor, nennt die Voraussetzungen und prüft schließlich die Zulässigkeit des Off-Label-Use von Arzneimitteln in diesem Rechtsbereich. Ausgangspunkt hierfür sind vor allem die Regelungen des Arzneimittelgesetzes von 1976 in heutiger Gestalt.

A. Entwicklung und Regelungen des Arzneimittelrechts

I. Der Verkehr mit Arzneimitteln bis 1961

Nachdem seit Jahrhunderten der Medizingeschichte die Herstellung von Arzneien durch die Heilkundigen selber erfolgte, bildete sich durch die Zunahme der Aufgaben und Erfahrungen auf diesem Gebiet der Apothekerberuf heraus. In Europa entstanden im 12. und 13. Jhd. selbstständige Apotheken, das erste europäische Apothekenregelwerk war die „Constitutiones Regni Siciliae" Friedrich II. von 1231: Allein der Apotheker war zur Herstellung von Arzneimitteln berechtigt.[22] Seit dem 14. Jhd. entstanden Apothekenordnungen der Städte, welche in der Folgezeit durch landesrechtliche Regelungen ersetzt wurden.[23]

Eine umfassende gesetzliche Regelung des Arzneimittelverkehrs wurde in der Bundesrepublik Deutschland erstmals mit Inkrafttreten des Gesetzes über den Verkehr mit Arzneimitteln am 01. August 1961[24] geschaffen. Bis zu diesem Zeitpunkt existierten verschiedene Gesetze und Verordnungen, die Teilgebiete dieses Rechtsbereichs regelten. In der Gewerbeordnung (GewO), im Gesetz über den Verkehr mit Betäubungsmitteln vom 10.12.1929[25], in der Verordnung über den Verkehr mit Arzneimitteln vom 13.3.1941[26] waren Regelungen über den Verkehr mit Arzneimitteln enthalten.[27] Versuche einer Bündelung des Rechts über den Arzneimittelverkehr in einer reichsgesetzlichen Regelung wurden seit 1928 mit der Ausarbeitung von insgesamt vier Gesetzesentwürfen unternommen, alle schlugen aber fehl. Weitere Bemühungen wurden durch den Zweiten Weltkrieg verhindert. Nach Gründung der Bundesrepublik Deutschland

---

[22] *Müller-Römer/Fischer* in: Blasius/Müller-Römer/Fischer, Arzneimittel und Recht, S. 21.
[23] *Müller-Römer/Fischer* in: Blasius/Müller-Römer/Fischer, Arzneimittel und Recht, S. 21.
[24] Gesetz über den Verkehr mit Arzneimitteln v. 16.5.1961, BGBl. I S. 533.
[25] RGBl. I S. 215.
[26] RGBl. I S. 136.
[27] Ausführlich: Begründung zum Entwurf des AMG vom 13.11.1958, BT-Drs. 654.

lag 1952 ein erster Entwurf eines Bundesgesetzes über den Verkehr mit Arzneimitteln vor.

Die bis 1961 geltenden Bestimmungen über Herstellung und Verkauf von Arzneimitteln sind im Wesentlichen die folgenden.

1. Herstellung von Arzneimitteln

Die Apothekenbetriebsordnungen, welche von den Ländern erlassen wurden, regelten detailliert die Herstellung und Abgabe von Arzneimitteln. Normadressaten waren hierbei jedoch nur die Apotheken. Demnach blieb die industrielle Herstellung von Arzneimitteln gänzlich unberücksichtigt. Arzneimittel konnten somit grundsätzlich von jedermann hergestellt werden. Einschränkungen ergaben sich lediglich für Impfstoffe und Sera[28] sowie für neue Arzneifertigwaren (Arzneispezialitäten).[29] Probleme mit dieser lückenhaften Regelung wurden dadurch aufgeworfen, dass sich die Herstellung von Arzneimitteln mehr und mehr auf die Industrie verlagerte, und die Apotheken somit mehr Verteiler als Hersteller der Arzneimittel wurden.[30]

2. Verkauf von Arzneimitteln

§ 6 Abs. 1 GewO schränkte den Anwendungsbereich dieses Gesetzes für den Verkauf von Arzneimitteln dahingehend ein, dass nur die ausdrücklich hierfür aufgenommenen Bestimmungen gelten. Somit kam eine Anwendung der sonstigen allgemeinen Bestimmungen der GewO nicht in Betracht. § 6 Abs. 2 GewO enthielt eine Verordnungsermächtigung für die Bestimmung der für den freien Verkehr zugelassenen Apothekerwaren. Eine entsprechende Kaiserliche Verordnung erging am 22.10.1901.[31] § 35 Abs. 4 GewO enthielt einen Untersagungstatbestand für den Handel mit chemischen Präparaten, die Heilzwecken dienen, im Fall einer das Leben und die Gesundheit von Menschen gefährdenden Handhabung des Gewerbebetriebes. § 56 Abs. 2 Nr. 9 GewO schloss den Ankauf oder das Feilbieten von Arzneimitteln im Umherziehen aus. § 80 Abs. 1

---

[28] Etwa in Preußen: Runderlass betreffend Vorschriften über Impfstoffe und Sera vom 15.7.1929, Amtsbl. d. Min. f. Volkswohlf. Sp. 664.

[29] Verordnung über die Herstellung von Arzneifertigwaren vom 11.2.1943, RGBl. I S. 99.

[30] *Deutsch/Spickhoff*, Medizinrecht, Rn. 806, 818; *Deutsch/Lippert/Anker/Ratzel* in: Deutsch/Lippert, AMG, Einl. Rn. 1.

[31] RGBl. S. 380.

GewO ermächtigte zum Erlass der Deutschen Arzneitaxe, mit der die möglichen Gewinnspannen der in Apotheken abgegebenen Arzneimittel festgelegt wurde. Die Abgabe von rezeptpflichtigen Arzneimitteln erfolgte aufgrund der Verordnung über den Verkehr mit Arzneimitteln vom 13.3.1943[32] nur in Apotheken. Über den Verkauf von Arzneien in Apotheken enthielten die Apothekenbetriebsordnungen Vorschriften.

3. Werbung für Arzneimittel

Bis 1961 gültige[33] Beschränkungen in Bezug auf die Werbung für Arzneimittel enthielt die Polizeiverordnung über die Werbung auf dem Gebiete des Heilwesens vom 29.9.1941.[34] Gem. §§ 1, 3 Abs. 1, 2b, 5 Abs. 2g dieser Verordnung wurde die irreführende Werbung für Arzneimittel und ihnen gleichgestellte Mittel und Verfahren sowie die Laienwerbung untersagt.

4. Strafrechtliche Vorschriften

§ 367 Nr. 3 und Nr. 5 StGB sahen eine Ahndung für Fälle vor, in denen eine Zubereitung oder Abgabe von nicht freigegebenen Arzneien ohne polizeiliche Erlaubnis erfolgte, oder die Vorschriften über die Zubereitung oder Feilhaltung von Arzneien nicht beachtet wurden.

II. AMG 1961

Das Gesetz über den Verkehr mit Arzneimitteln vom 16.5.1961[35] beendete diesen Zustand der rechtlichen Zersplitterung. Es trat am 01. August 1961 in Kraft.

1. Wesentlicher Inhalt

Der wesentliche Inhalt des AMG 1961 besteht in einer neuen Definition des Arzneimittelbegriffs, der Einführung einer Herstellungserlaubnis sowie der Einführung einer Registrierungs- und Kennzeichnungspflicht für Arzneimittel.

---

[32] RGBl. I S. 136.
[33] Vgl. BGH, Beschl. v. 25.6.1953, Az.: 3 StR 80/53; BGHSt 3, 12.
[34] RGBl. I S. 587.
[35] BGBl. I S. 533.

a. Definition des Arzneimittels

Nachdem schon in den alten Verordnungen Versuche einer Definition des Arznei- oder Heilmittelbegriffs unternommen wurden, enthält § 1 Abs. 1 AMG 1961 erstmals eine Definition, die losgelöst von dem Begriff der Krankheit auf Körperfunktionen, den Zustand oder die Beschaffenheit des Körpers sowie auf körpereigene oder in diesen aufgenommene Stoffe abstellt.[36]

Alle vorherigen Versuche einer Definition des Begriffs sprachen von der Verhütung, Linderung oder der Beseitigung von Krankheiten.[37] Problematisch war diese Definitionsgrundlage, da wiederum Uneinigkeit über den Krankheitsbegriff bestand. Welche körperlichen Zustände sind als Krankheit zu bezeichnen? Fällt schon ein kurzzeitiger Kopfschmerz darunter oder handelt es sich hierbei nur um ein Vorstadium zu einer Krankheit oder um eine nur unerhebliche, noch nicht krankhafte Beeinträchtigung des Körpers?[38]

Mit dieser Einsicht definierte § 1 Abs. 1 AMG 1961 das Arzneimittel nunmehr auf Grundlage der bezweckten Wirkungen, namentlich etwa die Beeinflussung von Körperfunktionen, der Ersatz körpereigener Wirkstoffe oder die Beseitigung schädlicher Stoffe oder Lebewesen im Körper.

b. Herstellungserlaubnis

§§ 12 bis 19e AMG 1961 lösten schließlich das bereits angesprochene Problem der verstärkt auftretenden industriellen Herstellung von Arzneimitteln. In Anlehnung an die bestehenden Herstellungsvoraussetzungen für Apotheken bedarf es nun gem. § 12 Abs. 1 AMG 1961 einer Erlaubnis zur Herstellung von Arzneimitteln auch außerhalb von Apotheken. Aufgrund der Gefahren für die Allgemeinheit bei der Massenherstellung von Arzneimitteln wurde eine bloße Anmeldung der Produktion, gekoppelt mit der Möglichkeit eines Herstellungsverbots, als unzureichend erachtet.[39] Keiner Erlaubnis bedurfte etwa die Herstellung von Arzneimitteln durch Apothekeninhaber, solange dies sog. Hausspezialitäten sind und nicht im Großhandel oder auf andere Weise massenartig ver-

---

[36] Vgl. Begründung zum Entwurf des AMG vom 13.11.1958, BT-Drs. 654.
[37] Verordnung betreffend den Verkehr mit Arzneimitteln v. 22.10.1901, RGBl. S. 380; Polizeiverordnung über die Werbung auf dem Gebiete des Heilwesens v. 29.9.1941, RGBl. I S. 587; Verordnung über die Herstellung von Arzneifertigwaren v. 11.2.1943, RGBl. I S. 99.
[38] Vgl. BGHZ 23, 184.
[39] Vgl. Begründung zum Entwurf des AMG vom 13.11.1958, BT-Drs. 654.

trieben wurden.[40] Die apothekenrechtlichen Vorschriften waren für diese Art der Arzneimittelherstellung ausreichend.[41] Ferner wurden Ärzte und Krankenhäuser im Rahmen des landesrechtlichen Dispensierrechts von der Erlaubnispflicht befreit.[42]

§§ 13, 14 AMG 1961 stellten die Voraussetzungen zur Erteilung der Herstellungserlaubnis auf. Dabei beinhaltete § 13 AMG 1961 Versagungstatbestände: Besaß der Herstellungsleiter nicht die erforderliche Sachkenntnis oder besaß er nicht die erforderliche Zuverlässigkeit, so war die Erlaubnis zu versagen. Das Gesetz ordnete eine gebundene Verwaltungsentscheidung an, es blieb demnach kein Raum für ein Ermessen der Behörde. § 14 AMG forderte für den Nachweis der erforderlichen Sachkenntnis etwa die Bestallung zum Apotheker oder ein Zeugnis über eine Prüfung nach abgeschlossenem Hochschulstudium der Chemie, Medizin, Zahnmedizin, Tiermedizin oder Biologie in Verbindung mit einer mindestens zweijährigen praktischen Tätigkeit in der Arzneimittelherstellung. Diese etwa auch im Gaststättenrecht zur Versagung der Erlaubnis verwandten Begriffe „Zuverlässigkeit" und „erforderliche Sachkenntnis" stellten demnach hohe Anforderungen an die Person des Herstellungsleiters. Ziel dieser Ausgestaltung der Erlaubnispflicht war eine möglichst erfolgreiche Qualitätssicherung der Arzneimittelherstellung.[43] Gem. § 15 Abs. 3 AMG 1961 konnte die einmal erteilte Erlaubnis widerrufen werden, wenn Versagungsgründe bekannt wurden oder eine mit der Erlaubnis gem. § 15 Abs. 1 erteilte Auflage nicht erfüllt worden war.

c. Registrierungspflicht

Arzneimittel, welche Arzneispezialitäten[44] darstellen, wurden gem. § 21 AMG 1961 der Registrierungspflicht unterworfen. Zweck dieser Regelung war es zunächst, einen Überblick über die Arzneimittel zu erlangen.[45] Ausreichend für die Registrierung war ein Bericht über Art, Umfang und Ergebnis der pharmakologischen und ärztlichen Prüfung unter Angabe der Prüfer sowie der festgestellten Nebenwirkungen. Eine über diese formellen Erfordernisse hinausge-

---

[40] § 12 Abs. 3 Nr. 1 AMG 1961, BGBl. 1961 I S. 533 (536).

[41] Die persönlichen Voraussetzungen zur Berufsausübung des Apothekers regeln die Reichsapothekerordnung v. 18.4.1937 sowie die Bestallungsordnung für Apotheker v. 8.10.1937.

[42] § 12 Abs. 3 Nr. 2 AMG 1961, BGBl. 1961 I S. 533 (536).

[43] *Pabel*, Arzneimittelgesetz, S. 18y.

[44] Gem. § 4 AMG 1961 sind dies: „Arzneimittel, die in gleichbleibender Zusammensetzung hergestellt und in abgabefertigen Packungen unter einer besonderen Bezeichnung in den Verkehr gebracht werden."

[45] *Sander*, AMG Bd. 1, A I, S. 10.

hende Prüfung, etwa ein Wirksamkeitsnachweis, war in diesem Registrierungsverfahren zunächst nicht vorgesehen. Ein materielles Zulassungsverfahren wurde zwar in Betracht gezogen, aber schließlich nicht umgesetzt.[46] Es sollte durch
das AMG 1961 die Entwicklung neuer Arzneimittel oder die Weiterentwicklung
vorhandener Präparate, etwa durch umfangreiche klinische Prüfungen, weder
verhindert noch verzögert werden.[47] Auch sollte eine staatliche Überprüfung der
therapeutischen Wirksamkeit gerade unterbleiben, damit keine „behördliche
Empfehlung für eine bestimmte therapeutische Anwendung" abgegeben wird.[48]
Auf den Punkt gebracht sollte also die Unschädlichkeit und Wirksamkeit des
Arzneimittels in vollem Umfang dem Hersteller überlassen werden.[49]

Diese liberale Auffassung über den Umfang staatlichen Eingriffs in den Arzneimittelverkehr wurde alsbald bestraft, und es wurden sodann strengere Regelungen erforderlich, die zunächst durch eine Verschärfung der Registrierungspflicht[50], schließlich aber durch die Einführung einer Zulassungspflicht mit
Wirksamkeitsnachweis[51] umgesetzt wurden.

d. Kennzeichnungspflicht

§§ 9 bis 11 AMG 1961 führten die Kennzeichnungspflicht für Packungen und
äußere Umhüllungen von Arzneispezialitäten und Fertigarzneimittel ein. Die
Kennzeichnung erfolgte über die Angabe der Registernummer, des Inhalts nach
Gewicht, Rauminhalt oder Stückzahl, der Darreichungsform, der Art der Anwendung, der Bezeichnung der arzneilich wirksamen Bestandteile und des Verfalldatums.

e. Apothekenpflichtige und freiverkäufliche Arzneimittel

§§ 29 bis 32 AMG 1961 regelten die Abgabe von Arzneimitteln in Apotheken
bzw. deren Freiverkäuflichkeit. Grundsätzlich waren alle Arzneimittel i.S.d. § 1

---

[46] *Kloesel*, NJW 1976, S. 1769 (1770).
[47] Vgl. Begründung zum Entwurf des AMG vom 13.11.1958, BT-Drs. 654: „Die Durchführung einer solchen [therapeutischen Wirksamkeits-] Prüfung würde aber zu einer erheblichen Verzögerung der Registrierung führen, was gegenüber dem Hersteller nicht vertretbar
erscheint."
[48] Begründung zum Entwurf des AMG vom 13.11.1958, BT-Drs. 654.
[49] Vgl. Darstellung bei *Kloesel*, NJW 1976, S. 1769 (1770).
[50] Eingeführt durch das zweite Gesetz zur Änderung des Arzneimittelgesetzes vom 23.6.1964,
BGBl. I S. 365.
[51] Eingeführt durch das AMG 1976 vom 24.8.1976, BGBl. I S. 2445.

Abs. 1 AMG 1961 apothekenpflichtig. Als Ausnahmen hiervon beinhaltete das Gesetz einen Katalog freiverkäuflicher Arzneimittel, eine Definition für eine darüber hinausgehende Freiverkäuflichkeit[52] sowie eine Verordnungsermächtigung zur Zulassung weiterer freiverkäuflicher Arzneimittel.

f. Überwachung der Herstellungsbetriebe

§§ 40 bis 42 AMG 1961 eröffneten die Möglichkeit der Überwachung von Betrieben, in denen Arzneimittel gewonnen, hergestellt, zubereitet, ab- oder umgefüllt, aufbewahrt, verpackt oder abgepackt, feilgehalten oder abgegeben wurden. Der Gesetzgeber formulierte einen Überwachungsauftrag an die Exekutivorgane der Länder, eine regelmäßige Überwachung dieser Betriebe hinsichtlich der gesetzlichen Vorschriften des Arzneimittelverkehrs zu gewährleisten. Nach § 40 Abs. 2 S. 1 AMG 1961 sollte „in der Regel alle zwei Jahre" eine Besichtigung vorgenommen werden.

g. Wichtige Änderungen des AMG 1961

Wie bereits dargestellt, wurden schon sehr bald nach Inkrafttreten des AMG 1961 strengere Regelungen erforderlich.[53] Diese wurden bis zu seinem Außerkrafttreten am 31.12.1977 in den folgenden Punkten umgesetzt.

aa. Ausweitung der Registrierungspflicht nach Thalidomid

Die Registrierungspflicht wurde 1964 infolge der Katastrophe um das Arzneimittel Contergan neu geregelt.

α. Der Contergan-Thalidomid-Fall

Das Pharmaunternehmen Chemie Grünenthal GmbH brachte 1957 das Schlaf- und Beruhigungsmittel Thalidomid[54] unter dem Handelsnamen (Warenzeichen)

---

[52] § 31 AMG 1961: Arzneimittel, die ausschließlich zu anderen Zwecken als zur Beseitigung oder Linderung von Krankheiten, Leiden, Körperschäden oder krankhaften Beschwerden zu dienen bestimmt sind.

[53] Vgl. Teil 2, A.II.1.c.

[54] Internationale Bezeichnung für die Substanz N-Phthalylglutaminsäure-imid, vgl. *Beyer*, Grenzen der Arzneimittelhaftung, S. 1 (dort Fn.3).

Contergan auf den Markt.[55] Contergan stand in dem Ruf, ein Medikament mit hoher Wirksamkeit bei äußerst geringen Nebenwirkungen zu sein.[56] Es scheiterten Tierversuche, in denen die Dosis ermittelt werden sollte, bei der 50 % der Versuchstiere getötet werden, die sog. dosis letalis 50.[57] Diese positive Einschätzung führte zu einer weiten Verbreitung Contergans, zwischen 1961 und 1963 nahmen etwa fünf Millionen Patienten das Arzneimittel ein.[58] In den Jahren zwischen 1958 und 1963 traten gehäuft Gliedmaßenfehlbildungen bei Neugeborenen auf, die später sogenannte Thalidomid-Embryopathie[59]. Im Juni 1961 wurde der Kinderarzt an der Hamburger Universitätskinderklinik Widukind Lenz auf diese Häufung der Fehlbildungen aufmerksam.[60] Nach mit anderen Forschern zusammen durchgeführten Erhebungen erhärtete sich im Herbst 1961 die Hypothese, dass Auslöser der Fehlbildungen ein toxischer, höchstwahrscheinlich oral aufgenommener Faktor sei.[61] Anfang November 1961 stellte Lenz fest, dass in den ärztlichen Untersuchungsberichten betroffener Eltern mehrmals die Einnahme von Contergan-Tabletten durch die Schwangeren in den ersten Schwangerschaftsmonaten angegeben worden war. Am 26.11.1961 berichtete die Welt am Sonntag, am darauffolgenden Tag kündigte Grünenthal die Rücknahme sämtlicher thalidomidhaltiger Arzneimittel aus dem Handel im In- und Ausland an.[62]

Heute steht fest, dass durch thalidomidhaltige Arzneimittel weltweit zwischen 5.000 und 10.000 Menschen mit Gliedmaßenfehlbildungen geboren wurden. Darüber hinaus traten in einer Vielzahl von Fällen Nervenschäden vorwiegend bei solchen Patienten auf, die das Medikament über einen längeren Zeitraum eingenommen hatten.[63] Viele von ihnen starben. Allein in Deutschland betrug die Zahl der betroffenen, überlebenden Kinder fast 3.000.[64]

---

[55] *Beyer*, Grenzen der Arzneimittelhaftung, S. 1.
[56] *Stapel*, Die Arzneimittelgesetze 1961 und 1976, S. 262.
[57] *Beyer*, Grenzen der Arzneimittelhaftung, S. 1.
[58] *Stapel*, Die Arzneimittelgesetze 1961 und 1976, S. 264.
[59] *Pschyrembel*, Klinisches Wörterbuch, Stichwort Thalidomid-Embryopathie: „Embryopathisches Fehlbildungssyndrom mit im Vordergrund stehenden schweren Extremitätenanomalien nach Einnahme von Thalidomid in der Frühschwangerschaft."
[60] *Lenz/Knapp*, DMW 1962, S. 1239.
[61] *Kirk*, Der Contergan-Fall, S. 69; *Luhmann*, UmweltmedForschPrax 2000, S. 295 (299).
[62] *Beyer*, Grenzen der Arzneimittelhaftung, S. 3; vgl. zum Ganzen die Darstellungen bei: *Kirk*, Der Contergan-Fall, S. 83 ff.; *Deutsch/Spickhoff*, Medizinrecht, Rn. 819.
[63] *Beyer*, Grenzen der Arzneimittelhaftung, S. 4: „tausende Fälle".
[64] Das BVerfG spricht in seiner Entscheidung über die Verfassungsmäßigkeit des Gesetzes über die Errichtung einer Stiftung „Hilfswerk für behinderte Kinder" - hier ging es um die Regelung der Entschädigung der Opfer- von „mehr als 2500" Kindern, BVerfGE 42, 263 (264).

Thalidomidhaltige Arzneimittel waren auf den Arzneimittelmärkten vieler Staaten verfügbar. Thalidomid erhielt jedoch keinen Zulassungsstatus in den USA.[65] Hier hatte man nach einer 1937 stattgefundenen Katastrophe mit dem Arzneimittel Elixier Sulfonamide, welche bereits Todesopfer gefordert hatte, schon 1938 eine Nachweispflicht der Unbedenklichkeit des Medikaments eingeführt, um der Sicherheit von Arzneimitteln Rechnung zu tragen.[66] Auf Grundlage dieses Nachweises wurde die Einführung eines thalidomidhaltigen Arzneimittels in den USA verzögert, da die Food and Drug Administration (FDA) Zweifel in Bezug auf die Unbedenklichkeit hegte.[67] Es fanden jedoch zur beabsichtigten Markteinführung umfangreiche Erprobungen am Menschen statt, durch welche mindestens 10 Kinder Pränatalschädigungen erlitten.[68]

β. Konsequenzen für das AMG 1961: Gesetzesänderung 1964 und Erlass der Prüfrichtlinie 1971

Mit dem zweiten Gesetz zur Änderung des Arzneimittelgesetzes vom 23.6.1964[69] wurden durch die neu eingefügten § 21 Abs. 1a und § 21 Abs. 1b[70] die Registrierungsvoraussetzungen verschärft. Absatz 1a regelte die Ausweitung des Registrierungsverfahrens dahingehend, dass nunmehr bei einer Arzneispezialität, die „Stoffe in der medizinischen Wissenschaft nicht allgemein bekannter Wirksamkeit" enthält, ein ausführlicher Bericht über die pharmakologische und klinische Prüfung einzureichen war. Dieser Bericht musste Angaben enthalten über die Eigenschaften der Stoffe (§ 21 Abs. 1a S. 2 Nr. 1) sowie über Art, Umfang und Ergebnisse der Prüfungen (Nr. 2, 3), Art und Ausmaß festgestellter Nebenwirkungen (Nr. 4) und Namen, Ausbildung und Berufstätigkeit der Prüfer (Nr. 5). Der Hersteller hatte zu versichern, dass „die Arzneispezialität entsprechend dem jeweiligen Stand der wissenschaftlichen Erkenntnis ausreichend und sorgfältig geprüft worden ist", § 21 Abs. 1a S. 4. In Absatz 1b wurden die Pflichten des Absatzes 1a ausgedehnt auf die Registrierung einer Arzneispezialität, „die eine Zubereitung in ihrer Wirksamkeit allgemein bekannter Stoffe ist, wenn die Wirksamkeit dieser Zubereitung (aber) in der medizinischen Wissenschaft nicht allgemein bekannt ist."

---

[65] Beabsichtigter Handelsname: Kevadon.
[66] *V. Loesch*, Lebens- und Arzneimittel in den USA, S. 28 f.
[67] *Beyer*, Grenzen der Arzneimittelhaftung, S. 374 ff.
[68] *Beyer*, Grenzen der Arzneimittelhaftung, S. 377.
[69] BGBl. I S. 365.
[70] Durch Art. 1 Nr. 6, BGBl. I S. 365 (366).

Mit diesem neuen Instrument konnte das Bundesgesundheitsamt die Registrierung abweisen, wenn das Arzneimittel nicht ausreichend geprüft worden war oder nicht wirksam oder gesundheitsgefährdend war.[71] Am 11.6.1971 wurde von der Bundesministerin für Jugend, Familie und Gesundheit eine Richtlinie über die Prüfung von Arzneimitteln bekannt gemacht.[72] Dieser ministerielle Erlass regelte, als solcher für das die Arzneimittelregistrierung durchführende Bundesgesundheitsamt verbindlich, die konkreten Anforderungen an die Prüfung der Registrierungsvoraussetzungen gem. § 21 Abs. 1a und 1b AMG 1961. Der Erlass basierte weitgehend auf dem Entwurf für eine Arzneimittelprüfrichtlinie der EWG-Kommission aus dem Jahr 1970.[73]

γ. Die Konsequenzen für den Rang der Arzneimittelsicherheit im Recht des Arzneimittelverkehrs - Fernwirkung des Contergan-Falles

Nach der Katastrophe um thalidomidhaltige Arzneimittel wurde der Stellenwert der Sicherheit der Arzneimittel deutlich angehoben. In den frühen 1960er Jahren entstand schlagartig eine breite öffentliche Diskussion über Nebenwirkungen von Arzneimitteln.[74] Der Begriff Arzneimittelsicherheit erlangte Bedeutung, da das Vertrauen in den Fortschritt auf dem Arzneimittelsektor[75] erschüttert war. Diesen Ängsten der Öffentlichkeit vor gesundheitsschädlichen Arzneimitteln musste Rechnung getragen werden. Aussagen wie noch in der amtlichen Begründung des Gesetzesentwurfs vom 13.11.1958, umfangreiche klinische Erprobungen seien wegen der Verzögerung der Markteinführung vor dem Hersteller nicht vertretbar, und eine staatliche Wirksamkeitsprüfung stelle einen ebenfalls unvertretbaren Eingriff in die Anwendungskompetenz der Ärzteschaft dar[76], waren schlicht von der Wirklichkeit überholt worden. Innerhalb kürzester Zeit war klar geworden, dass unzureichend geprüfte Arzneimittel eine nicht abschätzbare Gefahr in sich bergen, sich auch gegen den Benutzer kehren können.[77]

Diese Erfahrung hat sich bis heute bewahrt: Im Umgang mit neuen Arzneimitteln oder mit bekannten Arzneimitteln in neuen Anwendungsbereichen oder

---

[71] *Sander*, AMG Bd. 1, Einf. A I, S. 12a.

[72] Bundesanzeiger Nr. 113 v. 25.6.1971, sog. „Strobel-Richtlinie", nach der damaligen Ministerin Käthe Strobel.

[73] Entwurf der späteren Richtlinie 75/318/EWG; vgl. *Sander*, AMG Bd. 1, Einf. A I, S. 12b.

[74] *Stapel*, Die Arzneimittelgesetze 1961 und 1976, S. 305 ff.

[75] Vgl. *Stapel*, Die Arzneimittelgesetze 1961 und 1976, S. 261.

[76] Begründung zum Entwurf des AMG vom 13.11.1958, BT-Drs. 654.

[77] *Deutsch/Lippert/Anker/Ratzel* in: Deutsch/Lippert, AMG, Einl. Rn. 2.

auch Darreichungsformen zeigen sich die widerstreitenden Interessen zwischen Sicherheit von Arzneimitteln und deren möglichst schneller Nutzbarmachung, d.h. Anwendung zum Wohle des Patienten. Schwierigkeiten treten bei der Grenzziehung auf, die Arzneimittel so sicher wie nötig zu machen, dabei das Verfahren bis zur Anwendung am Patienten aber so kurz wie möglich zu halten. Gerade auch bei der Prüfung der Fragen des Off-Label-Use wird diese Gratwanderung vorzunehmen sein.

δ. Erneuter Einsatz von Thalidomid

Neben den Auswirkungen für das AMG ist in neuerer Zeit ein weiterer Zusammenhang der Anwendung von Thalidomid mit dieser Arbeit entstanden. Thalidomid ist seit den 1980er Jahren erneut zur Behandlung von Krankheiten wie Lepra, AIDS[78], oder Knochenkrebs eingesetzt worden.

In den USA ist die Substanz seit 1998 unter der Bezeichnung Thalomid für die Indikation Erythema nodosum leprosum (ENL)[79] zugelassen. Auf Grund der bekannten Teratogenität[80], die schon nach einer einzelnen Dosis Auswirkungen zeigen kann, unterliegt der Vertrieb jedoch strengsten Kontrollvorschriften. Die Herstellerfirma Celgene entwickelte zusammen mit der US-amerikanischen Zulassungsbehörde FDA (Food and Drug Administration) ein spezielles Sicherheitsprogramm, das sowohl den Patienten als auch den verschreibenden Arzt und abgebenden Apotheker einschließt. Nur Patienten, die an dem so genannten STEPS-Programm (System for Thalidomide Education and Prescribing Safety) teilnehmen, dürfen das Medikament erhalten. Vor Beginn der Therapie werden sie umfassend aufgeklärt und müssen schriftlich ihr Einverständnis erklären. Ebenfalls obligatorisch ist der Schwangerschaftstest für Patientinnen sowie eine konsequente Empfängnisverhütung während der gesamten Behandlungsdauer. Auch Männer sind verpflichtet zu verhüten, da noch nicht geklärt ist, ob Thalidomid im Sperma auftaucht und ob diese geringen Mengen die Entwicklung eines Fetus schädigen könnten.[81]

Die europäische Arzneimittelbehörde EMEA prüft eine Zulassung von Thalidomid durch den Lizenznehmer des amerikanischen Arzneimittelherstellers Cel-

---

[78] *Lindner*, Frankfurter Allgemeine Sonntagszeitung, 10.08.2003.
[79] ENL ist eine Immunreaktion des Körpers auf Abbauprodukte des Lepra-Erregers.
[80] Teratogenese beschreibt die Eigenschaften von Substanzen oder Einflüssen, während der Embryonal- oder Fetalzeit bei einem Organismus Fehlbildungen hervorzurufen.
[81] *Hohmann*, Pharmazeutische Zeitung online, 07/2003.

gene, Pharmion für die Indikationen Multiples Myelom und Erythema nodosum leprosum.[82] In diesem Zusammenhang hat sich auch das Bundesinstitut für Arzneimittel und Medizinprodukte (BfArM)[83] unter Hinweis auf die bisher nicht erfolgte Zulassung in Deutschland geäußert[84]. Es weist auf die besonderen Voraussetzungen und Risiken einer Anwendung thalidomidhaltiger Arzneimittel hin, welche in persönlicher Verantwortung des Arztes etwa im Bereich klinischer Prüfungen oder im individuellen Heilversuch stattfinden kann.

bb. Automatische Rezeptpflicht

Für Arzneimittel mit bislang unbekannter Wirksamkeit wurde eine dreijährige automatische Rezeptpflicht eingeführt.[85] Art. 1 Nr. 12 des zweiten Gesetzes zur Änderung des Arzneimittelgesetzes fügte einen entsprechenden § 35a in das AMG 1961 ein.[86] Somit waren Arzneimittel per Gesetz in einer Einführungsphase von drei Jahren bei der Abgabe der ärztlichen Kontrolle unterworfen, soweit sie in ihrer Wirksamkeit nicht ausreichend bekannt waren.

cc. Loslösung der Registrierungspflicht vom Begriff der Spezialität

Wie dargestellt, unterlagen der Registrierungspflicht lediglich die Arzneispezialitäten.[87] Die Ausdehnung der Registrierungspflicht über die Arzneispezialitäten hinaus erfolgte mit Wirkung zum 1.9.1976.[88] Gerade für die Fertigarzneimittel ohne besondere Bezeichnung, sog. Generika, war eine solche Ungleichbehandlung kritisiert worden, da im Ergebnis wichtige Bestimmungen des Arzneimittelgesetzes umgangen werden konnten.[89] Generika unterlagen nunmehr auch der Registrierung.

---

[82] *Lindner*, Frankfurter Allgemeine Sonntagszeitung, 10.08.2003.

[83] Bundesinstitut für Arzneimittel und Medizinprodukte, hervorgegangen aus dem Institut für Arzneimittel des ehem. Bundesgesundheitsamtes, als Bundesoberbehörde im Geschäftsbereich des Bundesministeriums für Gesundheit auch zuständig für die Zulassung und Registrierung von Arzneimitteln, Sitz in Bonn.

[84] Bekanntmachung zu thalidomidhaltigen Arzneimitteln v. 22.12.2003, DÄBl. 2004, Heft 3, A 134.

[85] *Sander*, AMG Bd. 1, Einf. A I, S. 12a.

[86] BGBl. 1964 I S. 365 (367).

[87] Vgl oben: Teil 2, A.II.1.c.

[88] Bereits durch Art. 3 § 9 des Gesetzes zur Neuordnung des Arzneimittelrechts v. 24.8.1976, BGBl. I S. 2445.

[89] *Feiden*, Die Neuordnung des Arzneimittelrechts, S. 11.

2. Regelungslücken AMG 1961

Trotz der mit Inkrafttreten des AMG 1961 erbrachten Verbesserungen des Arzneimittelverkehrs in der Bundesrepublik und die durch die dargestellten Änderungen[90] erfolgten Nachbesserungen des Gesetzes war doch bald offensichtlich, dass diese Regelungen der Praxis nicht gerecht wurden.[91] Zu schwerwiegende Regelungslücken taten sich auf.

a. Sicherheit des Arzneimittelverkehrs

Das gerade am 1.8.1961 in Kraft getretene AMG 1961 konnte mit dem Instrumentarium der Registrierung von Arzneimittel ohne Wirksamkeits- und Unbedenklichkeitsprüfung den nun erkannten Bedürfnissen der Arzneimittelsicherheit nicht standhalten.[92] Es fehlte schlicht die Ausstattung der Behörden mit einer materiellen Prüfungskompetenz.[93] Die Nachbesserung der Registrierungspflicht von 1964 brachte nicht die nötigen Änderungen. So war das Schicksal dieses Gesetzes durch die gleichzeitig aufgetretene Katastrophe um die thalidomidhaltigen Arzneimittel „von vornherein besiegelt.“[94] Zudem verlieh die Steigerung des Arzneimittelverbrauchs zwischen 1961 und 1975 um etwa 400% dem Aspekt der Arzneimittelsicherheit eine neue Dimension.[95] Ein stärker am Sicherheitsgedanken orientierter Arzneimittelverkehr musste organisiert werden. Eine Neuordnung des Arzneimittelverkehrs war unausweichlich: Dem Gesetz zur Neuordnung des Arzneimittelrechts v. 24.8.1976[96] war schon 1961 der Boden bereitet.

b. Arzneimittelhaftung

Das AMG 1961 sah eine Haftung für Arzneimittelschäden nicht vor. Soweit keine vertraglichen Beziehungen zwischen dem durch den Gebrauch eines Arzneimittels Geschädigten und dem Schädiger bestanden, kam als alleinige Anspruchsgrundlage für den Ausgleich erlittener Schäden § 823 BGB in Be-

---

[90] Vgl. Teil 2, A.II.1.g.
[91] Bericht des Bundestagsausschusses für Jugend, Familie und Gesundheit, BT-Drs. 7/5091.
[92] *Kloesel*, NJW 1976, S. 1769.
[93] *Müller-Römer/Fischer* in: Blasius/Müller-Römer/Fischer, Arzneimittel und Recht in Deutschland, S. 21 ff. (23).
[94] *Deutsch/Spickhoff*, Medizinrecht, Rn. 821.
[95] Bericht der Bundestagsausschusses für Jugend, Familie und Gesundheit, BT-Drs. 7/5091.
[96] BGBl. I S. 2445.

tracht.[97] Zwar kam die Rechtsprechung den schwerwiegenden Problemen bei der Beweisführung mit Beweiserleichterungen bei Kausalität und Verschulden entgegen, jedoch stellte sich in der Praxis diese Anspruchsgrundlage insgesamt als unzureichend für den Ersatz von Arzneimittelschäden heraus.[98]

c. Klinische Prüfung von Arzneimitteln

Keine Regelungen enthielt das AMG 1964 über den Persönlichkeitsschutz der Probanden bei der Erprobung neuer Arzneimittel am Menschen. Zwar war bereits mit der Deklaration von Helsinki eine Empfehlung des Weltärztebundes für ärztliches Verhalten bei der Forschung am Menschen abgegeben worden. Die Bindungswirkung dieser 1964 erstmals aufgestellten, zuletzt 2001 ergänzten und geänderten Fassung für Ärzte und medizinisches Personal ist jedoch fraglich. Es wurde weiterhin eine eindeutige gesetzliche Regelung verlangt.[99]

III. AMG 1976

1. Europäische Entwicklungen des Arzneimittelverkehrs und Zustandekommen des AMG 1976

Neben den unverkennbaren Defiziten des AMG 1961[100] machte auch die Entwicklung des Arzneimittelverkehrs auf dem europäischen Sektor Fortschritte, welche eine weitere, grundlegende Änderung des nationalen Rechts erforderte. Der Ministerrat[101] verabschiedete 1965[102] eine erste, 1975[103] zwei weitere Richtlinien zur Harmonisierung des europäischen Arzneimittelrechts. Bereits in der Richtlinie von 1965 war die Einführung einer Arzneimittelzulassung - anstelle der Registrierung - sowie eines Wirksamkeitsnachweises vorgesehen. Jedoch verzögerte sich die Umsetzung dieser Regelungen in nationales Recht, welche ursprünglich innerhalb von 18 Monaten erfolgen sollte. Die Beratungen im Ministerrat über notwendige Ergänzungsrichtlinien war nicht vor 1975 abgeschlossen. Als besonders problematisch und streitbefangen stellte sich die Frage

---

[97] *Kloesel/Cyran*, Arzneimittelrecht, § 84 Vorbemerkung (Blatt 103a).
[98] *Kloesel/Cyran*, Arzneimittelrecht, § 84 Vorbemerkung (Blatt 103a).
[99] Vgl. *Feiden*, Die Neuordnung des Arzneimittelrechts, S. 10.
[100] Vgl oben: Teil 2, A.II.2.
[101] Heute: Rat der europäischen Union, vgl. *Ihnen*, Grundzüge des Europarechts, S. 11.
[102] 65/65/EWG (Erste Pharmazeutische Richtlinie), ABl. EG Nr. 22 v. 9.2.1965, S. 369.
[103] 75/319/EWG (Zweite Pharmazeutische Richtlinie), ABl. EG Nr. L147 v. 9.6.1975, S. 13; 75/318/EWG (EWG-Prüfrichtlinie), ABl. EG Nr. L147 v. 9.6.1975, S. 1.

heraus, ob und in welchem Umfang nationale Arzneimittelzulassungen von anderen Mitgliedstaaten anerkannt werden sollten. Eine ursprünglich geplante Richtlinie zur gegenseitigen Anerkennung nationaler Zulassungen scheiterte schließlich am Misstrauen in die Entscheidungsqualität der fremden Behörden.[104] Es gelang diesbezüglich lediglich, 1975 einen Ausschuss für Arzneispezialitäten - CPMP[105] - einzurichten, welcher bei Unstimmigkeiten zwischen Zulassungsbehörden der Mitgliedstaaten schlichtend, aber unverbindlich tätig werden sollte.

Eine Harmonisierung des europäischen Arzneimittelverkehrs wurde zudem durch ein kommunitäres Zulassungsverfahren angestrebt. Es handelte sich hierbei nicht um eine europäische Arzneimittelzulassung, sondern um nationale Zulassungen mit vorausgehender Beratung auf europäischer Ebene. War ein Arzneimittel in einem Mitgliedstaat zugelassen, und wurde die Zulassung in fünf weiteren Mitgliedstaaten beantragt[106], so konnten Beratungen auf europäischer Ebene vor dem CPMP durchgeführt werden. Dessen Beschlüsse waren wie dargestellt für die Zulassungsbehörden der Mitgliedstaaten jedoch nicht verbindlich, von diesen Beschlüssen abweichende Zulassungsentscheidungen waren stets möglich.

Mit dieser eindeutigen Forderung des europäischen Arzneimittelverkehrsrechts nach der Einführung von Zulassungsverfahren und Wirksamkeitsnachweis wurde nun in der Bundesrepublik über ein Gesetz zur Neuordnung des Arzneimittelrechts beraten. 1973 legte der Bundesminister für Jugend, Familie und Gesundheit der Bundesregierung einen mehrfach geänderten Referentenentwurf für ein Gesetz zur Neuordnung des Arzneimittelrechts vor.[107] Die Bundesregierung machte sich diesen Entwurf zu Eigen und leitete ihn 1974 gem. Art. 76 Abs. 2 S. 1 GG dem Bundesrat zu. Am 16.1.1975 wurden Regierungsentwurf und Stellungnahme des Bundesrates in erster Lesung vom Bundestag behandelt[108] und an den Ausschuss für Jugend, Familie und Gesundheit überwiesen.[109] Die zweite und dritte Lesung vor dem Bundestag erfolgte am 6.5.1976, die Verabschiedung erfolgte einstimmig. Der Bundesrat beriet das Zustimmungsgesetz am 4.6.1976. Nachdem noch der Vermittlungsausschuss angerufen

---

[104] *Sander*, AMG Bd. 1, Einf. A I S. 12c.
[105] Committee for Proprietary Medicinal Products.
[106] Änderungsrichtlinie 83/570/EWG: Ab 1983 reichten Anträge in zwei weiteren Mitgliedstaaten aus.
[107] Abgedruckt in: Die Pharmazeutische Industrie 1974, S. 1.
[108] BT-Drs. 7/3060.
[109] BT-Drs. 7/115; 7/5025; 7/5091.

worden war,[110] wurde das geänderte Gesetz sodann vom Bundestag am 24.6.1976, vom Bundesrat am 25.6.1975 verabschiedet. Das sogenannte „AMG 1976" trat durch das Gesetz zur Neuordnung des Arzneimittelrechts vom 24.8.1976, welches am 1.9.1976 verkündet[111] wurde, am 1.1.1978 in Kraft.

2. Wesentlicher Inhalt

Die grundlegenden Regelungen des neuen Arzneimittelrechts untergliedern sich in Verbote, Zulassungserfordernis, Registrierung und Nachzulassung.

a. Verbot bedenklicher Arzneimittel

Gem. § 5 Abs. 1 AMG besteht das Verbot, bedenkliche Arzneimittel in den Verkehr zu bringen. Gem. § 5 Abs. 2 AMG ist ein Arzneimittel bedenklich, soweit bei diesem nach dem jeweiligen Stand der wissenschaftlichen Erkenntnisse der begründete Verdacht besteht, bei bestimmungsgemäßem Gebrauch schädliche Wirkungen zu haben, welche über ein nach den Erkenntnissen der medizinischen Wissenschaft vertretbares Maß hinausgehen. Es muss demnach eine negative Nutzen-Risiko-Bilanz vorliegen.[112]

Der Gesetzgeber hat hier ein absolutes Verbot formuliert, das für alle Arzneimittel, nicht etwa lediglich nur für zulassungspflichtige, sowie für alle Formen der Abgabe einschlägig ist. [113] Auch sind Normadressaten nicht nur am Handel mit Arzneimitteln Beteiligte, sondern das Verbot richtet sich an jedermann.[114] Das Inverkehrbringen beinhaltet nach § 4 Abs. 17 AMG das Vorrätighalten zum Verkauf oder zu sonstiger Abgabe ebenso wie das Feilhalten, das Feilbieten und die Abgabe an andere. Inverkehrbringen beinhaltet demnach immer eine Verfügung über das Arzneimittel. Kein Inverkehrbringen stellt damit die bloße Anwendung eines Arzneimittels dar. Ob das Verbot auch die ärztliche Verordnung des Arzneimittels erfasst, ist damit zumindest unsicher.[115] Diese Frage der Begriffe „Verkehr mit Arzneimitteln" und „Inverkehrbringen" wird jedoch in einem anderen Zusammenhang dieser Arbeit noch ausführlich zu erörtern sein, ein Vorgriff soll hier daher nicht erfolgen. Das Ziel dieser Norm besteht demnach

---

[110] Vermittlungsvorschlag in BT-Drs. 7/5384.
[111] BGBl. I S. 2445.
[112] *Pabel*, Arzneimittelgesetz, S. 175; *Feiden*, Die Neuordnung des Arzneimittelrechts, S. 25.
[113] *Deutsch* in: Deutsch/Lippert, AMG, § 5 Rn. 1.
[114] *Sander*, AMG Bd. 1, § 5 Anm. 1.
[115] Diese Frage bejahend *Deutsch/Spickhoff*, Medizinrecht, Rn. 864.

in der Nichtverbreitung von Arzneimitteln, welche unter dem Verdacht von ü-
ber ein vertretbares Maß hinausgehenden schädlichen Wirkungen stehen.
Übertretungen des § 5 Abs. 1 AMG haben sowohl zivilrechtliche als auch straf-
rechtliche Konsequenzen: § 5 Abs. 1 AMG ist Schutzgesetz i.S.d. § 823 Abs. 2
BGB[116], ferner kommt die Gefährdungshaftung nach § 84 AMG in Betracht.[117]
Strafrechtlich ist der Verstoß gegen das Verbot aus § 5 Abs. 1 AMG in § 95
Abs. 1 Nr. 1 AMG sanktioniert. Es drohen bis zu drei Jahre Freiheitsstrafe, der
Versuch des Inverkehrbringens ist strafbar (Abs. 2), auch fahrlässiges Handeln
ist unter Strafe gestellt.

b. Zulassung von Arzneimitteln

aa. Zulassungspflicht

Das neue Arzneimittelgesetz nahm Abstand von der bisherigen bloßen Registrierungspflicht für Arzneimittel.[118] Aus Gründen einer weiteren Verbesserung
der Arzneimittelsicherheit wurde dieses formelle Verfahren nunmehr durch ein
materielles Zulassungsverfahren ersetzt, in welchem der Hersteller Qualität,
Wirksamkeit und Unbedenklichkeit des Arzneimittels nachzuweisen hat.[119] Für
Fertigarzneimittel besteht gemäß § 21 Abs. 1 AMG eine Zulassungspflicht:
„Fertigarzneimittel (...) dürfen (...) nur in den Verkehr gebracht werden, wenn
sie (...) zugelassen sind oder wenn für sie die Kommission der Europäischen
Gemeinschaften oder der Rat der Europäischen Union eine Genehmigung (...)
erteilt hat." Es handelt sich somit um ein präventives Verbot mit Erlaubnisvorbehalt.[120] Es besteht ein Anspruch auf Zulassung, soweit kein Versagungsgrund
gem. § 25 AMG vorliegt.

Im Vergleich mit Kontrollverfahren anderer Rechtsgebiete weist die Zulassung
nach dem Arzneimittelgesetz eine Besonderheit auf[121]: Es wird nicht allein vor
Gefahreröffnung ein Kontrollverfahren durchgeführt, das AMG sieht vielmehr
eine Dauerüberwachung[122] vor.

---

[116] *Deutsch* in: Deutsch/Lippert, AMG, § 5 Rn. 6.
[117] Hierzu noch unter: Teil 2, A.III.2.e.
[118] Vgl. Teil 2, A.II.1.c.
[119] *Kloesel/Cyran*, Arzneimittelrecht Bd. 1, § 21 Anm. 10.
[120] Vgl. BSG SozR 3-2200 § 182 Nr. 17.
[121] Ausführlich: *Di Fabio*, S. 191 ff.
[122] Monitoring und Stufenplanverfahren gem. §§ 62 ff. AMG.

Nicht der Zulassungspflicht unterliegen Arzneimittel, die keine Fertigarzneimittel darstellen, so etwa Rezepturarzneimittel, oder fiktive Arzneimittel gem. § 2 Abs. 2 Nr. 1a bis 4 AMG. Ebenso nicht der Zulassungspflicht unterfallen Humanarzneimittel, welche aufgrund nachweislich häufiger ärztlicher oder zahnärztlicher Verschreibung in den wesentlichen Herstellungsschritten in einer Apotheke in einer Menge bis zu hundert abgabefertigen Packungen pro Tag im Rahmen des üblichen Apothekenbetriebs hergestellt werden und zur Abgabe in dieser Apotheke bestimmt sind, sog. Hunderter-Regel gem. § 21 Abs. 2 Nr. 1 AMG. Weiter unterliegen Arzneimittel, welche zur klinischen Prüfung bei Menschen bestimmt sind, gem. § 21 Abs. 2 Nr. 2 AMG nicht der Zulassungspflicht. Weitere Ausnahmen gelten für bestimmte Tierarzneimittel. Einer bloßen Registrierungspflicht unterliegen weiterhin homöopathische Arzneimittel gem. §§ 38 ff. AMG. Nicht der Zulassung fähig sind Nicht-Arzneimittel, so etwa Lebensmittel oder kosmetische Produkte, § 2 Abs. 3 AMG.

bb. Zulassungsverfahren

Die Zulassung ist im vierten Abschnitt „Zulassung der Arzneimittel" des AMG geregelt. Die Zulassungspflicht für Fertigarzneimittel ergibt sich aus § 21 Abs. 1 AMG. Der Weg bis zur Erteilung der Zulassung wird im Folgenden nachgezeichnet. Zunächst ist ein Antrag auf Zulassung gem. § 21 Abs. 3 S. 1 AMG zu stellen. Dieser Antrag ist hiernach grundsätzlich vom pharmazeutischen Unternehmer zu stellen.[123] Zur Klärung der Zulassungspflicht des Arzneimittels im konkreten Fall kann gem. § 21 Abs. 4 AMG auch die zuständige Landesbehörde einen entsprechenden Antrag stellen. Der Antrag ist zu richten an die gem. § 21 Abs. 1 AMG zulassende zuständige Bundesoberbehörde. Diese ist gem. § 77 Abs. 1 AMG das BfArM.[124] Für die Zulassungserteilung von Sera, Impfstoffen, Testallergenen, Testsera, Testantigenen und Blutzubereitungen ist dagegen gem. § 21 Abs. 1 i.V.m. § 77 Abs. 1 und 2 AMG das Bundesamt für Sera und Impfstoffe, das Paul-Ehrlich-Institut, zuständig.[125] Die Zulassung für Arzneimittel, die zur Anwendung bei Tieren bestimmt sind, erteilt das Bundesinstitut für Verbraucherschutz und Lebensmittelsicherheit (BVL).

---

[123] § 21 Abs. 3 S. 1 AMG.

[124] Zuständigkeiten: § 1 des Gesetzes über Nachfolgeeinrichtungen des Bundesgesundheitsamtes v. 24.06.1994, BGBl. I S. 1416.

[125] Zuständigkeiten: Art.1 Abs. 2 des Gesetzes über die Errichtung eines Bundesamtes für Sera und Impfstoffe v. 07.07.1972, BGBl. I S. 1163; Sitz: Langen.

Zulassungen und Registrierungen werden befristet auf 5 Jahre erteilt. Gem. § 31 Abs. 1 Nr. 3 AMG ist für nationale Zulassungen, gem. § 39 Abs. 2b AMG für Registrierungen ein Antrag auf Verlängerung zu stellen.[126] Wird der Antrag nicht oder nicht fristgerecht gestellt, erlischt die Zulassung oder Registrierung.

Der vom pharmazeutischen Unternehmer einzureichende Zulassungsantrag ist mit den in § 22 AMG genannten Angaben und Unterlagen zu versehen. Diese bestehen aus einer genauen Beschreibung des in das Zulassungsverfahren eingeführten Arzneimittels über etwa Bezeichnung, Bestandteile, Darreichungsform, Wirkungen, Anwendungsgebiete, Gegenanzeigen, Nebenwirkungen, Wechselwirkungen und Dosierung.[127] Zudem sind gem. § 22 Abs. 2 Nr. 1 bis 3 AMG die Ergebnisse der analytischen, pharmakologisch-toxischen und der klinischen Prüfung sowie bewertende Sachverständigengutachten gem. § 24 AMG vorzulegen.

Die Entscheidung über den Zulassungsantrag erfolgt gem. §§ 25 ff. AMG. In Phase I erfolgt die Vorprüfung gem. § 25a AMG, welche mit einem Mängelbericht und einer Fristsetzung von drei Monaten zur Abhilfe dieser Mängel abschließen kann. § 25a Abs. 3 AMG enthält für den Fall der Nichtabhilfe einen ermessensunabhängigen Versagungsgrund. Auch Phase II der Zulassung, die inhaltliche Prüfung gem. § 25 AMG, kennt eine solche Frist zur Abhilfe von Mängeln, § 25 Abs. 4 AMG. Ebenfalls stellt hier eine nicht fristgemäße Abhilfe einen Versagungsgrund dar. Die abschließenden Gründe, aus denen die Zulassung versagt werden darf, listet § 25 Abs. 2 AMG. Hierunter fallen insbesondere die nicht ausreichende Prüfung des Arzneimittels nach dem jeweils gesicherten Stand der wissenschaftlichen Erkenntnisse (Nr. 2), eine nicht den anerkannten pharmazeutischen Regeln angemessene Qualität des Arzneimittels (Nr. 3), das Fehlen der angegebenen therapeutischen Wirksamkeit oder deren unzureichende Begründung (Nr. 4) sowie ein ungünstiges Nutzen-Risiko-Verhältnis (Nr. 5).

Die Zulassung darf nach § 22 Abs. 2 Nr. 4 AMG jedoch nicht deswegen versagt werden, weil therapeutische Ergebnisse nur in einer beschränkten Anzahl von Fällen erzielt worden sind, § 25 Abs. 2 S. 2 AMG.

Zur Beurteilung der Unterlagen ist die Behörde befugt, eigene wissenschaftliche Ergebnisse zu verwerten, Sachverständige beizuziehen oder Gutachten anzufor-

---

[126] Für europäische Zulassungsverfahren gilt Art. 24 RL 2001/83/EG mit entsprechendem Inhalt.

[127] Für die weiteren notwendigen Angaben vgl. § 22 Abs. 1 Nr. 1 bis 15 AMG.

dern, § 25 Abs. 5 S. 2 AMG. Auch ist die Beurteilung der Unterlagen durch unabhängige Gegensachverständige möglich, § 25 Abs. 5 S. 5 AMG. Die Anforderungen an die gem. §§ 22 bis 24 AMG erforderlichen Angaben werden in den gem. § 26 AMG als Rechtsverordnung erlassenen Arzneimittelprüfrichtlinien aufgestellt.

Die Zulassung kann gem. § 28 AMG mit Auflagen verbunden werden. Die Voraussetzungen einer Rücknahme, eines Widerrufs oder eines Ruhens der Zulassung werden nach bekanntem verwaltungsrechtlichen Regelungsmuster in § 30 AMG geregelt, § 31 AMG beinhaltet das Erlöschen der Zulassung. Die Tatbestände für eine Bekanntmachung der Entscheidungen der Behörde im Bundesanzeiger enthält § 34 AMG.

cc. Nachzulassung

Das Verfahren zur Nachzulassung betrifft solche Fertigarzneimittel, die sich vor dem Inkrafttreten des Arzneimittelgesetzes von 1976, dem 01.01.1978, ordnungsgemäß im Verkehr befanden. Diese Übergangsregelung ist aufgrund Art. 3 § 7 AMNG[128] und Art. 1 Nr. 60 des Fünften Gesetzes zur Änderung des Arzneimittelgesetzes vom 09.08.1994[129] heute in § 105 AMG enthalten. In § 105 Abs. 1 AMG wird bestimmt, dass die o.g. Arzneimittel als zugelassen gelten. § 105 Abs. 2 AMG verlangt hierfür zudem eine Anzeige solcher Arzneimittel innerhalb einer Frist. Sodann erlischt die fiktive Zulassung gem. § 105 Abs. 3 am 30.04.1990, falls zuvor kein Antrag auf Verlängerung der Zulassung oder auf Registrierung gestellt wurde. Dieser Zeitpunkt des Erlöschens der Zulassung wurde in § 105 Abs. 5c auf den 01.02.2001 hinaus verlängert, sofern der pharmazeutische Unternehmer bis zum 31.12.1999[130] erklärt hat, den Antrag auf Verlängerung der Zulassung zurückzunehmen. Die Bundesregierung hat sich gegenüber der EU zum Abschluss der Nachzulassungsverfahren bis zum 31.12.2005 verpflichtet. Das BfArM hat die Einhaltung dieses Termins bestätigt.[131]

---

[128] BGBl. I S. 2445.
[129] BGBl. I S. 2071.
[130] Art. 1 Nr. 2 des Sechsten Gesetzes zur Änderung des Arzneimittelgesetzes.
[131] Pressemitteilung des BfArM v. 7.7.2004, Internetpublikation 2008: http://www.bfarm.de/cln030/nn421158/DE/BfArM/Presse/mitteil2004/pm132004.html.

dd. Standardzulassungen

§ 36 AMG bildet die Grundlage für sog. Standardzulassungen. Hier werden durch Rechtsverordnung bestimmte Arzneimittel, Arzneimittelgruppen oder Arzneimittel in bestimmten Abgabeformen von der Pflicht zur Zulassung freigestellt, soweit eine unmittelbare oder mittelbare Gefährdung der Gesundheit von Mensch oder Tier nicht zu befürchten ist, weil die Anforderungen an die erforderliche Qualität, Wirksamkeit und Unbedenklichkeit erwiesen sind. Es werden 4452 Arzneimittel auf der Grundlage einer Standardzulassung in den Verkehr gebracht.[132]

ee. Änderung der Zulassung und Neuzulassung

Der Antragsteller unterliegt gem. § 29 Abs. 1 AMG einer Anzeigepflicht, wenn sich Änderungen in den Angaben und Unterlagen nach den §§ 22 bis 24 AMG ergeben.

Zustimmungspflichtig sind Änderungen der Kennzeichnung, Packungsbeilage oder Fachinformation des Arzneimittels gem. §§ 10 ff. AMG, etwa hinsichtlich Dosierung, Art und Dauer der Anwendung, sowie gem. § 29 Abs. 2a Nr. 1 AMG in Bezug auf das Anwendungsgebiet, soweit es sich nicht um die Zufügung einer oder Veränderung in eine Indikation handelt, die einem anderen Therapiegebiet zuzuordnen ist.[133]

Einer gänzlichen Neuzulassung bedarf es gem. § 29 Abs. 3 AMG etwa in den Fällen einer Änderung der Zusammensetzung der arzneilich wirksamen Bestandteile nach Art oder Menge oder der Darreichungsform. Für die Erweiterung der Anwendungsgebiete bei zugelassenen Arzneimitteln eine Neuzulassung erforderlich, soweit es sich nicht um eine Änderung nach § 29 Abs. 2a Nr. 1 AMG handelt.

---

[132] Stand 2003, vgl. Internetpublikation 2008: http://www.bfarm.de/cln030/nn424558/ DEArz-neimittel/stdverf/stdzul/stdzul-node.html.
[133] Zu weiteren Zustimmungsvorbehalten vgl. § 29 Abs. 2a Nr. 1 bis 6 AMG.

c. Wirksamkeit und Indikation im Rahmen der Arzneimittelzulassung

Die Wirksamkeit von Arzneimitteln ist ein zentraler Begriff des Arzneimittelrechts. Sie ist zugleich Grundentscheidung des AMG 1976, Zulassungsvoraussetzung[134] sowie Anknüpfungspunkt für Herstellungsverbote oder Verbote des
Inverkehrbringens.

aa. Der Wirksamkeitsbegriff in der Arzneimittelzulassung

Schon das AMG 1961 verwandte den Wirksamkeitsbegriff, jedoch unterscheidet er sich in Bedeutung und an ihn geknüpfte Rechtsfolgen deutlich von dem
heutigen. So konnte die Registrierung versagt werden, wenn die Wirksamkeit
im Registrierungsverfahren nicht ausreichend belegt werden konnte.[135] Jedoch
stellte der Begriff Wirksamkeit auf das Vorliegen einer Einwirkung des Arzneimittels auf den Körper ab, weniger auf dessen Erfolg bei der Krankheitsbe-
kämpfung.[136] Mit dem AMG 1976 wandelte sich der Begriff der Wirksamkeit
vom „Ob" in Richtung des „Wie". Es wird zwischen Wirkung und Wirksamkeit
unterschieden. Wirkung ist als Bezeichnung für die Auslösung von Körperreak-
tionen durch Arzneimittel der allgemeine, wertfreie Begriff.[137] Erst, wenn diese
Wirkungen in therapeutischer Hinsicht als positiv zu bewerten sind, spricht man
von der Wirksamkeit des Arzneimittels.[138] Wirksamkeit ist die im Hinblick auf
den Heilerfolg positive Teilmenge der Wirkung.

Das AMG 1976 verwendet die Begriffe Wirksamkeit und Wirkung etwa in seinen §§ 1, 8, 10, 11, 22, 24 und 25. Daneben tauchen in diesen Vorschriften die
Begriffe „wirksam" sowie „angemessen wirksam" auf. Der Gesetzestext selbst
nimmt die o.g. Unterscheidung nicht an jeder Stelle klar vor. Jedoch ist die Entscheidung zugunsten der Wirksamkeit im Bereich der Arzneimittelzulassung
eindeutig. § 24 Abs. 1 Nr. 3 AMG 1976 verlangt in Ergänzung der Unterlagen
über die klinische Prüfung[139] Sachverständigengutachten zur „angemessenen"
Wirksamkeit, § 25 Abs. 2 S. 1 Nr. 4 AMG 1976 normiert einen Versagungstat-
bestand für fehlende „therapeutische" Wirksamkeit. Es werden demnach im
Geltungsbereich des AMG 1976 nur solche Arzneimittel für den Verkehr zugelassen, deren Wirksamkeit durch umfangreiche Tests nachgewiesen und durch

---

[134] Vgl. Teil 2, A.III.2.b.aa.
[135] Vgl. Teil 2, A.II.1.g.aa.β.
[136] *Kloesel/Cyran*, Arzneimittelrecht, § 21 AMG 61, Anm. 10.
[137] *Plagemann*, Der Wirksamkeitsnachweis nach dem AMG 1976, S. 53 f.
[138] *Plagemann*, Der Wirksamkeitsnachweis nach dem AMG 1976, S. 54.
[139] § 22 Abs. 2 S. 1 Nr. 3 AMG 1976.

umfangreiche Unterlagen belegt wird. Dabei war eine Einführung des Wirksamkeitsnachweises in das AMG 1976 durchaus nicht unumstritten.[140]

Der konkrete Umfang der Wirksamkeit, das Maß der erforderlichen Wirksamkeit, ist dagegen schwer zu bestimmen. Soll hier gar ein absoluter, also ein Nachweis des Heilerfolgs zu 100 v.H. erforderlich sein?

bb. Der Begriff der Indikation in der Arzneimittelzulassung

Das AMG 1976 nimmt etwa in §§ 11, 22, 29, 48, 56 a, 73 auf die Anwendungsgebiete der Arzneimittel Bezug. Als besonders bedeutsam ist hier nochmals die erwähnte Rechtsfolge des § 29 Abs. 3 Nr. 3 AMG hervorzuheben, nach der eine Erweiterung der Anwendungsgebiete eine Neuzulassung erforderlich macht. Diese Aussage des AMG ist damit als Grundentscheidung des Gesetzgebers auch von zentraler Bedeutung für die rechtliche Einordnung und Behandlung des Off-Label-Use.

cc. Verknüpfung von Wirksamkeit und Indikation

Eine generelle Wirksamkeit von Arzneimitteln zu belegen, ist unmöglich. Aus diesem Grund ist zum einen die Anforderung an die Wirksamkeit gerade nicht der absolute, 100 %ige Heilerfolg.[141] Zum anderen wird die Wirksamkeit auf bestimmte Anwendungsgebiete bezogen, § 24 Abs. 1 Nr. 3 AMG 1976. Somit wird bereits im Vorfeld der Zulassung die Prüfung der Wirksamkeit des Arzneimittels auf das beabsichtigte Anwendungsgebiet abgestimmt. Auch im Zulassungsverfahren selbst erfolgt der Wirksamkeitsnachweis nur für bestimmte Anwendungsgebiete.

dd. Bindungswirkung der Indikation

Die Zulassung trifft im Rahmen des Arzneimittelverkehrs Aussagen über die therapeutische Verlässlichkeit des Arzneimittels hinsichtlich bestimmter Indikationen. Die mit dem AMG 1976 bezweckte Arzneimittelsicherheit in Form der Arzneimittelwirksamkeit ist demzufolge nur im Umfang dieser Zulassung gewährleistet. Aussagen über die Wirksamkeit außerhalb der Prüfungen vermag die Zulassung dagegen nicht zu treffen.

---

[140] *Batz*, Die Zulassungsvoraussetzungen für Arzneimittel, S. 70 ff.
[141] Vgl. Teil 2, A.III.2.c.aa.

In Bezug auf die Wirksamkeit entfaltet die Indikation demnach eine Bindungswirkung im Rahmen der Zulassung. Wie gewichtig ist nun diese Bindungswirkung? Andere Zwecke des AMG 1976 scheinen durch die Indikation nicht be-
rührt zu werden. So ist etwa die toxikologische Prüfung des Arzneimittels vom
beabsichtigten Anwendungsgebiet unabhängig. Die reine Ungefährlichkeit im
Sinne einer „Ungiftigkeit" dient ebenfalls der Arzneimittelsicherheit, die Indikation aber bleibt hier jedoch außer Betracht.

Mit dem Argument, jedenfalls einige Zwecke des AMG und Gesichtspunkte der
Arzneimittelsicherheit seien von der Indikation unabhängig, eine Einschränkung der von der Indikation ausgehenden Bindungswirkung zu fordern, erscheint falsch. „Giftigkeit" ist etwas anderes als „Wirksamkeit". Daher ist hier
zunächst ein gleichwertiges Nebeneinander der Zwecke festzustellen.

d. Compassionate Use

Die Anwendung noch nicht zugelassener Arzneimittel kommt im Rahmen des
sog. compassionate use in Betracht. Hierzu führt die Begründung des Referen-
tenentwurfs zum 14. AMG Änderungsgesetzes hinsichtlich der Einfügung des §
21 Abs. 2 Nr. 6 AMG[142] aus: „Nummer 6 greift die in Artikel 83 der Verordnung (EG) Nr. 726/2004 vorgesehenen Sonderregelungen zur vorzeitig gedul-
deten Anwendung eines noch nicht zugelassenen Arzneimittels aus humanitären
Erwägungen (compassionate use) auf. Nach bisherigem Recht stehen neuartige
Arzneimittel, von deren Anwendung ein hoher therapeutischer Nutzen erwartet
wird, bis zu ihrer Zulassung bedürftigen Patienten nicht zur Verfügung, ausgenommen im Rahmen einer klinischen Prüfung oder eines Notstandes. Nunmehr
werden die rechtlichen Voraussetzungen zur Bereitstellung solcher Arzneimittel
geschaffen. Eine Anwendung der Regelung kommt nur bei schwer kranken Patienten, die mit einem zugelassenen Arzneimittel bislang nicht zufrieden stel-
lend behandelt werden konnten, in Betracht. Die betreffenden Arzneimittel
müssen zudem nach Artikel 83 der Verordnung (EG) Nr. 726/2004 entweder
Gegenstand eines Antrags auf Zulassung nach Artikel 6 dieser Verordnung oder
Gegenstand einer noch nicht abgeschlossenen klinischen Prüfung sein. Danach
ist auch eine Bereitstellung von Arzneimitteln nach Abschluss einer klinischen

---

[142] Hiernach erhielt der neue § 21 Abs. 2 Nr. 6 AMG folgenden Wortlaut: „6. unter den in
Artikel 83 der Verordnung (EG) Nr. 726/ 2004 genannten Voraussetzungen für eine Anwendung bei Patienten zur Verfügung gestellt werden, die an einer zu einer schweren Be-
hinderung führenden Erkrankung leiden oder deren Krankheit lebensbedrohend ist, und die
mit einem zugelassenen Arzneimittel nicht zufriedenstellend behandelt werden können;
Verfahrensregelungen werden in einer Rechtsverordnung nach § 80 bestimmt."

Prüfung bis zum Abschluss des Zulassungsverfahrens an Patienten möglich, die dieses neu zuzulassende Arzneimittel im Rahmen einer klinischen Prüfung erhalten haben. Nach ihrer Zweckbestimmung ist die Regelung zum compassionate use auf Arzneimittel beschränkt, für die die klinische Erprobung nahezu abgeschlossen ist, so dass seitens des Herstellers ausreichende Unterlagen zur Dokumentation von Wirksamkeit, Sicherheit und zur Qualität des Arzneimittels vorliegen. Die Bedingungen für die Verwendung der betreffenden Arzneimittel und ihre Bereitstellung an die Zielpatienten sind zu kontrollieren. Dadurch soll sichergestellt werden, dass die Anwendung registriert und der Patient und behandelnde Arzt ausreichend über die Eigenschaften des noch nicht zugelassenen Arzneimittels informiert werden. Es sind auch die Verpflichtungen zur Mitteilung von Nebenwirkungen nach Artikel 24 Abs. 1 und Artikel 25 der Verordnung (EG) Nr. 726/2004 zu beachten. Nähere Verfahrensregelungen werden in einer Rechtsverordnung nach § 80 bestimmt."[143]

e. Gefährdungshaftung

§ 84 AMG sieht nunmehr einen Haftungstatbestand für die durch Arzneimittel Geschädigten vor. Der Schadensersatzanspruch besteht gegen den pharmazeutischen Unternehmer, welcher das Arzneimittel in den Verkehr gebracht hat.[144] Die Ersatzpflicht des pharmazeutischen Unternehmers tritt verschuldensunabhängig ein, § 84 AMG ist also dem Bereich der Gefährdungshaftung zuzuordnen. § 84 AMG stellt folgende zusätzliche Voraussetzungen auf. Das Arzneimittel muss zum Gebrauch bei Menschen bestimmt, und im Geltungsbereich des AMG an den Verbraucher abgegeben worden sein. Schutzgüter des § 84 AMG sind das Leben, der Körper und die Gesundheit des Menschen. Weiterhin muss der Schaden infolge der Anwendung des Arzneimittels entstanden sein. Die Pflicht zum Ersatz von Schäden wird dahingehend eingeschränkt, dass gem. § 84 S. 2 Nr. 1 AMG nur bei bestimmungsgemäßem Gebrauch des Arzneimittels solche schädlichen Wirkungen die Ersatzpflicht auslösen, welche über ein vertretbares Maß hinausgehen. Gem. § 84 S. 2 Nr. 2 AMG sieht als zweiten Haftungskomplex neben den schädlichen Wirkungen des Arzneimittels die nicht den Erkenntnissen der medizinischen Wissenschaft entsprechende Kennzeichnung, Fachinformation oder Gebrauchsinformation vor.

---

[143] Internetpublikation 2005: http://www.bmgs.bund.de/download/gesetze/entwuerfe/Entwurf 14tesAMG-AendG.pdf.

[144] Vgl. *Deutsch/Spickhoff*, Medizinrecht, Rn. 1091.

§ 94 AMG verpflichtet den pharmazeutischen Unternehmer, Vorsorge für die Schadensersatzverpflichtungen zu treffen, sog. Deckungsvorsorge. Der Entwurf des AMG hatte ursprünglich vorgesehen, einen von den pharmazeutischen Unternehmern gespeisten Arzneimittel-Entschädigungsfonds einzurichten, aus dem Arzneimittelschäden ausgeglichen werden sollten, bei denen ein Verschulden nicht nachweisbar war.[145]

Des Weiteren enthält § 85 AMG eine Rechtsgrundverweisung auf § 254 BGB. Somit ist ein eigenes Verschulden des Geschädigten, sogenanntes „Verschulden gegen sich selbst"[146], das den Schaden erweitert hat, beim Umfang der Ersatzpflicht nach dem Maß seiner Mitverursachung zu berücksichtigen, die Ersatzpflicht des Schädigers ist insoweit beschränkt.[147] Der Umfang der Ersatzpflicht wird bei Tötung gem. § 86 AMG auf die Kosten einer versuchten Heilung und Vermögensnachteile wegen Verlust oder Minderung der Erwerbsfähigkeit des Getöteten während dessen Krankheit festgeschrieben. Dritte, denen der Getötete gesetzlich zum Unterhalt verpflichtet war, haben einen direkten Ersatzanspruch, § 86 Abs. 2 AMG. Die Ersatzpflicht im Falle der Verletzung des Körpers oder der Gesundheit umfasst gem. § 87 AMG die Kosten der Heilung sowie den Vermögensnachteil, den der Verletzte dadurch erleidet, dass er in seiner Erwerbsfähigkeit eingeschränkt wurde oder eine Vermehrung seiner Bedürfnisse eingetreten ist.

§ 88 AMG stellt Höchstbeträge für die Haftung auf. Bei der Tötung oder Verletzung eines Menschen wird der Betrag des Schadensersatzes auf den Kapitalbetrag von 600.000 € sowie auf einen Rentenbetrag von jährlich 36.000 € begrenzt. Werden mehrere Menschen durch das gleiche Arzneimittel getötet oder verletzt, so gelten Maximalbeträge von 120 Mio. € bzw. 7,2 Mio. € jährlich. Eine Umgehung dieser Höchstgrenzen ist dann möglich, wenn der Bereich der Gefährdungshaftung verlassen wird, und Schadensersatz aus der verschuldensabhängigen Haftung des § 823 BGB verlangt wird.[148]

---

[145] *Kloesel/Cyran*, Arzneimittelrecht, § 84 Vorbemerkung (Blatt 103a).
[146] *Heinrichs* in: Palandt, Bürgerliches Gesetzbuch, § 254 Rn. 1.
[147] *Heinrichs* in: Palandt, Bürgerliches Gesetzbuch, § 254 Rn. 1, 2.
[148] *Deutsch* in: Deutsch/Lippert, AMG, § 88 Rn. 1.

3. Wesentliche Änderungen

Das AMG 1976 wurde vor allem seit den 1990er Jahren durch die notwendige Anpassung an die sich entwickelnden europäischen Bestimmungen des Arzneimittelrechts wiederholt geändert.

a. Änderungen bis 2003

Das Erste Gesetz zur Änderung des Arzneimittelgesetzes vom 24.2.1983[149] beinhaltete vorwiegend Änderungen in Bezug auf Tierarzneimittel. Inhalt des Zweiten Gesetzes zur Änderung des Arzneimittelgesetzes vom 16.8.1986[150] war im Wesentlichen die Einführung eines offenen Verfalldatums, der Fachinformation, einer Einzelfallmeldung bei Arzneimittelrisiken, eines Prüfplans für klinische Prüfungen und die Beschränkungen in der Musterabgabe von Arzneimitteln. Das Dritte Gesetz zur Änderung des Arzneimittelgesetzes v. 20.7.1988[151] normierte als sog. 7a-Verfahren einen Abbau des Zulassungsstatus durch ein beschleunigtes Verfahren mittels externer Gegensachverständiger. Mit dem Vierten Gesetz zur Änderung des Arzneimittelgesetzes vom 11.4.1990[152] erfolgte eine Beschleunigung der Nachzulassung, die Einführung eines Versagungsgrundes bei unzureichender Kombinationsbegründung[153] sowie der Notwendigkeit einer Volldeklaration aller Bestandteile des Arzneimittels in der Fachinformation und Packungsbeilage. Die Hersteller von Arzneimittelwirkstoffen wurden in die behördliche Kontrolle einbezogen. Zur Umsetzung von 11 Richtlinien der Europäischen Gemeinschaft in das bundesdeutsche Recht, etwa auf den Gebieten Etikettierung und Packungsbeilage sowie Werbung für Arzneimittel, erging das Fünfte Gesetz zur Änderung des Arzneimittelgesetzes vom 9.8.1994.[154]

b. Zwölftes AMG-Änderungsgesetz v. 30.7.2004

Durch das 12. Gesetz zur Änderung des Arzneimittelgesetzes v. 30.7.2004[155], welches in weiten Teilen am 6.8.2004 in Kraft getreten ist, wurden zahlreiche

---

[149] BGBl. I S. 169.
[150] BGBl. I S. 1296.
[151] BGBl. I S. 1050.
[152] BGBl. I S. 717.
[153] §§ 25 Abs. 2 Nr. 5a, 22 Abs. 3a AMG.
[154] BGBl. I S. 2071.
[155] BGBl. I S. 2031.

Richtlinien des Europäischen Parlaments und des Rates umgesetzt. Hierzu zählen etwa die Richtlinie 2001/83/EG v. 6.11.2001 zur Schaffung eines Gemeinschaftskodexes für Humanarzneimittel[156] sowie die Richtlinie 2001/20/EG zur Angleichung der Rechts- und Verwaltungsvorschriften der Mitgliedsstaaten über die Anwendung der guten klinischen Praxis bei der Durchführung von klinischen Prüfungen mit Humanarzneimitteln[157]. Wichtige Änderungen des Gesetzes betreffen demnach die klinische Prüfung, dort etwa die Beteiligung der Ethik-Kommissionen[158], sowie die klinischen Prüfungen bei Minderjährigen und bei Spezialfällen klinischer Studien. Zudem wurde mit § 25 Abs. 7a S. 7 AMG eine das Zulassungsverfahren betreffende Regelung eingefügt, die die Anwendung von Arzneimitteln für Kinder oder Jugendliche außerhalb der zugelassenen Indikationen betrifft.[159]

c. Vierzehntes AMG Änderungsgesetz v. 29.8.2005

Mit dem Vierzehnten Gesetz zur Änderung des AMG v. 29.8.2005[160] wurden vor allem weitere Vorgaben des europäischen Arzneimittelrechts in deutsches Recht umgesetzt. Das Gesetz dient im Wesentlichen der Umsetzung der Revision der europäischen pharmazeutischen Gesetzgebung[161] sowie der Richtlinie über traditionelle pflanzliche Arzneimittel[162] in das AMG, das Heilmittelwerbegesetz und das Patentgesetz. Herauszuhebende Änderungen des AMG sind insbesondere die Erweiterung des Begriffs „Herstellung" um das Merkmal der Freigabe (§ 4 Abs. 14 AMG), die Ergänzung der Definition des pharmazeutischen Unternehmers (§ 4 Abs. 18 AMG) sowie die Einführung der „sachkundigen Person" (§§ 14 ff. AMG) im Bereich der Herstellung von Arzneimitteln.

IV. Weitere Regeln des Arzneimittelrechts

1. Nationales Recht außerhalb des AMG

Während das AMG Vorschriften über den Arzneimittelverkehr und die Arzneimittelherstellung enthält, erfassen andere Regelwerke darüber hinausgehende

---

[156] ABl. EG Nr. L 311 S. 67.
[157] ABl. EG Nr. L 121 S. 34.
[158] Vgl. *Saame*, PharmR 2004, S. 309 (315 f.).
[159] Vgl. im Einzelnen: Teil 2, C.III.2.
[160] BGBl. I S. 2570.
[161] RL 2004/27/EG und RL 2004/28/EG v. 31.3.2004.
[162] RL 2004/24/EG v. 31.3.2004.

Bereiche des Arzneimittelrechts. Vorschriften über die Arzneimittelwerbung enthält das Heilmittelwerbegesetz[163]. Der Anwendungsbereich bezieht sich vor allem auf Arzneimittel und Medizinprodukte. Hierbei wird auf die Definitionen des § 2 AMG und des § 3 MPG Bezug genommen, § 1 Abs. 1 Nr. 1, 1a HWG. Das Gesetz bestimmt die Verbote der irreführenden Werbung (§ 3 HWG) und der Werbung mit zulassungspflichtigen, aber nicht zugelassenen Arzneimitteln (§ 3a HWG). Weiterhin werden die Voraussetzungen für die Werbung mit Arzneimitteln (§ 4 HWG) sowie unzulässige Arten der Werbung (§§ 4a ff. HWG) genannt. Die Abgabe von Arzneimitteln ist im Apothekengesetz[164] geregelt. Das Gesetz bestimmt die Erlaubnispflicht für den Betrieb einer Apotheke (§§ 1-13 ApoG). Seit 2003 ist unter engen Voraussetzungen etwa auch eine Erlaubnis zum Versand apothekenpflichtiger Arzneimittel zu erteilen, § 11a ApoG. Das Medizinproduktegesetz[165] stellt eine Regelung für vorwiegend physikalisch wirkende Medizinprodukte dar und ist neben das Arzneimittelrecht getreten.[166]

2. Europäisches Arzneimittelrecht

Durch die Entscheidung des EU-Ministerrates für Binnenmarktfragen gilt seit 1995 ein einheitliches europäisches Zulassungssystem für Arzneimittel. Hierbei werden das zentrale und das dezentrale Zulassungsverfahren unterschieden. Letzteres wird durch Antragstellung in einem Mitgliedsstaat eingeleitet. Dessen Entscheidung über den Zulassungsantrag ist seit 1998 für die übrigen Mitgliedsstaaten verbindlich. Innerhalb der Frist von 90 Tagen ab Erhalt eines Beurteilungsberichts aus einem Mitgliedsstaat muss die Zulassung sodann anerkannt werden, es sei denn, es besteht Anlass zur Annahme, dass die Zulassung des Arzneimittels eine Gefahr für die öffentliche Gesundheit darstellen kann, §§ 25 Abs. 5b, 27 Abs. 1 S. 2 AMG. Das zentrale Zulassungsverfahren gilt seit der Revision der europäischen pharmazeutischen Gesetzgebung aus März 2004 für Arzneimittel mit neuen Wirkstoffen, wenn sie zur Behandlung von AIDS, Diabetes, neurodegenerativen sowie seltenen Erkrankungen bestimmt sind, §§ 22 ff. AMG. Das Zulassungsverfahren wird vor der EMEA durchgeführt.

---

[163] Gesetz über die Werbung auf dem Gebiete des Heilwesens v. 11.7.1965, BGBl. I S. 604 in der Fassung der Bekanntmachung v. 19.10.1994, BGBl. I S. 3068; zuletzt geändert durch Gesetz v. 26.4.2006, BGBl. I S. 984.

[164] Gesetz über das Apothekenwesen v. 20.8.1960, BGBl. I S. 697; neugefasst durch Bekanntmachung v. 15.10.1980, BGBl. I S. 1993; zuletzt geändert durch Art. 36 des Gesetzes v. 26.3.2007, BGBl. I S. 378.

[165] Gesetz über Medizinprodukte v. 2. 8.1994, BGBl. I S. 1963 in der Fassung der Bekanntmachung v. 7.8.2002, BGBl. I S. 3146, zuletzt geändert d. Art. 1 des Gesetzes v. 14.6.2007, BGBl. I S. 1066.

[166] *Deutsch/Spickhoff*, Medizinrecht, Rn. 835.

3. Internationale Regeln

Als internationale Rechtsquellen des Arzneimittelrechts existieren zwei Regelwerke der World Health Organisation (WHO). Die WHO wurde am 18. September 1947 von Ärzten aus 27 Nationen in Paris gegründet. Nach ihrer Satzung ist die WMA ein Zusammenschluss der repräsentativsten nationalen Ärzteorganisationen jedes Landes. Deutsche Ärzte sind seit 1951 durch die Bundesärztekammer in der WMA organisiert. Derzeit sind Ärzteorganisationen aus etwa 70 Staaten in der WMA vertreten. Die WMA handelt in Form von Deklarationen, Resolutionen und Stellungnahmen. Die viel diskutierte Frage der Bindungswirkung dieser Handlungsformen für die praktizierenden Ärzte soll hier nicht beantwortet werden. Jedenfalls sind jedoch die Mitglieder der WMA selbst an die Beschlüsse ihrer Generalversammlung gebunden. Mitglieder sind zunächst die „repräsentativsten nationalen Ärzteorganisationen" aus etwa 70 Staaten. Für Deutschland ist dies die Bundesärztekammer. Über die in Deutschland nach Landesrecht bestehende Zwangsmitgliedschaft der deutschen Ärzte in den Landesärztekammern, welche sich wiederum in einer Arbeitsgemeinschaft als Bundesärztekammer zur Erfüllung übergeordneter Aufgaben zusammengeschlossen haben, sind die 363.396 Ärztinnen und Ärzte (Stand: 31.12.1999)[167] in der Bundesrepublik Deutschland mittelbar auch Mitglieder der WMA. Somit ist die Deklaration von Helsinki in diesem Rahmen für die deutschen Ärzte verbindlich. Offen bleibt jedoch auch hierbei die Frage nach der praktischen Reichweite dieser Bindungswirkung. Denn ob und wie ein Verstoß eines deutschen Arztes gegen einen Beschluss der WMA geahndet werden kann und wird, ist ungewiss. Die „Revidierten Grundregeln der WHO für die Herstellung von Arzneimitteln und die Sicherung ihrer Qualität"[168] sowie im Bereich der Forschung am Menschen die Deklaration von Helsinki[169] stellen die für das Arzneimittelrecht relevanten Quellen dar.

4. Nationales Arzneimittelrecht weiterer Staaten

In den USA hat sich ein streng formales Arzneimittelrecht entwickelt. Als erstes Instrument 1906 zur Regulierung des Arzneimittelverkehrs wurde neben dem Meat Inspection Act der Pure Food and Drug Act erlassen. Mit letzterem wurde

---

[167] Quelle: BÄK.

[168] BAnz 1978 Nr. 1.

[169] Auf der 52. Generalversammlung der World Medical Association (WMA) in Edinburgh, Scottland, wurde im Oktober 2000 die 5. Revision der Deklaration von Helsinki beschlossen.

auch die FDA ins Leben gerufen. Regelungszweck dieser Normen war vorwiegend die Verbesserung der Hygienezustände im Nahrungsmittelbereich. Der Erlass des Pure Food and Drug Act ist somit für den Bereich des Arzneimittelverkehrs untrennbar mit den Nahrungsmittel verbunden. Bestrebungen zu einer staatenübergreifenden gesetzlichen Regulierung gab es bereits am Ende des 19. Jahrhunderts. Ein Mitglied des 49. Congress drückte dies 1885 in einer Rede vor dem Congress wie folgt aus: „In ordinary cases the consumer may be left to his own intelligence to protect himself against impositions. By the exercise of a reasonable degree of caution, he can protect himself from frauds in underweight and in under-measure. If he can not detect a paper-soled shoe on inspection, he detects it in the wearing of it, and in one way or another he can impose a penalty upon the fraudulent vendor. As a general rule the doctrine of laissez faire can be applied. Not so with many of the adulterations of food. Scientific inspection is needed to detect the fraud, and scientific inspection is beyond the reach of the ordinary consumer. In such cases the Government should intervene."[170] Im Nahrungsmittelbereich gab es bereits 1886 die Oleomargarine Tax, 1891 den Meat Inspection Act. Auch waren bereits zahlreiche bundesstaatliche Regelungen ergangen. Der Pure Food and Drug Act von 1906 beschnitt sodann landesweit den Verkauf von gepanschten Lebensmitteln und betrügerischen Medikamenten. Mit dem Federal Food, Drug and Cosmetic Act von 1938 wurden in der Folge Pharmaunternehmen im Rahmen der Registrierung des Arzneimittels zum Nachweis der Unbedenklichkeit verpflichtet. Dem Inkrafttreten dieses Gesetzes war die Katastrophe um das Arzneimittel „Elexir of Sulfanilamide" vorausgegangen. Dieses enthielt giftige Frostschutzsubstanzen, die Anwendung hatte den Tod von 107 Menschen zur Folge. Durch die Kefauver-Harris Amendments aus dem Jahr 1962 wurden die Nachweise der pharmazeutischen Qualität, der toxikologischen Unbedenklichkeit sowie der therapeutischen Wirksamkeit eingeführt. Diese Regelungen entstanden infolge der in den Vereinigten Staaten abgewendeten Thalidomid-Katastrophe.[171] Aber auch einer Anpassung an sich ändernde Umstände entzieht sich das Arzneimittelrecht der Vereinigten Staaten nicht: So gibt es zum einen Bestrebungen, das Neuzulassungsverfahren zu deregulieren, zum anderen wurden Vereinfachungen bei Orphan Drugs geschaffen.[172]

In Japan existiert ein weitgehend dem AMG angenähertes Arzneimittelrecht. Hauptsächliche Unterschiede ergeben sich in Bezug auf die Haftungsfragen,

---

[170] Congressional Record, 49th Congress, 1st Session, pp. 5040-5041.

[171] Vgl. Teil 2, A.II.1.g.aa.α.

[172] *Deutsch/Spickhoff*, Medizinrecht, Rn. 826.

hier greift Japan die Fonds-Lösung auf.[173] Auch nennt etwa Österreich ein dem AMG angenähertes Arzneimittelrecht sein eigen. Interessantester Unterschied zum bundesdeutschen Recht ist dabei, dass Österreich keinerlei besondere Haftung für den Arzneimittelverkehr vorsieht.

B. Die Rechtsprechung zum Off-Label-Use im arzneimittelrechtlichen Bezug

I. Zivilrecht

Das OLG Köln hat in seinem Urteil v. 30.5.1990[174] in einem haftungsrechtlichen Zusammenhang festgestellt, dass es für den Einsatz des Arzneimittels durch den Arzt nicht darauf ankomme, „dass Aciclovir im Sinne der Vorschriften des Arzneimittelgesetzes noch nicht als Medikament gegen diese Erkrankung zugelassen war."[175] Das AMG schränke nicht die therapeutische Freiheit des Arztes ein. Es „verbietet ihm nicht, ein Medikament, das gegen bestimmte Erkrankungen auf dem Markt ist, auch gegen andere Erkrankungen einzusetzen, wenn dies medizinisch geboten ist."[176] Diese Ausführungen haben Zustimmung erfahren[177] und sind zur Frage der Therapiefreiheit des Arztes noch heute regelmäßig als Quellenangabe in Rechtsprechung und Literatur zu finden.

Im Verfahren um die Erteilung einer Zwangslizenz für ein Patent auf menschliches Interferon führte der BGH aus: „Dieses Arzneimittel ist zwar in der Bundesrepublik Deutschland nur für die Indikation chronische Granulomatose zugelassen. Dem behandelnden Arzt ist ein Rückgriff auf Imukin aber nicht verschlossen. Er wird das Arzneimittel (...) schon in Hinblick auf die bekannte gute Verträglichkeit des Wirkstoffs Interferon-gamma trotz anderweitiger Indikation auch einsetzen, wenn er sich von diesem Arzneimittel erhebliche therapeutische Verbesserungen für seinen Patienten verspricht und der Patient dem zustimmt."[178]

---

[173] Vgl. *Deutsch/Spickhoff*, Medizinrecht, Rn. 838.
[174] Az.: 27 U 169/89; JR 1991, S. 460; VersR 1991, S. 186; NJW-RR 1991, S. 800; PharmaR 1991, S. 18; ArztuR 1991, S. 20; DMW 1992, S. 394 -Aciclovir-.
[175] JR 1991, S. 460 (462).
[176] JR 1991, S. 460 (462).
[177] Vgl. *Deutsch*, VersR 1991, S. 189; *Giesen*, JR 1991, S. 464.
[178] BGH, Urteil v.5.12.1995, Az.: X ZR 26/92 (BPatG), NJW 1996, S. 1593 (1597).

II. Sozialrecht

Die mittlerweile umfangreiche sozialgerichtliche Rechtssprechung[179] hat auch mehrfach Stellung zu den arzneimittelrechtlichen Aspekten des Off-Label-Use bezogen. Im Urteil des BSG v. 30.9.1999[180] äußert der 8. Senat die Auffassung, dass es dem Arzt dagegen durch das Arzneimittelrecht nicht verwehrt ist, ein zugelassenes Arzneimittel außerhalb des Rahmens der erteilten Zulassung zu verordnen bzw. anzuwenden.[181] Erfolgt jene Äußerung noch mit der Einschränkung „soweit ersichtlich", konstatiert der 1. Senat im Urteil v. 19.3.2002[182] bereits: Zwar fehle dem Arzneimittel mangels Zulassung die Verkehrsfähigkeit, jedoch gelte dies für die ärztliche Therapie nicht, da der Arzt das Arzneimittel durch seine Verordnung nicht in Verkehr bringe und damit nicht den Vorschriften der §§ 21, 4 Abs. 17, 96 Nr. 5 AMG unterliege. Der Arzt sei arzneimittelrechtlich nicht gehindert, „bei seinen Patienten auf eigene Verantwortung ein auf dem Markt verfügbares Arzneimittel für eine Therapie einzusetzen, für die es nicht zugelassen ist."[183]

C. Die Zulässigkeit des Off-Label-Use in isolierter Betrachtung nach dem Arzneimittelrecht

I. Off-Label-Use und Zulassungsstatus des Arzneimittels

Gemäß der Definition des Off-Label-Use ist jede den Gebrauch des Arzneimittels betreffende Abweichung von Zulassungsangaben erfasst.[184] Das AMG differenziert hier jedoch hinsichtlich der arzneimittelrechtlichen Konsequenzen.

So werden Abstufungen je nach Art und Umfang einer Änderung von der bloßen Änderungsanzeige (§ 29 Abs. 1 S. 1 AMG) über die Änderungsanzeige mit Zustimmungserfordernis (§ 29 Abs. 2a AMG) bis zur Neuzulassung (§ 29 Abs. 3 AMG) vorgenommen. Der Off-Label-Use einer Anwendung des Arzneimittels in einem zulassungsrechtlich neuen Anwendungsgebiet ist nach der eindeutigen

---

[179] Eine ausführliche Erläuterung erfolgt in Teil 3 der Arbeit.

[180] Az.: B 8 KN 9/98 KR R; BSGE 85, 36 -SKAT-.

[181] Der Senat verweist für die Zustimmung u.a. auf OLG Köln, Urteil v. 30.5.1990, 27 U 169/89 -Aciclovir-.

[182] Az.: B 1 KR 37/00 R; BSGE 89, 184 (188) -Sandoglobulin-.

[183] BSGE 89, 184 (188).

[184] Vgl. Teil 1, B.

Einstufung des Gesetzgebers gem. letzterer Alternative in aller Regel Neuzulassungstatbestand.[185]

II. Off-Label-Use und Verkehrsfähigkeit sowie Marktfähigkeit des Arzneimittels

Die Marktfähigkeit des zulassungspflichtigen Arzneimittels, also dessen Fähigkeit, als Handels- und Vertriebsobjekt des pharmazeutischen Unternehmers am Markt verfügbar zu sein, setzt dessen Verkehrsfähigkeit voraus. Verkehrsfähigkeit ist dabei gem. der Definition des § 4 Abs. 17 AMG insbesondere die Fähigkeit, an andere abgegeben zu werden. Verkehrsfähigkeit und Marktfähigkeit sind an das Vorliegen der arzneimittelrechtlichen Zulassung gebunden und auf deren Umfang begrenzt, § 21 Abs. 1 AMG.

III. Off-Label-Use als Regelungstatbestand im Arzneimittelrecht

Dem Gesetzgeber ist der Off-Label-Use im AMG nicht fremd. Es existieren Regelungen, die eine Zulassungsüberschreitung betreffen.

1. Tierarzneimittel

Hinsichtlich der Tierarzneimittel wurde unter Anerkennung der Rückstandsproblematik die Regelung des § 56 Abs. 5 Nr. 2 und 3 AMG getroffen: Hiernach ist der Tierarzt bereits arzneimittelrechtlich gehalten, Fütterungsarzneimittel neben anderen Voraussetzungen nur für die in den Packungsbeilagen bezeichneten Anwendungsgebiete zu verschreiben. Diese arzneimittelrechtliche Verbotsregelung des Off-Label-Use für Fütterungsarzneimittel stellt im Falle der Zuwiderhandlung gem. § 97 Abs. 2 Nr. 20 AMG eine Ordnungswidrigkeit dar.

2. Entwicklung in der Pädiatrie: § 25 Abs. 7a S. 7 AMG

Dringender Handlungsbedarf bestand seit langem im Bereich der Pädiatrie: In der stationären Arzneimittelversorgung sind zwischen 25 und 90 % aller Arzneimittelverordnungen bei Kindern und Jugendlichen nicht durch die Zulassung

---

[185] Vgl. Teil 2, A.III.2.b.ee.

abgedeckt.[186] Dabei sind es hauptsächlich wirtschaftliche Gründe, die den pharmazeutischen Unternehmer wegen des geringen Marktpotentials von Arzneimitteln für Kinder oder von Arzneimitteln mit pädiatrischer Indikation von der Beantragung der Zulassung abhalten: Die bis zur Marktreife des Arzneimittels für Kinder aufzuwendenden Kosten werden nur in seltenen Fällen durch die späteren Erlöse gedeckt. Grund für die notwendige Differenzierung sind die unterschiedlichen Arzneimittelwirkungen bei Erwachsenen und Kindern.[187] Sowohl die Vorgänge in der Pharmakodynamik[188] als auch in der Pharmakokinetik[189] sind nicht von Erwachsenen auf Kinder und Jugendliche übertragbar. Auch täuscht eine Anpassung der Dosierung des Arzneimittels in Form einer Verhältnisbestimmung etwa anhand des Alters, des Körpergewichts oder der Körperoberfläche über die tatsächlichen Unterschiede hinweg: Die Arzneimittelwirkung bei Kindern ist schlichtweg nicht vollständig bekannt.[190] Jedoch ist auch in diesem Bereich die Verordnung von Arzneimitteln außerhalb der Zulassungsindikation nicht durch ein vorangegangenes Risiko-Prüfverfahren abgesichert, so dass in Einzelfällen eine Häufigkeit unerwünschter Arzneimittelwirkungen bis auf das Doppelte anstieg.[191]

Auf diese Missstände reagierte der Gesetzgeber mit der Neuregelung des § 25 Abs. 7a S. 7 AMG[192]. § 25 Abs. 7a AMG lautet in Auszügen:

„(1)Zur Verbesserung der Arzneimittelsicherheit für Kinder und Jugendliche wird beim Bundesinstitut für Arzneimittel und Medizinprodukte eine Kommission für Arzneimittel für Kinder und Jugendliche gebildet. [...] (3) Zur Vorbereitung der Entscheidung über den Antrag auf Zulassung eines Arzneimittels, das auch zur Anwendung bei Kindern oder Jugendlichen bestimmt ist, beteiligt die zuständige Bundesoberbehörde die Kommission. (4) Die zuständige Bundesoberbehörde kann ferner zur Vorbereitung der Entscheidung über den Antrag auf Zulassung eines anderen als in Satz 3 genannten Arzneimittels, bei dem eine Anwendung bei Kindern oder Jugendlichen in Betracht kommt, die Kommission beteiligen. (5) Die Kommission hat Gelegenheit zur Stellungnahme. (6)

---

[186] *Hopf*, RhÄB 2000, S. 21; *Bücheler/Schwoerer/Gleiter*, Bundesgesundheitsbl. 2003, S. 467 (468), m.w.N. aus der medizinischen Forschung.

[187] *Bücheler/Schwoerer/Gleiter*, Bundesgesundheitsbl. 2003, S. 467 (468).

[188] *Pschyrembel*, Klinisches Wörterbuch, Stichwort Pharmakodynamik: Lehre über den Einfluss von Arzneistoffen auf den Organismus (einschl. Dosis/ Wirkungsbeziehungen, Wirkungsmechanismus, Nebenwirkungen, Toxologie).

[189] *Pschyrembel*, Klinisches Wörterbuch, Stichwort Pharmakokinetik: Lehre über den Einfluss des Organismus auf Arzneistoffe (Kinetik der Resorption, Verteilung, Metabolisierung und Ausscheidung von Arzneisubstanzen).

[190] *Bücheler/Schwoerer/Gleiter*, Bundesgesundheitsbl. 2003, S. 467.

[191] *Bücheler/Schwoerer/Gleiter*, Bundesgesundheitsbl. 2003, S. 467, m.w.N.

[192] Zwölftes AMG-Änderungsgesetz v. 30.7.2004, BGBl. I S. 2031.

Soweit die Bundesoberbehörde bei der Entscheidung die Stellungnahme der Kommission nicht berücksichtigt, legt sie die Gründe dar. (7) Die Kommission kann ferner zu Arzneimitteln, die nicht für die Anwendung bei Kindern oder Jugendlichen zugelassen sind, den anerkannten Stand der Wissenschaft dafür feststellen, unter welchen Voraussetzungen diese Arzneimittel bei Kindern oder Jugendlichen angewendet werden können. (8) ..."

Satz 4 der Vorschrift stellt in der Konsequenz eine Erweiterung des Zulassungsantrags von Amts wegen dar, ohne dass hier die Voraussetzungen zur Vorlage bei der Kommission, der Umfang der Prüfung der Kommission oder die Rechtsfolgen für die Arzneimittelzulassung konkret beschrieben werden. Wer etwa bestimmt, wann ein Arzneimittel für eine Anwendung bei Kindern oder Jugendlichen „in Betracht kommt"? Satz 5 gibt der Kommission schließlich ein Recht zur Stellungnahme, deren Nichtberücksichtigung durch die Bundesoberbehörde begründungspflichtig ist. Diese Regelung ist insgesamt unvollständig und kann für sich genommen zu erheblichen Unsicherheiten führen. Erforderlich ist vielmehr eine Einbettung dieser Regelung in einen Gesamtkontext.

In einen solchen - leider noch fiktiven - Gesamtkontext gestellt, sind die Ansätze dieser Regelung aber durchaus verwertbar. Denn zu Recht folgt § 25 Abs. 7a Satz 4 AMG der Erkenntnis, dass die Anwendung eines Arzneimittels nicht allein durch den Umfang des Zulassungsantrags bestimmt werden sollte, sondern Instrumente zur Ausweitung der Zulassung von Nöten sind.

Ob auch Satz 7 in diesen Kontext gestellt werden darf, ist äußerst fraglich. Denn hier ist von einer Auswirkung auf die Zulassung des Arzneimittels weder nach dem Gesetzeswortlaut noch nach der Gesetzesbegründung die Rede. Daher scheint Satz 7 keine Aussage darüber zu treffen, wie sich die Feststellungen der Kommission auf den Zulassungsstatus des Arzneimittels auswirken. Eine solche Aussage hätte eines deutlicheren Wortlauts bedurft, zumal sich der Gesetzgeber hier erstmals in arzneimittelrechtlichem Zusammenhang mit dem Thema Off-Label-Use auseinandersetzt. Zutreffend gehen daher Francke und Hart davon aus, dass es sich bei der Regelung des § 25 Abs. 7a Satz 7 AMG um eine an verfehlter Stelle platzierte Regelung des arzneimittelrechtlichen bestimmungsgemäßen Gebrauchs sowie des berufs- und haftungsrechtlichen geltenden Standards einer Behandlung handelt.[193]

---

[193] *Francke/Hart*, SGb 2003, S. 653 (656).

Zu dem Themenbereich äußert sich die Begründung des Gesetzentwurfs, welche als Vorblatt zum Gesetzesentwurf vorlag[194], nur lückenhaft. So heißt es in den allgemeinen Vorbemerkungen: „Zur Verbesserung der Arzneimittelsicherheit für Kinder und Jugendliche sieht der Entwurf eine Kommission Arzneimittel für Kinder und Jugendliche beim Bundesinstitut für Arzneimittel und Medizinprodukte vor, die insbesondere im Rahmen von Zulassungsverfahren Stellungnahmen zur Anwendung von Arzneimitteln bei Kindern und Jugendlichen abgeben kann."[195] Die Begründung zu § 25 Abs. 7a lautet: „Mit der Einrichtung einer Kommission für Arzneimittel für Kinder und Jugendliche wird dem vom Deutschen Bundestag und von den Fachkreisen festgestellten Bedarf Rechnung getragen, die Arzneimittelsicherheit für Kinder und Jugendliche zu verbessern. Der neue Absatz 7a enthält eine Rechtsgrundlage für die Errichtung der Kommission Kinderarzneimittel beim Bundesinstitut für Arzneimittel und Medizinprodukte."[196] Hilfreich sind diese Bemerkungen daher nur im bereits genannten Sinn: Zwar ist denkbar, dass die Kommission bei Beteiligung durch die Zulassungsbehörde gem. § 25 Abs. 7a Satz 4 AMG über den Zulassungsantrag hinaus Feststellungen zur Anwendung des Arzneimittels bei Kindern und Jugendlichen treffen kann. Jedoch scheidet ein auf die bereits erteilte Zulassung rückwirkender Regelungsgehalt in zulassungsrechtlicher Hinsicht aus. Auch die Besprechung der AMG Novelle bei Saame führt in dieser Frage nicht weiter: Die Regelung des § 25 Abs. 7a AMG wird hier grundsätzlich begrüßt und zutreffend darauf hingewiesen, dass die Beteiligung der Kommission nicht zu Verzögerungen im Zulassungsverfahren führen sollte.[197]

3. Ergebnis

§ 25 Abs. 7a S. 7 AMG unterstellt den Off-Label-Use einer Prozedur. Jedoch ist, wie bereits festgestellt, hieran keine zulassungsrechtliche Konsequenz geknüpft.[198] Allein § 25 Abs. 7a S. 4 AMG lässt in seiner wörtlichen Ausgestaltung nunmehr Abweichungen von den Zulassungsanträgen zu. Ob dieser Ansicht jedoch auch in der Zulassungspraxis gefolgt wird, bleibt abzuwarten und ist wegen der wenig greifbaren Formulierung „in Betracht kommen"[199] nur schwer abschätzbar. Insgesamt kann hier daher nicht von einer Regelung zu sprechen sein, welche den Off-Label-Use im Arzneimittelrecht auf eine allge-

---

[194] Internetpublikation 2004: http://info.imsd.uni-mainz.de/kks/12amg.html.
[195] Internetpublikation 2004: http://info.imsd.uni-mainz.de/kks/pdfs/vorblatt2.pdf, S. 55.
[196] Internetpublikation 2004: http://info.imsd.uni-mainz.de/kks/pdfs/vorblatt2.pdf, S. 66.
[197] *Saame*, PharmR 2004, S. 309 (312).
[198] Vgl. Teil 2, C.III.2.
[199] Vgl. Teil 2, C.III.2.

meine Grundlage stellt oder diesen verbindlich regelt. Auch § 56 Abs. 5 Nr. 2 und 3 AMG ist hierfür nicht heranzuziehen: Im Hinblick auf die Besonderheiten der Rückstandsproblematik bei Tierarzneimitteln ergibt sich die sachliche Rechtfertigung dieser Regelung. Diese dürfte daher kaum Anlass zu Diskussionen geben.

IV. Off-Label-Use und Anwendung des Arzneimittels

Die Zulassung des zulassungspflichtigen Arzneimittels ist über die Verkehrsfähigkeit hinaus auch für dessen Anwendung Voraussetzung. Jedoch erlaubt die ärztliche Therapiefreiheit dem Arzt einen vom zugelassenen Gebrauch abweichenden Einsatz des Arzneimittels.[200] Das AMG steht dem nicht entgegen.[201] Grundsätzliche Rechtsfragen ergeben sich im Hinblick auf die Gesetzgebungskompetenz zur Regelung eines etwaigen arzneimittelrechtlichen Verbots des Off-Label-Use sowie im Hinblick auf den Anwendungsbereich des AMG.

1. Gesetzgebungskompetenz gem. Art. 74 Abs. 1 Nr. 19 GG

Die Gesetzgebungskompetenz des Bundes für den Verkehr mit Arzneien ergibt sich aus Art. 74 Abs. 1 Nr. 19 GG. Innerhalb dieser Kompetenz wurde das Gesetz über den Verkehr mit Arzneimitteln erlassen. Fraglich ist nun, ob sich diese Regelungskompetenz des Bundes auch auf die Beurteilung der Zulässigkeit der Verordnung von Arzneimitteln außerhalb der offiziellen Indikation erstreckt. Nur in diesem Fall besteht die Regelungskompetenz des Bundesgesetzgebers für die Problematik im AMG und nur dann wäre nach Lösungen auch im AMG zu suchen. Bei Verneinung der Gesetzgebungskompetenz des Bundes für die vorliegende Frage müsste das AMG außer Betracht bleiben.

Der Verkehr mit Arzneien gem. Art. 74 Abs. 1 Nr. 19 GG wird von der Literatur einheitlich definiert als der gesamte Umgang mit Arzneien, von der Herstellung über den Vertrieb bis zum Verbrauch.[202] Fraglich ist, ob hierunter auch die Verordnung von Arzneimitteln durch einen Arzt zu sehen ist. Die ärztliche Arzneimittelverordnung könnte zum einen als eine die Abgabe und Verwendung von Arzneimitteln beeinflussende Handlung unter den Verkehrsbegriff fallen, zum

---

[200] *Deutsch/Spickhoff*, Medizinrecht, Rn. 868 mit Verweis auf *Laufs*, Arztrecht, Rn. 41 f.
[201] Allg. A.; statt vieler: BSGE 89, 184 (188); *Wartensleben*, AuR 1997, S. 3; KassKomm-*Hess*, § 35b SGB V Rn. 10; a.A. *Hennies*, ArztR 1996, S. 95 (96).
[202] *Oeter* in: v. Mangoldt/Klein, Art. 74 Rn. 174.

anderen aber auch mangels tatsächlicher und unmittelbarer Verfügung über Arzneimittel gerade nicht vom Verkehrsbegriff umfasst sein.

Der über den Umgang definierte Verkehr könnte nun sein Kernelement darin haben, dass hierbei auf die tatsächliche Verfügung über Arzneien abgestellt werden muss. Der Begriff der ärztlichen Verordnung müsste demnach auch eine solche tatsächliche Verfügung umfassen. Der Arzt verfügt mit der Verordnung des Arzneimittels insoweit, als dass der Patient danach weiß, welches Medikament er zur Behandlung der Krankheit einsetzen kann. Mit der Verordnung des Arzneimittels ist jedoch nicht zwingend auch die tatsächliche Abgabe des Präparats an den Patienten verbunden, diese erfolgt unter Umständen erst viel später durch einen Apotheker. Somit könnte es an einer tatsächlichen Verfügung und damit am „Umgang mit Arzneien" fehlen. Der Verkehr mit Arzneimitteln wäre hier nicht betroffen. Andererseits ist der Begriff Verkehr gem. Art. 74 Abs. 1 Nr. 19 GG weit auszulegen.[203] Dies lässt auch die Wahl der Definition des „gesamten Umgangs" erkennen. So könnte die Verordnung von Arzneimitteln zum Verkehr mit Arzneien zu zählen sein, wenn diese als mittelbare Verfügung angesehen wird.

Es ist jedoch allgemeine Auffassung, dass Art. 74 Abs. 1 Nr. 19 GG keine Globalermächtigung für das Gesundheitswesen darstellt, sondern ganz spezifische Bereiche auflistet. Wenn dabei der Verkehr mit Arzneien der Gesetzgebungskompetenz des Bundes unterfällt, ist diese im Arztrecht jedoch auf Zulassungsfragen beschränkt.[204] Entsprechendes hat das Bundesverfassungsgericht (BVerfG) im Urteil v. 16.2.2000[205] festgestellt: Die Gesetzgebungskompetenz ist im Arztrecht auf die Zulassung beschränkt und erstreckt sich also nicht auf die Berufsausübung.[206] In weiteren Verfahren ging es zumeist um den Kauf oder Verkauf von Arzneimitteln und damit um den Arzneimittelverkehr.[207]

2. Anwendungsbereich des AMG

Von der Gesetzgebungskompetenz losgelöst zu betrachten ist die Frage nach dem Anwendungsbereich des AMG. Unterfällt die ärztliche Verordnung von Arzneimitteln den Regelungen des AMG? Wesentliche Bedeutung kommt hier-

---

[203] *Maunz* in: Maunz/Dürig, Art. 74 Rn. 219.
[204] *Maunz* in: Maunz/Dürig, Art. 74 Rn. 215, 219.
[205] Az.: 1 BvR 420/97; BVerfGE 102, 26 -Frischzellen-.
[206] BVerfGE 102, 26 (37).
[207] BVerfGE 9, 73; 17, 269; 20, 283; 75, 166.

bei dem Begriff des Inverkehrbringens zu. §§ 5, 21, 4 Abs. 17, 96 Nr. 5 AMG untersagen das Inverkehrbringen nicht zugelassener, aber zulassungspflichtiger Arzneimittel unter Strafandrohung. Nach dem Urteil des BVerfG v. 16.2.2000[208] liegt ein Inverkehrbringen durch den Arzt gerade nicht vor, wenn dieser Arzneimittel bei den eigenen Patienten anwendet.[209] Eine Abgabe im Sinne des Arzneimittelrechts liege hierin nicht. Auch in der zivilrechtlichen und sozialrechtlichen Rechtssprechung wird diese Auffassung geteilt: Der Arzt wird bei der Verordnung von Arzneimitteln nicht als den §§ 5, 21, 4 Abs. 17, 96 Nr. 5 AMG unterworfen angesehen.[210] § 21 Abs. 1 S. 1 AMG beinhaltet das Verbot des Inverkehrbringens nicht zugelassener Fertigarzneimittel. Gemäß der Definition des Inverkehrbringens in § 4 Abs. 17 AMG über die „Abgabe" konnte gezeigt werden, dass der Arzt in seiner Anwendung des Arzneimittels am Patienten dieser Vorschrift nicht unterliegt. Auch eine Subsumtion des Off-Label-Use unter das Verbot bedenklicher Arzneimittel gem. § 5 AMG gelingt nicht: Auch hierbei handelt es sich um ein Verkehrsverbot, nicht um ein an den Arzt gerichtetes Anwendungsverbot.[211] Die Strafvorschriften der §§ 96 Nr. 5, 95 Abs. 1 Nr. 1 AMG greifen damit für die ärztliche Anwendung des Arzneimittels ebenfalls nicht Platz.

3. Ergebnis

Das Arzneimittelgesetz als Verkehrsgesetz gem. Art. 74 Abs. 1 Nr. 19 GG darf die Anwendung eines Arzneimittels durch den Arzt am Patienten damit nicht verbieten.[212] Die Bundeskompetenz ist insoweit auf Zulassungsfragen beschränkt. Dies gilt insbesondere dann, wenn es sich um die Anwendung von durch den Arzt hergestellten Arzneimitteln geht, die nicht zur Abgabe an Dritte bestimmt sind. Auch der Anwendungsbereich des AMG regelt über den Begriff des „Inverkehrbringens" nicht die Anwendung von Arzneimitteln durch den Arzt. Dieses Ergebnis schließt freilich nicht aus, die Zulassungsregeln des AMG für Indikationserweiterungen anzupassen, um eine etwaige Harmonisierung mit dem Recht der GKV herbeizuführen. Allein ein an den Arzt adressiertes arzneimittelrechtliches Verbot des Off-Label-Use ist von Art. 74 Abs. 1 Nr. 19 GG nicht erfasst.

---

[208] Az.: 1 BvR 420/97; BVerfGE 102, 26 -Frischzellen-.

[209] BVerfGE 102, 26 (35).

[210] Vgl. Teil 2, B.

[211] *Pabel*, NJW 1989, S. 759 (760).

[212] Abw. insoweit *Francke/Hart*, SGb 2003, S. 653 (658), die die Entscheidung über die Erweiterung des arzneimittelrechtlichen Verbots auf die Anwendung dem (Bundes-) Gesetzgeber überlassen sehen.

V. Ergebnis und Konsequenzen

Bereits früh wurde die Auffassung dargelegt, das AMG beschränke die therapeutische Freiheit des Arztes nicht in der Weise, dass es einen Off-Label-Use verbiete.[213] Als Grund hierfür wird hauptsächlich der Regelungscharakter des AMG als Verkehrsgesetz angeführt, seine Aussagen binden nur denjenigen, der ein Arzneimittel in Verkehr bringt. In der Zulassung liegt zwar ein rechtsgestaltender Verwaltungsakt, der konstitutiv die Verkehrsfähigkeit des pharmazeutischen Produktes als Arzneimittel eröffnet.[214] An den Arzt wendet sich dieser jedoch nicht. Denn in der ärztlichen Verordnung von Arzneimitteln liegt ein Inverkehrbringen nicht vor.[215] Jedoch ist die Verkehrsfähigkeit auf den Umfang der Zulassung beschränkt.

Die Einführung des § 25 Abs. 7a S. 7 AMG ändert an dieser Rechtsauffassung nichts. Der Grund für das Einfügen dieser Norm in das Arzneimittelrecht lag in dem Bestreben des Gesetzgebers nach Schaffung von Rechtssicherheit. Zu unsicher war die Situation der Arzneimittelverordnung in der Pädiatrie, zu unklar die Rechtsstellung der Versicherten. Dennoch verursacht die Regelung erneut Verwirrung: Welche Grundaussage trifft § 25 Abs. 7a AMG und lässt sich ein Verhältnis zu der Normierung des Off-Label-Use im Recht der gesetzlichen Krankenversicherung, § 35b Abs. 3 SGB V beschreiben? Liegt hierin schlicht eine unbeabsichtigte Doppelregelung, verfolgen die verschiedenen Normen unterschiedliche Zwecke mit jeweils andersartigen Mitteln, liegt also ein Versehen vor oder liegt hinsichtlich der Leistungspflicht der GKV gar keine Schnittmenge vor? Diese Frage ist nach den bisherigen Feststellungen wohl gemäß letzterer Alternative zu beantworten. Festzuhalten ist jedoch nach alldem: Das AMG verbietet den Off-Label-Use nicht.

Enden kann die rechtliche Prüfung mit dieser Antwort jedoch nicht. Nach der hier zunächst vorgenommenen isolierten Betrachtung des Off-Label-Use nach dem Arzneimittelrecht können sich in der Folge der Prüfung sozialrechtlicher Fragen durchaus weitere arzneimittelrechtliche Auswirkungen ergeben und damit auch eine Lösung unter Rückgriff auf das Arzneimittelrecht nahe legen. Abhängigkeiten und wechselseitige Bezugnahmen zwischen AMG und SGB V sind zu klären und zu bewerten.

---

[213] Vgl. *Wartensleben*, AuR 1997, S. 3.
[214] *Schwerdtfeger*, Die Bindungswirkung der Arzneimittelzulassung, S. 70.
[215] Vgl. *Ehlers*, PharmR 2001, S. 215.

Teil 3: Die Verordnung von Arzneimitteln außerhalb der zugelassenen Indikationen nach dem Recht der gesetzlichen Krankenversicherung

A. Entwicklung der rechtlichen Grundlagen

Im Folgenden werden die für diese Arbeit relevanten rechtlichen Grundlagen des Sozialrechts in ihrer Entwicklung dargestellt, um die Hintergründe von Neuregelungen sowie die Bedeutung des status quo erfassen zu können.

I. Das Recht der gesetzlichen Krankenversicherung

1. SGB V bis 2003

An dieser Stelle wird zunächst auf das Recht nach der bis zum 31.12.2003 geltenden Fassung des SGB V eingegangen, um den Kontext der bis hier geführten Diskussionen um die Erstattungsfähigkeit des Off-Label-Use darstellen zu können.

a. Grundsätze

Die gesetzliche Krankenversicherung basiert auf Grundsätzen, die im Wesentlichen in dem ersten Kapitel des SGB V (§§ 1 bis 4 SGB V) verankert sind und als Einweisungsvorschriften zur Auslegung und Anwendung des Krankenversicherungsrechts heranzuziehen sind.[216] Hierzu gehören zuvörderst die Prinzipien der Solidarität und der Subsidiarität, das mit Elementen des sozialen Ausgleichs versehene Versicherungsprinzip, die Finanzierung durch Beiträge der Versicherten, der Arbeitgeber und arbeitgeberähnlichen Personen, die Aufgabenwahrnehmung durch Körperschaften des Öffentlichen Rechts im Rahmen einer Selbstverwaltung, das Sachleistungsprinzip, Wirtschaftlichkeitsgebot sowie die freie Auswahl der Leistungserbringer.[217]

aa. Versicherungsprinzip

Nach dem Versicherungsprinzip findet ein von individueller Bedürftigkeit unabhängiger Risikoausgleich aus den Beiträgen und sonstigen Einnahmen statt.

---

[216] Vgl. amtliche Begründung, BT-Drs. 11/2237, S. 157.
[217] *Hauck* in: Hauck/Noftz, SGB V, Einf. A.I.

Durch den Zusammenschluss und die Beitragsleistung gleichartig Bedrohter erfolgt auf diese Weise die Absicherung gegen Krankheit. Eine Leistung wird dann gewährt, wenn sich das Risiko realisiert, gegen das dieser Zusammenschluss schützen soll (Versicherungsfall).[218]

bb. Solidaritätsprinzip

Die Abdeckung des vorgenannten Risikos ist so ausgestaltet, dass sich die Beiträge der Versicherten an der individuellen Leistungsfähigkeit in Form des jeweiligen Arbeitsentgelts orientieren. Es existiert damit keine risikoäquivalente Bemessung des Beitrags, dieser ist also unabhängig von Geschlecht, Eintrittsalter, Vorerkrankungen etc. Dadurch entsteht eine Solidargemeinschaft zwischen Besserverdienenden und Geringverdienern, Gesunden und Kranken, Aktiven und Rentnern.[219] Das Solidaritätsprinzip ist in § 1 S. 1 SGB V verankert.

cc. Eigenverantwortung

Der in § 1 S. 2 SGB V verankerte Grundsatz der Eigenverantwortung des Versicherten unterstützt das Solidaritätsprinzip und steht an gleichem Rang. Hiernach ist der Versicherte für die Erhaltung und Wiederherstellung seiner Gesundheit mit verantwortlich. Er hat dies durch gesundheitsbewusste Lebensführung und aktive Mitwirkung an Krankenbehandlung zu realisieren.

dd. Sachleistungsprinzip

Die Krankenkassen sind ohne eigene medizinische Einrichtungen[220] verpflichtet, ihren Mitgliedern freie ärztliche Behandlung zu gewähren, § 2 Abs. 2 SGB V. Die Erstattung von Krankheitskosten ist damit nicht von der Regelversorgung umfasst, die geschuldeten Leistungen werden in Natur erbracht.[221] Dazu schließen die Krankenkassen Verträge mit den Leistungserbringern. Die Vergütung erfolgt dabei nach dem Prinzip der Gesamtvergütung. Dem Versicherten steht die Wahl des konkreten Vertragsarztes frei (sog. freie Arztwahl), § 76 SGB V. Eine Ausnahme vom Sachleistungsprinzip besteht in § 13 Abs. 2 SGB

---

[218] *Knieps* in: von Maydell, SGB V, Einl. Rn. 82.
[219] *Knieps* in: von Maydell, SGB V, Einl. Rn. 83.
[220] *Fastabend/Schneider*, Leistungsrecht, Rn. 9.
[221] *Maaß*, SGb 1991 B, S. 113.

V, wonach Versicherte auch Kostenerstattung wählen können. Diese Möglichkeit stand vormals allein freiwillig Versicherten offen.[222] Bei Wahl der Kostenerstattung ist allerdings ein Abschlag für Verwaltungskosten sowie für fehlende Wirtschaftlichkeitsprüfungen zu kalkulieren. Eine weitere Ausnahme vom Sachleistungsprinzip stellt die Kostenerstattung für im Ausland beschäftigte Mitglieder gem. § 17 Abs. 2 SGB V dar.

ee. Wirtschaftlichkeitsgebot

Sowohl im Leistungsrecht (§ 12 SGB V) als auch im Vertragsrecht (§ 70 Abs. 1 S. 2 SGB V) besteht der Grundsatz, die Mittel der GKV möglichst sparsam einzusetzen, §§ 2 Abs. 1 S. 1, 4 Abs. 4 SGB V.[223] Das Wirtschaftlichkeitsgebot umfasst die Begriffe zweckmäßig und ausreichend, die Wirtschaftlichkeit einer Leistung hängt davon ab, in welchem Verhältnis die Kosten der Behandlung zu der Sicherung des Behandlungserfolgs stehen.[224] Es müssen hierzu hinreichende Chancen auf den Behandlungserfolg bestehen[225], der mit der Behandlung angestrebte Funktionsausgleich muss dabei im Rahmen eines elementaren, normalen Lebensbedürfnisses liegen.[226]

ff. Gegliederte Krankenversicherung

Es existieren sieben Kassenarten, welche sich jeweils über übereinstimmende Merkmale ihrer Versicherten definieren. So können etwa für Menschen gleicher regionaler Herkunft Ortskrankenkassen, für Beschäftigte in großen Betrieben Betriebskrankenkassen, für die Mitglieder der Handwerksbetriebe von Handwerksinnungen Innungskrankenkassen bestehen oder errichtet werden. Weitere Kassenarten sind Landwirtschaftliche Krankenkassen, die See-Krankenkasse[227], die Bundesknappschaft und die Ersatzkassen. Die gegliederte Krankenversicherung gem. §§ 4 Abs. 2, 143 ff. SGB V soll dazu beitragen, dass den jeweiligen

---

[222] Zum früheren Streitstand über die Möglichkeit der Kostenerstattung vgl. *Knieps* in: von Maydell, SGB V, Einl. Rn. 85.

[223] *Knieps* in: von Maydell, SGB V, Einl. Rn. 86.

[224] *Zipperer* in: Maaßen, GKV-Komm, § 12 SGB V Rn. 2 ff.

[225] BSGE 55, 188.

[226] BSG USK 82 Nr. 158; 82 Nr. 164.

[227] Die See-Krankenkasse ist keine Körperschaft des öffentlichen Rechts, sie wird von der Seekasse verwaltet, welche eine berufsständische Sonderanstalt der Arbeiterrentenversicherung ist, HzS-Hungenberg, Gruppe 3 Rn. 173.

Besonderheiten der Versicherungsgemeinschaft in hinreichender Weise Rechnung getragen werden kann.[228]

gg. Selbstverwaltung in der GKV

Kennzeichnend für das Recht der gesetzlichen Krankenversicherung ist die Selbstverwaltung. Sowohl die Krankenkassen als auch die Vertragsärzte durch die Kassenärztlichen Vereinigungen und Bundesvereinigungen erfüllen ihre Aufgaben im Rahmen der Selbstverwaltung.

Die Krankenkassen als Träger der Sozialversicherung sind rechtsfähige Körperschaften des öffentlichen Rechts mit Selbstverwaltung, § 4 Abs. 1 SGB V, § 29 Abs. 1 SGB IV. Die Selbstverwaltung wird durch die am Beitragsaufkommen beteiligten Versicherten und Arbeitgeber[229] mittels Satzungsgewalt, eigenem Verwaltungsapparat und Organen sowie mit eigener Finanzhoheit[230] ausgeübt. Das Merkmal der Selbstverwaltung soll dabei gewährleisten, dass die jeweiligen Bedürfnisse der Versicherten in ausreichender Weise berücksichtigt werden können.[231] Organe der Selbstverwaltung sind Vertreterversammlung und Vorstand, § 31 Abs. 1 SGB IV. Jedoch wird hiervon abweichend bei Orts-, Betriebs-, Innungskrankenkassen sowie bei Ersatzkassen ein Verwaltungsrat als Selbstverwaltungsorgan sowie ein hauptamtlicher Vorstand gebildet, §§ 31 Abs. 3a, 35a Abs. 1 SGB IV, § 197 SGB V. Die Zusammensetzung der Selbstverwaltungsorgane erfolgt grundsätzlich paritätisch, mit einigen in § 44 Abs. 1 SGB IV genannten Ausnahmen. Die Organe werden in den Sozialversicherungswahlen für eine Amtsdauer ihrer Mitglieder von sechs Jahren gewählt, §§ 45 ff., 58 Abs. 2 SGB IV.

Auch auf der Ebene der Vertragsärzte erfolgt die Wahrnehmung gemeinsamer Aufgaben durch eine Selbstverwaltung. Die Kassenärztlichen Vereinigungen sind gem. § 77 Abs. 5 SGB V Körperschaften des öffentlichen Rechts. Diesen gehören die zugelassenen Ärzte, die angestellten Ärzte der zugelassenen medizinischen Versorgungszentren sowie die zur vertragsärztlichen Versorgung ermächtigten Krankenhausärzte an. Der Zusammenschluss der Kassenärztlichen Vereinigungen auf Bundesebene bildet die Kassenärztliche Bundesvereinigung,

---

[228] *Peters* in: Heigl/Schuwerack, Praxishandb SozR, Teil 6, Ziff.1.2.

[229] *Baltes/Rogowski*, S. 235.

[230] HzS-*Hungenberg*, Gruppe 3 Rn. 139.

[231] *Peters* in: Heigl/Schuwerack, Praxishandb SozR, Teil 6, Ziff.1.2; vgl. zum Begriff Selbstverwaltung auch: *Becher*, Vor E § 29, Anm. 4.

§ 77 Abs. 4 SGB V (entsprechend für die Vertragszahnärzte: Kassenzahnärztliche Bundesvereinigung). Vorwiegend obliegt es diesen gem. §§ 82 f. SGB V, die Kollektivverträge über die vertragsärztliche Versorgung abzuschließen. Organe der Selbstverwaltung waren zunächst jeweils Vertreterversammlung und Vorstand. Ab dem 01.01.2005 wurde durch das GMG v. 14.11.2003 der Vorstand nunmehr hauptamtlich berufen, mit dieser Einschränkung der Selbstverwaltung war eine Effizienzsteigerung der Arbeit bezweckt. [232]

Schließlich werden die Kernaufgaben der ärztlichen Selbstverwaltung durch die Ärztekammern wahrgenommen. Als solche sind vor allem die Ausübung der Berufsaufsicht und Weiterbildung zu nennen. [233]

hh. Weitere Prinzipien

Neben den in §§ 1 bis 4 SGB V genannten Grundsätzen basiert das System der GKV auf folgenden weiteren Prinzipien.

α. Gesamtvergütung

Gem. § 85 SGB V haben die als Zusammenschluss der leistungserbringenden Vertragsärzte fungierenden Kassenärztlichen Vereinigungen als Gegenleistung für die Sicherstellung der vertragsärztlichen Versorgung Anspruch auf Zahlung einer Gesamtvergütung. Die Krankenkassen werden von der Leistungspflicht gegenüber den Vertragsärzten durch Zahlung eines nach einer Kopfpauschale ermittelten Gesamtbetrags frei.

β. Sicherstellungsauftrag

Gem. §§ 72 Abs. 1, 75 SGB V stellen die Kassenärztlichen Vereinigungen die vertragsärztliche Versorgung sicher. Dies geschieht über die Zulassung von Leistungserbringern. Jeder Arzt hat dabei gem. § 95 Abs. 2 SGB V einen Anspruch auf eine umfassende Zulassung als Leistungserbringer (Vertragsarzt), welcher jedoch durch Zulassungsbeschränkungen wegen Überversorgung gem. §§ 103, 101 SGB V eingeschränkt[234] sein kann.

---

[232] *Muckel*, Sozialrecht 2003, § 7 Rn. 21.
[233] Vgl. hierzu *Vogt*, RhÄB 4/2002, S. 14 (16).
[234] Die Anordnung von Zulassungsbeschränkungen für Zahnärzte entfällt durch § 103 Abs. 8

γ. Kollektivvertragsystem

Die Einzelheiten über die vertragsärztliche Versorgung werden in Verträgen mit Kontrahierungszwang festgelegt. Als solche Kollektivverträge gelten die zwischen den Verbänden der Krankenkassen und den Kassenärztlichen Vereinigungen gem. § 72 Abs. 2 SGB V abzuschließenden Verträge. Diese regeln etwa die Höhe der Gesamtvergütungen für die vertragsärztlichen Leistungen. Die Vertragsgestaltung hat im Rahmen der gesetzlichen Vorschriften und den Richtlinien der Bundesausschüsse (seit GMG: Richtlinien des Gemeinsamen Bundesausschusses) zu erfolgen. Als Gegensatz eröffnet das Einzelvertragssystem auch einzelnen Ärzten (seit GMG zudem auch anderen Leistungserbringern) die Möglichkeit, individuelle Vertragsbedingungen mit den Krankenkassen auszuhandeln. Mit dem Ziel, die Qualität und Wirtschaftlichkeit im Gesundheitswesen zu verbessern, wurden die Spielräume für Einzelverträge oder Direktverträge im Rahmen des GMG deutlich ausgeweitet.

δ. Leistungserbringer

Die Verpflichtung der Krankenkassen zur Erbringung von Sachleistungen[235] können diese nicht aus eigener Hand erfüllen. Sie bedienen sich daher der Ärzteschaft als Leistungserbringer. Die ambulanten Leistungen der gesetzlichen Krankenversicherung wurden bis 2003 ausschließlich durch die Vertragsärzte erbracht. Es bestanden lediglich Übergangsregelungen für die ärztlich geleiteten kommunalen, staatlichen und freigemeinnützigen Gesundheitseinrichtungen (Polikliniken, Ambulatorien, Arztpraxen) sowie bestimmte Fachambulanzen in der ehemaligen DDR, wonach diese mit angestellten Ärzten operierenden Einrichtungen gem. § 311 Abs. 2 SGB V a.F. zur Versorgung zugelassen sind.

b. Organe und Gremien in der GKV

aa. Selbstverwaltung

In der GKV bestehen die bereits beschriebenen Organe der Selbstverwaltung der Krankenkassen und der Kassenärztlichen Vereinigungen und Bundesvereinigungen[236].

SGB V m.W.v. 1.4.2007, vgl. Gesetz v. 26.3.2007, BGBl. I S. 378.
[235] Vgl. Teil 3, A.I.1.a.dd.
[236] Vgl. Teil 3, A.I.1.a.gg.

bb. Gemeinsame Selbstverwaltung

Zentrale Rechtsetzungseinrichtungen der gemeinsamen Selbstverwaltung von Kassenärztlichen Bundesvereinigungen einerseits und Bundesverbänden der Krankenkassen[237], Bundesknappschaft sowie Verbänden der Ersatzkassen waren bis zum GMG v. 14.11.2003 der Bundesausschuss der Ärzte und Krankenkassen sowie der Bundesausschuss der Zahnärzte und Krankenkassen, § 91 SGB V a.F. Des Weiteren existierten bis zum 31.12.2003 der Ausschuss Krankenhaus (§ 137c Abs. 2 SGB V a.F.) und der Koordinierungsausschuss (§ 137e SGB V a.F.). Obwohl alle genannten Ausschüsse durch den Gemeinsamen Bundesausschuss (G-BA) abgelöst wurden (§ 91 SGB V), empfiehlt sich eine Kurzdarstellung der genannten Ausschüsse aufgrund der Eigenschaft des Gemeinsamen Bundesausschusses als deren Rechtsnachfolger. Sämtliche früheren Beschlüsse der verschiedenen Ausschüsse behalten ihre Gültigkeit, bis sie vom Rechtsnachfolger geändert oder aufgehoben werden.[238]

α. Bundesausschüsse

Die Kassenärztlichen Bundesvereinigungen, Bundesverbände der Krankenkassen, Bundesknappschaft sowie die Verbände der Ersatzkassen bildeten die Bundesausschüsse, § 92 Abs. 1 SGB V a.F. Bereits durch das GSG v. 21.12.19992 und das GVG-NOG v. 23.6.1997 waren den Bundesausschüssen (Bundesausschuss der Ärzte und Krankenkassen und Bundesausschuss der Zahnärzte und Krankenkassen) erhebliche Aufgaben übertragen worden. Als wohl wichtigste Kompetenz der Bundesausschüsse ist der Beschluss von Richtlinien gem. § 92 Abs. 1 SGB V zu nennen. Weitere Richtlinienkompetenzen ergaben sich aus §§ 22, 95 Abs. 9, 101, 102, 135, 136 ff., 138 SGB V. Gem. § 92 Abs. 1 S. 2 Nr. 6 SGB V ergingen etwa die Richtlinien des Bundesausschusses der Ärzte und Krankenkassen über die Verordnung von Arzneimitteln in der vertragsärztlichen Versorgung (Arzneimittel-Richtlinien / AMR).[239]

---

[237] Ab 1.7.2008 besteht der einheitliche Dachverband „Spitzenverband Bund der Krankenkassen", vgl. GKV-WSG v. 26.3.2007, BGBl. I S. 378.

[238] *Limpinsel* in: Jahn, SGB V, § 91 Rn. 4.

[239] AMR i.d.F. v. 31.8.1993, BAnz 1993 Nr. 246, S. 11155, zul. geändert am 21.6.2007, BAnz 2007 Nr. 160, S. 7355.

β. Ausschuss Krankenhaus

Eine im Grundsatz zu den Bundesausschüssen vergleichbare Aufgabe kam dem Ausschuss Krankenhaus gem. § 137c SGB V a.f. zu. Zugelassene Krankenhäuser sind gem. §§ 107 ff. SGB V a.f. neben den Vertragsärzten Leistungserbringer der Krankenkassen. Daher kam dem aus Bundesärztekammer, den Bundesverbänden der Krankenkassen, Bundesknappschaft, den Verbänden der Ersatzkassen und der Deutschen Krankenhausgesellschaft gebildeten Ausschuss Krankenhaus die Aufgabe zu, im Krankenhaus zulasten der GKV angewandte Untersuchungs- und Behandlungsmethoden auf eine ausreichende, zweckmäßige und wirtschaftliche Versorgung der Versicherten zu überprüfen.

γ. Koordinierungsausschuss

Der Koordinierungsausschuss gem. § 137e SGB V a.F. wurde von den Spitzenverbänden errichtet, welche die Bundesausschüsse und den Ausschuss Krankenhaus zu bilden hatten. Aufgabe dieses Ausschusses war es, Kriterien für eine zweckmäßige und wirtschaftliche Leistungserbringung für mindestens zehn Krankheiten im Jahr zu beschließen, bei welchen Hinweise auf eine unzureichende, fehlerhafte oder übermäßige Versorgung bestanden und deren Beseitigung die Morbidität und Mortalität der Bevölkerung nachhaltig beeinflussen konnte. Auch für sonstige sektorenübergreifende Angelegenheiten konnten Empfehlungen gegeben werden.

c. Entwicklung des Rechts der gesetzlichen Krankenversicherung

Die gesetzliche Krankenversicherung hat ihren Ursprung in der von Reichskanzler Bismarck initiierten Kaiserlichen Botschaft, welche Kaiser Wilhelm I. zur Eröffnung des Deutschen Reichstages am 17.11.1881 übermittelte. Hierin führte er aus: „...Schon im Februar d.J. haben Wir Unsere Überzeugung aussprechen lassen, daß die Heilung der sozialen Schäden nicht ausschließlich im Wege der Repression sozialdemokratischer Ausschreitungen, sondern gleichmäßig auf dem der positiven Förderung des Wohles der Arbeiter zu suchen sein werde. Wir halten es für Unsere Kaiserliche Pflicht, dem Reichstage diese Aufgabe von Neuem ans Herz zu legen, und würden Wir mit um so größerer Befriedigung auf alle Erfolge, mit denen Gott Unsere Regierung sichtlich gesegnet hat, zurückblicken, wenn es Uns gelänge, dereinst das Bewußtsein mitzunehmen, dem Vaterlande neue und dauernde Bürgschaften seines inneren Friedens und den Hilfsbedürftigen größere Sicherheit und Ergiebigkeit des Beistandes, auf den sie Anspruch haben, zu hinterlassen. In Unseren darauf gerichteten Bestrebungen sind Wir der Zustimmung aller verbündeten Regierungen gewiß und vertrauen auf die Unterstützung des Reichstages ohne Unterschied der Parteistellungen. In diesem Sinne wird zunächst der von den verbündeten Regierungen in der vorigen Session vorgelegte Entwurf eines Gesetzes über die Versicherung der Arbeiter gegen Betriebsunfälle mit Rücksicht auf die Reichstage stattgehabten Verhandlungen über denselben einer Umarbeitung unterzogen, um die erneute Beratung desselben vorzubereiten. Ergänzend wird ihm eine Vorlage zur Seite treten, welche sich eine gleichmäßige Organisation des gewerblichen Krankenkassenwesens zur Aufgabe stellt. Aber auch diejenigen, welche durch Alter oder Invalidität erwerbsunfähig werden, haben der Gesamtheit gegenüber begründeten Anspruch auf ein höheres Maß staatlicher Fürsorge, als ihnen bisher hat zu Teil werden können. Für diese Fürsorge die rechten Mittel und Wege zu finden, ist eine schwierige, aber auch eine der höchsten Aufgaben jedes Gemeinwesens, welches auf den sittlichen Fundamenten des christlichen Volkslebens steht. Der engere Anschluß an die realen Kräfte dieses Volkslebens und das Zusammenfassen der letzteren in der Form korporativer Genossenschaften unter staatlichem Schutz und staatlicher Förderung werden, wie Wir hoffen, die Lösung auch von Aufgaben möglich machen, denen die Staatsgewalt allein in gleichem. Umfange nicht gewachsen sein würde. Immerhin aber wird auch auf diesem Wege das Ziel nicht ohne die Aufwendung erheblicher Mittel zu erreichen sein."[240]

Bismarcks Ziele waren demnach auf die Linderung sozialer Not gerichtet, welche als Negativwirkungen der Lohnabhängigkeit zu verzeichnen war. Nach Haft ging es jedoch nicht um eine Beseitigung der Ursachen derselben, vielmehr habe sich Bismarck eine Entfremdung der Arbeiter von der Sozialdemokratie versprochen.[241] Diesem Ansatz seien bereits grundlegende strukturelle Mängel des Systems der gesetzlichen Sozialversicherung immanent, welche dessen Schicksal als nicht überlebensfähig bereits besiegelt hätten.[242] Die Kaiserliche Botschaft an den Deutschen Reichstag gilt ungeachtet dieser heutigen Kritik am System der gesetzlichen Krankenversicherung als Magna Charta der Sozialversicherung.[243]

---

[240] Kaiserliche Botschaft Kaiser Wilhelm I. an den Deutschen Reichstag vom 17.11.1881, abgedruckt in: Ayaß/Tennstedt/Winter, S. 61 ff. (63 f.).
[241] *Haft*, ZRP 2002, S. 457.
[242] *Haft*, ZRP 2002, S. 457.
[243] *Berstermann* in: Peters, Handb KV II SGB V, Einl. Rn. 23.

aa. Krankenversicherungsgesetz v. 15.6.1883 und Folgegesetze

Mit dem Krankenversicherungsgesetz[244] wurde zugunsten der versicherten Arbeiter[245] die Kostenübernahme für die ärztliche Behandlung und Krankenhausbehandlung, für Arzneimittel und Hilfsmittel sowie ein Kranken- und Sterbegeld eingeführt. Die Beiträge wurden zu 1/3 von den Arbeitgebern, zu 2/3 von den Arbeitern aufgebracht. Träger der Krankenversicherung wurden Ortskrankenkassen, Innungskrankenkassen, Gemeindekrankenkassen, Hilfskrankenkassen, Betriebskrankenkassen sowie Baukrankenkassen. Zuständig für Arbeiter, welche diesen Krankenkassen nicht angehörten, waren die Gemeindekrankenversicherungen. Durch Gesetz vom 10.04.1892[246] wurden Familienangehörige in die Leistungen einbezogen.

Das Unfallversicherungsgesetz v. 6.7.1884[247] gewährte den Versicherten lohnabhängige Unfallrenten. Beitragspflichtig waren hier ausschließlich die Arbeitgeber, Träger dieses Versicherungszweiges waren die Berufsgenossenschaften. Am 1.1.1891 trat das Invaliditäts- und Alterssicherungsgesetz[248] in Kraft. Dieses Gesetz sah Altersrenten ab dem 70. Lebensjahr nach einer 30jährigen Beitragszahlung sowie Renten bei Erwerbsunfähigkeit infolge Invalidität nach 5jähriger Beitragszahlung vor. Die Finanzierung erfolgte je zu 1/3 durch Arbeiter, Arbeitgeber und das Deutsche Reich. Träger waren die Regionalen Versicherungsanstalten für Arbeiter als Vorläufer der heutigen Landesversicherungsanstalten.

bb. Reichsversicherungsordnung v. 19.7.1911

Durch die Reichsversicherungsordnung (RVO)[249] wurden die vorgenannten Gesetze der Kranken-, Unfall und Rentenversicherung zusammengefasst. Es trat im Bereich der gesetzlichen Krankenversicherung am 1.1.1914 in Kraft. Die RVO löste die Gemeindekrankenkassen auf und übertrug deren Aufgaben den Ortskrankenkassen. Die Versicherungspflicht wurde auf weite Bereiche der Arbeiterschaft ausgedehnt. Angestellte, die einen Einkommensbetrag von 2500

---

[244] Gesetz betreffend die Krankenversicherung der Arbeiter v. 15.6.1883, RGBl. S. 73.

[245] Versichert waren ursprünglich lediglich Arbeiter mit einem Jahresverdienst bis 2000 RM. Anfänglich betrug die Zahl der Versicherten wenige tausend Arbeiter. Auch im Jahr 1911 waren mit etwa 10 Millionen Menschen erst lediglich 18 % der Bevölkerung des Deutschen Reiches versichert.

[246] Krankenversicherungsgesetz v. 10.04.1892, RGBl. S. 379.

[247] RGBl. S. 69.

[248] Gesetz betreffend die Invaliditäts- und Altersversicherung v. 22.6.1889, RGBl. S. 97.

[249] Gesetz v. 19.7.1911, RGBl. S. 509.

RM nicht überschritten, unterfielen nun ebenfalls der Versicherungspflicht. Ein wichtiges Grundprinzip des neuen Gesetzes bildete das Territorialprinzip, wonach der Leistungsanspruch auf das Staatsgebiet bezogen ist und nicht von der Staatsangehörigkeit abhängt. Bis zum Inkrafttreten des GRG am 1.1.1989 blieb die RVO in ihren grundlegenden Regelungen unverändert.

cc. Kurzüberblick über die GKV-Gesetzgebung bis 1988

Der Durchsetzung der nationalsozialistischen Staatsauffassung fiel mit dem Gesetz über den Aufbau der Sozialversicherung vom 5.7.1934[250] das Selbstverwaltungsprinzip zum Opfer. An die Spitze der Träger der Sozialversicherung wurde jeweils eine der Aufsichtsbehörde verantwortliche Person gestellt; die aus Arbeitnehmern und Arbeitgebern zusammengesetzten Organe der Träger wurden beseitigt.[251] Es folgten Rechtsvorschriften, die sich mit der Vereinfachung des Beitragsverfahrens beschäftigten[252], sowie Neuregelungen auf dem Gebiet der Versicherungspflicht[253]. Einer nach Kriegsende zunächst durch unterschiedliche Regelungen in den Besatzungszonen eingetretenen Rechtszersplitterung im Organisations- sowie teilweise auch im Leistungsrecht[254] wurde vor allem durch das Gesetz über das Kassenarztrecht[255] und das Gesetz über das Verbänderecht[256] entgegengetreten. Zu einer Neuordnung des Krankenversicherungsrechts, deren Notwendigkeit sich äußerte zunächst in einer fortschreitenden Erlassgesetzgebung, später durch eine Vielzahl von Änderungsgesetzen, welche die Systematik der RVO zunehmend verkomplizierten, kam es lange Zeit nicht. Auch die Kostendämpfungsgesetze von 1977 brachten nicht den gewünschten Erfolg[257], so dass eine grundlegende Reform des Gesundheitswesens angezeigt war.

---

[250] RGBl. I S. 577.

[251] *Berstermann* in: Peters, Handb KV II SGB V, Einl. Rn. 34.

[252] VO v. 28.8.1939, RGBl. I S. 1535.

[253] VO zur Vereinfachung des Leistungs- und Beitragsrechts in der Sozialversicherung v. 17.3.1945, RGBl. I S. 41.

[254] Etwa wurde in der sowjetischen Besatzungszone die Einheitsversicherung eingeführt, vgl. *Heinze* in: Heinze, SGB V, Einl. S. 4.

[255] Gesetz v. 19.8.1955, BGBl. I S. 513.

[256] Gesetz v. 17.8.1955, BGBl. I S. 524.

[257] *Berstermann* in: Peters, Handb KV II SGB V, Einl. Rn. 62.

dd. Gesundheitsreformgesetz (GRG) v. 20.12.1988

Das Gesundheitsreformgesetz (GRG) ist die ursprüngliche Fassung des heutigen SGB V. Durch Art. 1 des Gesetzes zur Strukturreform im Gesundheitswesen (Gesundheitsreformgesetz, GRG) vom 20.12.1988[258] trat das SGB V am 1.1.1989 in Kraft. Es handelte sich hierbei um das vierte erlassene Buch des Sozialgesetzbuches. Ab 1975 wurden die bislang in Einzelgesetzen geregelten Vorschriften zur sozialen Sicherung in einem Sozialgesetzbuch mit mehreren Büchern zusammengefasst. Den Anfang machte dabei das SGB Erstes Buch (I) -Allgemeiner Teil - vom 11.12.1975[259], es folgten das SGB IV (Gemeinsame Vorschriften für die Sozialversicherung)[260] und das SGB X (Sozialverwaltungsverfahren und Sozialdatenschutz)[261]. Nach Inkrafttreten des SGB V entstanden das SGB VI (Gesetzliche Rentenversicherung), das SGB VII (Gesetzliche Unfallversicherung), das SGB IX (Rehabilitation und Teilhabe behinderter Menschen), das SGB XI (Soziale Pflegeversicherung), das SGB III (Arbeitsförderung). Zum 01.01.2005 trat mit Art. 1 des Vierten Gesetzes für moderne Dienstleistungen am Arbeitsmarkt[262] das SGB II (Grundsicherung für Arbeitssuchende)[263] sowie das SGB XII[264] in Kraft. Letzteres ersetzte das bisherige Bundessozialhilfegesetz (BSHG).[265]

Das GRG brachte nun gegenüber der RVO die folgenden wesentlichen Neuerungen mit sich. Aus dem Leistungskatalog der gesetzlichen Krankenversicherung wurde das Sterbegeld gestrichen, die Übernahme von Fahrtkosten entfiel. Es wurde eine Festbetragsregelung für wirkstoffgleiche und ähnliche Arzneimittel eingeführt, für welche ein Eigenanteil der Versicherten entfiel. Für die übrigen Arzneimittel stieg der Eigenanteil auf 15%, welcher nach unten auf 1 DM, nach oben auf 10 DM begrenzt wurde. Hinsichtlich der Vergütung der Leistungserbringer wurde der Grundsatz der Beitragsstabilität festgeschrieben, zusätzliche Kontrollen im Rahmen der Wirtschaftlichkeitsprüfung wurden vorgesehen.

---

[258] BGBl. I S. 2477.
[259] Verkündet als Art. 1 Sozialgesetzbuch (SGB) - Allgemeiner Teil - v. 11.12.1975, BGBl. I S. 3015.
[260] Gesetz v. 23.12.1976, BGBl. I S. 3845.
[261] Dieses Gesetz ist zu einem Teil bereits am 1.9.1980 in Kraft getreten.
[262] BGBl. 2003 I S. 2954; dieses Gesetz beruht auf dem Bericht der Kommission zum Abbau der Arbeitslosigkeit und zur Umstrukturierung der Bundesanstalt für Arbeit (sog. Hartz-Kommission); in den Medien wurde es daher stets kurz als „Hartz IV" bezeichnet.
[263] Wesentliche Neuerung: Zusammenführung von Arbeitslosenhilfe und Sozialhilfe, vgl. hierzu *Münder*, NJW 2004, S. 3210 f.
[264] BGBl. 2003 I S. 3023.
[265] Vgl. das Gesetz zur Einordnung des Sozialhilferechts in das Sozialgesetzbuch v. 27.12.2003, BGBl. I S. 3022.

Mit diesen Neuerungen galt es zum einen, die Eigenverantwortung der Versicherten zu kräftigen. Aber auch die Wirtschaftlichkeit der Leistungserbringer sollte erhöht werden. Nicht im neuen SGB V gelöst werden konnte etwa der Konflikt um die Risiko-Entmischung, die immer stärker zu Tage tretende Tendenz der Abwanderung guter Risikogruppen in die Private Krankenversicherung. Auch die Überkapazitäten im Gesundheitswesen sowie die überproportional steigenden Krankenhauskosten wurden vom GRG nicht gelöst.

ee. Gesundheitsstrukturgesetz (GSG) v. 21.12.1992

Durch das Gesetz zur Sicherung und Strukturverbesserung der gesetzlichen Krankenversicherung (Gesundheitsstrukturgesetz, GSG) vom 21.12.1992[266] wurden neben dem SGB V auch etwa das SGB IV sowie die Zulassungsverordnung für Kassenärzte geändert. Hauptanliegen dieses Gesetzes war die Eindämmung der immer größer werdenden Defizite der gesetzlichen Krankenversicherung. Maßnahmen des Gesetzes waren daher vor allem der Ausschluss von Leistungen aus dem Leistungskatalog der GKV etwa im Bereich des Zahnersatzes sowie die Erhöhung von Selbstbeteiligungen (Arzneimittel, Krankenhausbehandlung). Zudem erfolgte ein Absenken der Vergütungen der Leistungserbringer durch Budgetierung der Honorare der Ärzte und Zahnärzte, der Arznei- und Heilmittelausgaben sowie der Krankenhäuser.

ff. GKV-Gesetzgebung 1996 und 1997

In den Jahren 1996 und 1997 wurden die folgenden Gesetze verabschiedet, die sich unter den Titel Spargesetze subsumieren lassen.

α. Beitragsentlastungsgesetz v. 1.11.1996

Das Beitragsentlastungsgesetz[267] sah für 1996 eine Festschreibung der Beitragssätze vor, für das Folgejahr sodann eine Beitragssenkung um 0,4 Prozentpunkte. Entlastet wurden die Ausgaben der GKV durch höhere Selbstbeteiligungen, den Fortfall von Brillengestellen aus dem Leistungskatalog, Verkürzung von Kuren auf drei Wochen bei gleichzeitiger Verdopplung der Zuzahlungen (25 DM/Tag). Der Krankengeldanspruch wurde auf 70 v.H. des regelmäßigen Brut-

---

[266] BGBl. I S. 2266.
[267] Gesetz v. 1.11.1996, BGBl. I S. 1631.

to-Arbeitsentgelts und max. 90 v.H. des Nettoentgelts gesenkt. Für Versicherte, die 1997 noch nicht das 18. Lebensjahr vollendet hatten, entfiel der Zuschuss zum Zahnersatz. Auf der Seite der Leistungserbringer wurden die Krankenhausbudgets wegen der durch die Pflegeversicherung erwarteten Entlastung der Krankenhäuser von 1997 bis 1999 um jährlich 800 Mio. DM gekürzt.

β. 1. und 2. GKV-Neuordnungsgesetz v. 23.6.1997

Mit dem Ersten Gesetz zur Neuordnung von Selbstverwaltung und Eigenverantwortung in der gesetzlichen Krankenversicherung (1. GKV-Neuordnungsgesetz - 1.NOG)[268] wurde der Sparkurs vor allem durch Modifikationen an den Regelungen über die Beiträge und Zuzahlungen fortgeführt. Den Trägern der GKV wurden zum einen Beitragsatzanhebungen durch die Kopplung derselben an eine zwangsweise Erhöhung der Zuzahlungen (je 0,1 Prozentpunkt Beitragssatzsteigerung erfolgt eine Erhöhung des Eigenanteils um 1 DM) erschwert. Zum anderen führte das Gesetz als Reaktionsmöglichkeit der Versicherten auf eine Beitragssatzerhöhung das Recht zur außerordentlichen Kündigung ein.

Das Zweite Gesetz zur Neuordnung von Selbstverwaltung und Eigenverantwortung in der gesetzlichen Krankenversicherung (2. GKV-Neuordnungsgesetz - 2.NOG)[269] schrieb eine Neuverteilung der Mittel der GKV vor. So wurden auf Seiten der Versicherten wiederum die Zuzahlungen zu Arzneimitteln, Heilmitteln und Krankenhauskosten erhöht und die Leistungen im Bereich des Zahnersatzes zunächst durch Herabsetzen des prozentualen Zuschusses, ab 1998 durch Einführung von Festzuschüssen erneut eingeschränkt. Weitere Neuerung war die Möglichkeit der Wahl der Kostenerstattung statt Sachleistung nach dem Modell der PKV.

χ. Transplantationsgesetz

Mit dem Transplantationsgesetz vom 5.11.1997[270] wurde der Umfang der nachstationären Behandlung infolge Transplantationen in § 115a Abs. 2 SGB V erweitert.

---

[268] Gesetz v. 23.6.1997, BGBl. I S. 1518.
[269] Gesetz v. 23.6.1997, BGBl. I S. 1520.
[270] BGBl. I S. 2631.

gg. GKV-Gesetzgebung 1998 bis 2000

Die auch als Verbesserungs- und Modernisierungsgesetze zur GKV beschriebenen Bestrebungen der Legislative der Jahre 1998 bis 2000 brachten die folgenden wichtigsten Änderungen mit sich.

α. Solidaritätsstärkungsgesetz

Das Gesetz zur Stärkung der Solidarität in der Gesetzlichen Krankenversicherung (GKV Solidaritätsstärkungsgesetz, GKV-SolG)[271] wurde als Vorschaltge-
setz zu einer grundlegenden Strukturreform der GKV von der neuen Bundesregierung initiiert. Mit diesem Gesetz machte diese vorab einige Eigenanteilerhö-
hungen sowie die Einführung von Elementen der PKV rückgängig.[272]

β. Sozialversicherungs-Korrekturgesetz

Durch das Gesetz zu Korrekturen in der Sozialversicherung und zur Sicherung
der Arbeitnehmerrechte (Sozialversicherungs-Korrekturgesetz)[273] entschärfte
der Gesetzgeber auf Initiative der Bundesregierung wiederum einige die Versicherten belastende Regelungen. Die letzten Verschärfungen bezüglich Kran-
kengeld (GKV) und Lohnfortzahlung (Arbeitgeber) wurden rückgängig gemacht. Das Recht der GKV nur mittelbar betreffend wurde mit dem Gesetz eine
Regelung zur Unterbindung der sog. „Scheinselbstständigen" getroffen. Nach
harscher Kritik aus der Öffentlichkeit reagierte der Gesetzgeber schließlich mit
dem Gesetz zur Neuregelung der geringfügigen Beschäftigungsverhältnisse
vom 24.3.1999[274] und mit dem Gesetz zur Förderung der Selbstständigkeit vom
20.12.1999[275].

χ. GKV-Gesundheitsreformgesetz v. 22.12.1999

Das Gesetz zur Reform der Gesetzlichen Krankenversicherung ab dem Jahr 2000
(GKV Gesundheitsreformgesetz 2000) v. 22.12.1999[276] brachte sodann als ein

---

[271] Gesetz v. 19.12.1998, BGBl. I S. 3853.
[272] Vgl. hierzu *Krasney*, NJW 1999, S. 1745 ff.
[273] Gesetz v. 19.12.1998, BGBl. I S. 3843.
[274] BGBl. I S. 388.
[275] BGBl. 2000 I S. 1.
[276] BGBl. I S. 2626.

Korrekturgesetz die folgenden Änderungen mit sich. Als wesentliche Strukturänderung wurden die Verträge zu integrierten Versorgungsformen eingeführt. Die neuen §§ 140a ff. SGB V ermöglichen den Abschluss von Verträgen zwischen Krankenkassen und Vertragspartnern aus dem Lager der Leistungserbringer, in denen eine verschiedene Leistungssektoren übergreifende Versorgung oder eine interdisziplinär-fachübergreifende Versorgung vereinbart wird. Soweit diese Verträge umgesetzt werden, ist der Sicherstellungsauftrag nach § 75 Abs. 1 SGB V eingeschränkt. Vertragspartner der Krankenkassen konnten bei Einführung dieser Regelungen jedoch nur die Kassenärztlichen Vereinigungen, vertragsärztliche Gemeinschaften und Träger zugelassener Krankenhäuser sein. Einzelnen Ärzten war dieser Weg zunächst verschlossen.

Zweck dieser Gesetzesänderung war die Integration der verschiedenen Versorgungsbereiche, insbesondere die des ambulanten mit dem stationären Versorgungsbereich.[277] Erreicht werden sollte dieses Ziel über den Anreiz, in den Verträgen gem. § 140b Abs. 4 SGB V von gesetzlichen Vorgaben in erheblichem Umfang abweichen zu können.[278]

hh. Hartz-Gesetze

Auch die Reform des Arbeitsmarktes durch die sog. Hartz-Gesetze wirkte sich auf die gesetzliche Krankenversicherung aus. Das Erste und das Zweite Gesetz für moderne Dienstleistungen am Arbeitsmarkt (Hartz I. und II.) vom 23.12.2002[279] führten etwa vereinfachte Beitragsmodelle für geringfügig Beschäftigte sowie für Existenzgründer (sog. „Ich-AG") ein. Das Beitragssicherungsgesetz v. 23.12.2002[280] beinhaltete die Anhebung der Versicherungspflichtgrenze für das Jahr 2003 auf 3825 EUR/mtl. (für den Bereich der Krankenversicherung; alte Bundesländer), die Festschreibung der Beitragssätze für 2003 auf dem Niveau von 2002 sowie Nullrunden bei der Vergütung der Vertragspartner. Auch das Vierte Gesetz für moderne Dienstleistungen am Arbeitsmarkt[281] brachte Änderungen für das Sozialversicherungsrecht mit sich: So wurde in § 5 Abs. 1 Nr. 2a SGB V die Versicherungspflicht in der Krankenversicherung für Bezieher von Arbeitslosengeld II eingeführt, gleichfalls in der

---

[277] BT-Drs. 14/1245, S. 91 f.
[278] *Hiddemann/Muckel*, NJW 2004, S. 7 (8).
[279] BGBl. I S. 4607 und BGBl. I S. 4621.
[280] BGBl. I S. 4637.
[281] Vgl. Teil 3, A.I.1.c.dd.

Pflegeversicherung (§ 20 Abs. 1 Nr. 2a SGB XI) und in der Rentenversicherung (§ 3 S. 1 Nr. 3a SGB VI).[282]

2. GKV-Modernisierungsgesetz (GMG) v. 14.11.2003

Das Gesetz zur Modernisierung der gesetzlichen Krankenversicherung (GKV-Modernisierungsgesetz, GMG) vom 14.11.2003[283] ist trotz seines Charakters einer Kompromissregelung zwischen den widerstreitenden politischen Kräften ein echtes Reformgesetz. So nimmt das am 1.1.2004 in Kraft getretene Gesetz an mancher Stelle grundlegende Strukturänderungen vor und ändert weitreichend die bisherigen Vorschriften über die Finanzierung des deutschen Gesundheitssystems.

Der Gesetzentwurf zum GMG wurde vor der Einbringung in den Bundestag von allen Bundestagsfraktionen (außer FDP) in gemeinsamen Sitzungen erarbeitet und sah die folgenden Schwerpunkte vor: „Die Reform der gesetzlichen Krankenversicherung umfasst strukturelle Reformen sowie eine Neuordnung der Finanzierung. Die strukturellen Maßnahmen verbessern die Qualität und Wirtschaftlichkeit der Versorgung. Die Transparenz wird erhöht, Eigenverantwortung und Beteiligungsrechte der Patientinnen und Patienten werden gestärkt, die Arbeitsbedingungen für die Beschäftigten und freien Berufe verbessert, leistungsfähige Strukturen geschaffen, die solidarische Wettbewerbsordnung wird weiterentwickelt und Bürokratie abgebaut. Die Neuordnung der Finanzierung ermöglicht deutliche Beitragssatzsenkungen und umfasst ausgewogene Sparbeiträge aller Beteiligten und unter Aspekten der sozialen Gerechtigkeit neu gestaltete Zuzahlungs- und Befreiungsregelungen für Versicherte."[284] Der Maßnahmenkatalog der Reform umfasste dabei Maßnahmen zur Stärkung der Patientensouveränität, zur Verbesserung der Qualität der Patientenversorgung, die Weiterentwicklung der Versorgungsstrukturen, die Neugestaltung der Vergütung im ambulanten Bereich, die Neuordnung der Versorgung mit Arznei- und Hilfsmitteln, eine Reform der Organisationsstrukturen, die Neuordnung der Versorgung mit Zahnersatz sowie die Neuordnung der Finanzierung.[285]

---

[282] *Münder*, NJW 2004, S. 3209.
[283] BGBl. I S. 2190.
[284] Gesetzentwurf v. 8.9.2003, BT-Drs. 15/1525, S. 1.
[285] Gesetzentwurf v. 8.9.2003, BT-Drs. 15/1525, S. 2.

a. Grundsätze

Trotz weitgehender Beibehaltung der Grundausrichtung des SGB V a.F. bringen die Neuerungen des SGB V durch das GMG auch einige Änderungen der o.g. Grundsätze[286] mit sich.

aa. Einschränkung des Kollektivvertragssystems

Der Gesetzgeber entschied sich mit dem GMG für die Beibehaltung des Kollektivvertragssystems, eine Einführung des Einzelvertragssystems fand keine Mehrheit. Jedoch eröffnet das neue Recht den Leistungserbringern verschiedene Möglichkeiten, durch den Abschluss von Einzelverträgen in bestimmten Versorgungsbereichen die immer noch vorgesehenen und primär geltenden Kollektivverträge abzulösen. Das Kollektivvertragssystem ist auch in neuerer Zeit vermehrt in die Diskussion geraten. Die Hauptkritikpunkte waren dabei die Aspekte Normsetzung durch Kollektivverträge und Mangel an Wettbewerb.

Kennzeichnend für das Einzelvertragssystem ist die Umsetzung des Sicherstellungsauftrags durch Einzelverträge zwischen den Krankenkassen und den einzelnen Ärzten. Der kollektive Vertragsabschluss zwischen Krankenkassen und Kassenärztlichen Vereinigungen entfällt dabei gänzlich.

Dieses System sah der Entwurf des Gesetzes zur Modernisierung des Gesundheitssystems der Fraktionen von SPD und Bündnis 90/Die Grünen vom 16.6.2003 vor.[287] Danach sollte das Einzelvertragssystem in der vertragsärztlichen Versorgung mit Ausnahme der augenärztlichen, der frauenärztlichen und der hausärztlichen Versorgung eingeführt werden, §§ 73 Abs. 1a, 106b SGB V i.d.F. dieses Entwurfs. Der Gesetzentwurf von SPD und Bündnis 90/Die Grünen vom 16.6.2003 ist nach dem späteren Konsens zwischen SPD, CDU/CSU und Bündnis 90/Die Grünen für erledigt erklärt worden.[288] Damit wurde dem Einzelvertragssystem bei dieser Reform eine Absage erteilt.

Die gem. §§ 140a ff. SGB V bereits bestehenden Möglichkeiten der integrierten Versorgung, welche die Trennung zwischen ambulantem und stationärem Leistungssektor abzumildern versucht, wurden durch das GMG erheblich erweitert. So können nunmehr auch einzelne Vertragsärzte mit den Krankenkassen Ver-

---

[286] Vgl. Teil 3, A.I.1.a.
[287] BT-Drs. 15/1170.
[288] BT-Drs. 15/1600, S. 10 f.

träge zu integrierten Versorgungsformen schließen, § 140b Abs. 1 Nr. 1 SGB V. Zuvor war dies einzelnen Ärzten nicht gestattet, lediglich zwischen Krankenkassen und Kassenärztlichen Vereinigungen sowie vertragsärztlicher Gemeinschaften und Trägern zugelassener Krankenhäuser war die integrierte Versorgung vorgesehen (§ 140b Abs. 2 SGB V a.F.). Zudem sind nunmehr gem. § 140b Abs. 1 Nr. 2 und 3 SGB V die Träger der zugelassenen Krankenhäuser sowie die Träger der medizinischen Versorgungszentren zum Abschluss von Verträgen zur integrierten Versorgung ermächtigt. Auch können Apotheken an Vereinbarungen der integrierten Versorgung beteiligt werden.[289]

bb. Vertragsärztliche Selbstverwaltung

Auch die vertragsärztliche Selbstverwaltung wurde durch das GMG unter der Zielsetzung der größeren Effizienz[290] von Reformen erfasst. So ist ab dem 01.01.2005 der Vorstand der Kassenärztlichen Vereinigungen und der Kassenärztlichen Bundesvereinigung nicht wie bisher ehrenamtlich tätig, sondern es wird ein hauptamtlicher Vorstand, in welchem bis zu drei Personen vertreten sind, gebildet. Neu bei der Ämtervergabe ist der Umstand, dass der Vorstand nunmehr auch mit Nicht-Ärzten besetzt sein kann.

cc. Neue ambulante Leistungserbringer: Die medizinischen Versorgungszentren

Neben den bislang bestehenden Leistungserbringern, den Vertragsärzten und den gem. § 311 Abs. 2 SGB V a.F. zugelassenen Einrichtungen, werden ab dem 01.01.2004 auch medizinische Versorgungszentren als ambulante Leistungserbringer zugelassen. Für die Einrichtungen gem. § 311 Abs. 2 SGB V a.F. gilt nunmehr, dass sie an der vertragsärztlichen Versorgung in dem Umfang teilnehmen, in dem sie am 31.12.2003 zugelassen sind, § 311 Abs. 2 SGB V. Darüber hinausgehende Teilnahme richtet sich nunmehr nach den Vorschriften über die medizinischen Versorgungszentren.

Die medizinischen Versorgungszentren sind gem. § 95 Abs. 1 S. 2 SGB V „fachübergreifende ärztlich geleitete Einrichtungen, in denen Ärzte, die in das Arztregister nach Absatz 2 Satz 3 Nr. 1 eingetragen sind, als Angestellte oder

---

[289] *Schulz* in: Figge, Leistungsrecht, Kap.6 Ziff. 1.1.2.3.
[290] *Muckel*, Sozialrecht 2003, § 7 Rn. 21.

Vertragsärzte tätig sind."[291] Damit ist nicht mehr nur der Arzt als natürliche Person, sondern auch die juristische Person „Versorgungszentrum" selbst zur Versorgung zugelassen, welche mit Hilfe der angestellten Ärzte die Leistungen erbringt.[292] Auch ist ein Anschluss sowie eine Kooperation des Versorgungszentrums mit Vertragsärzten vorgesehen: Gemeinschaftspraxis[293] und Praxisgemeinschaft[294] zwischen Versorgungszentrum und Vertragsärzten sind möglich.[295]

Die medizinischen Versorgungszentren können sich „aller zulässigen Organisationsformen bedienen" und werden gegründet von Leistungserbringern, die aufgrund von Zulassung, Ermächtigung oder Vertrag an der medizinischen Versorgung der Versicherten teilnehmen, § 95 Abs. 1 S. 3 SGB V. Dies bedeutet zum einen, dass sich die medizinischen Versorgungszentren als bürgerlich-rechtliche Gesellschaftsformen, etwa GbR oder GmbH, konstituieren werden.[296] Zum anderen soll aber eine Leitung der medizinischen Versorgungszentren stets an medizinischen Interessen orientiert sein.[297] Nach einer kritischen Betrachtung von Hiddemann/Muckel soll letzteres jedoch nur eingeschränkt erreichbar sein, da zu den gründungsberechtigten Leistungserbringern auch die Krankenhäuser und damit mittelbar die privaten Krankenhausträger gehören.[298]

b. Gremien

Mit dem GMG sind des Weiteren erhebliche Änderungen in der Struktur der Gremien in der GKV vorgenommen worden.

aa. Gemeinsamer Bundesausschuss

Die Aufgaben der Bundesausschüsse, des Ausschusses Krankenhaus und des Koordinierungsausschusses[299] wurden mit dem GMG dem Gemeinsamen Bun-

---

[291] Zur Auslegung der einzelnen Tatbestandsmerkmale: *Peikert*, ZMGR 2004, S. 211 (212 ff.).
[292] *Hiddemann/Muckel*, NJW 2004, S. 7 (10 f.).
[293] Gemeinschaftspraxis: Zwei Ärzte verbinden sich in einer Praxis, die als rechtliche Einheit Leistungserbringer ist.
[294] Praxisgemeinschaft: Zwei voneinander unabhängige Vertragsärzte kooperieren durch die Inanspruchnahme gemeinsamer Praxisräume und -ausstattung.
[295] § 33 Ärzte-ZV.
[296] *Peikert*, ZMGR 2004, S. 211 (214 f.).
[297] Vgl. BT-Drs. 15/1525, S. 107 f.
[298] *Hiddemann/Muckel*, NJW 2004, S. 7 (10).
[299] Vgl. Teil 3, A.I.1.b.bb.

desausschuss (G-BA) übertragen. Der Gemeinsame Bundesausschuss bestimmt damit über Richtlinien den Inhalt der vertrags(zahn)ärztlichen Versorgung und der Krankenhausversorgung und füllt die unbestimmten Rechtsbegriffe (Wirtschaftlichkeit, Überversorgung) aus.[300]

Der Gemeinsame Bundesausschuss wird von der Kassenärztlichen und der Kassenzahnärztlichen Bundesvereinigung, der Deutschen Krankenhausgesellschaft einerseits und den Bundesverbänden der Krankenkassen, der Bundesknappschaft und den Verbänden der Ersatzkassen andererseits gebildet. Er kann im Rechtsverkehr Rechte und Pflichten begründen (Rechtsfähigkeit, § 91 Abs. 1 SGB V), und zur Wahrnehmung der Aufgaben der Geschäftsführung personelle Mittel und Sachmittel requirieren. Die vormaligen Unsicherheiten in Bezug auf die Verbindlichkeit der Beschlüsse wurden mit § 91 Abs. 9 klargestellt. Hiernach binden die Beschlüsse die Versicherten, die Krankenkassen, die an der ambulanten ärztlichen Versorgung teilnehmenden Leistungserbringer und die Krankenhäuser.

bb. Institut für Qualität und Wirtschaftlichkeit im Gesundheitswesen

§§ 35b, 139a ff. SGB V regeln zur Bewertung des Nutzens und der Kosten von Arzneimitteln die Einrichtung eines Instituts für Qualität und Wirtschaftlichkeit im Gesundheitswesen. Dieses wird gem. § 139a Abs. 1 SGB V durch den Gemeinsamen Bundesausschuss gegründet und wurde bereits als Stiftung des privaten Rechts errichtet: Der Gemeinsame Bundesausschuss hat die „Stiftung für Qualität und Wirtschaftlichkeit im Gesundheitswesen" gegründet und ist zugleich deren Träger. Jene ist wiederum Trägerin des Instituts für Qualität und Wirtschaftlichkeit im Gesundheitswesen.

Bewertungen nach § 35b Abs. 1 S. 1 SGB V können für jedes erstmals verordnungsfähige Arzneimittel mit patentgeschützten Wirkstoffen sowie für andere Arzneimittel, die von Bedeutung sind, erstellt werden, § 35b Abs. 1 S. 2 SGB V. Gemäß § 35b Abs. 2 SGB V werden die Bewertungen (§§ 35b Abs. 1, 139b, 139a SGB V) dem Gemeinsamen Bundesausschuss als Empfehlungen zur Beschlussfassung nach § 92 Abs. 1 S. 2 Nr. 6 SGB V zugeleitet.

Die Aufgabenzuweisung erfolgt durch § 139a Abs. 3 Nr. 1-6 SGB V: Recherche, Darstellung und Bewertung des aktuellen medizinischen Wissensstandes

---

[300] *Limpinsel* in: Jahn, SGB V, § 91 Rn. 2.

zu diagnostischen und therapeutischen Verfahren bei ausgewählten Krankheiten (Nr. 1); Erstellung u.a. von Gutachten und Stellungnahmen zu Fragen der Qualität und Wirtschaftlichkeit der erbrachten Leistungen der GKV (Nr. 2); Bewertungen evidenzbasierter Leitlinien für die epidemiologisch wichtigen Krankheiten (Nr. 3); Empfehlungen zu Disease-Management-Programmen (Nr. 4); Bewertung des Nutzens und der Kosten von Arzneimitteln (Nr. 5); Bereitstellung von verständlichen allgemeinen Informationen zur Qualität und Effizienz u.a. in der Gesundheitsversorgung (Nr. 6).

Diese Aufgaben sind nur nach Beauftragung des Instituts durch den Gemeinsamen Bundesausschuss auszuführen, § 139b Abs. 1 und 2 SGB V. Dabei kann zum einen der Gemeinsame Bundesausschuss auf Antrag eines seiner ihn bildenden Institutionen die Beauftragung vornehmen (§ 139b Abs. 1 SGB V), zum anderen hat das BMGS auch ein Antragsrecht direkt beim Institut (§ 139b Abs. 2 SGB V). Die Erledigung der Aufgaben erfolgt durch die Vergabe von Forschungsaufträgen an externe Sachverständige, § 139b Abs. 3 SGB V.

Ziel der Einrichtung ist es, die Fortentwicklung der medizinischen Leistungen zu erfassen und zu sichern sowie eine kontinuierliche Einbeziehung neuer wissenschaftlicher Erkenntnisse in eine qualitativ gesicherte Leistungserbringung zu gewährleisten.[301] Wartensleben hat vor der Schaffung einer solchen „vierten Hürde" für die Verordnungsfähigkeit zugelassener Fertigarzneimittel" gewarnt.[302] Er sieht das bestehende Zulassungsverfahren als bereits ausreichend mit Kontrollmechanismen ausgestattet an, wobei allenfalls ein „Vollzugsdefizit" bei der Arbeit der Zulassungsbehörden vorliege.[303] Für ein solches Gremium bestehe daher keine Notwendigkeit, seine Schaffung sei zudem unter dem Gesichtspunkt der Entparlamentisierung abzulehnen.[304] Ebenso grundlegend kritisch äußert sich Schimmelpfeng-Schütte: Mit der engen Anbindung des Instituts an den Gemeinsamen Bundesausschuss werde des letzteren ohnehin kritikfähige Machtstellung in der GKV weiter gestärkt.[305] Zudem ergäben sich aus der behördenähnlichen Struktur des Instituts Zweifel an dessen sachkundiger und flexibler Arbeit.[306] Schließlich sei schon der Gesetzeszweck „Sicherung eines dynamischen Prozesses" auf Stillstand und Kontrolle angelegt, und daher nur geeignet, die GKV von dem medizinischen Fortschritt abzukoppeln.[307]

---

[301] *Sommer* in: Jahn, SGB V, § 35b Rn. 2.
[302] *Wartensleben*, PharmR 2003, S. 73.
[303] *Wartensleben*, PharmR 2003, S. 73 (75).
[304] *Wartensleben*, PharmR 2003, S. 73 (75).
[305] *Schimmelpfeng-Schütte*, ZRP 2004, S. 253 (256).
[306] *Schimmelpfeng-Schütte*, ZRP 2004, S. 253 (256).
[307] *Schimmelpfeng-Schütte*, ZRP 2004, S. 253 (257).

cc. Expertengruppen gem. § 35b Abs. 3 SGB V

Durch die Diskussion der Thematik nach dem Urteil des BSG v. 19.3.2002 wurde nun nach Möglichkeiten gesucht, den Off-Label-Use auf eine sichere und gerechte Grundlage zu stellen. Man bediente sich dazu zunächst durch Ministererlass (2002),[308] später durch Änderung des SGB V (2003) der Idee, einem staatlich legitimierten Gremium die Entscheidungsbefugnis über die Feststellung des Standes der medizinischen Erkenntnis zu übertragen.

α. Expertengruppe Off-Label gem. Erlass des BMG v. 17.9.2002 und v. 31.8.2005

Bereits durch Erlass vom 17.9.2002[309] des BMG wurde die Expertengruppe „Anwendung von Arzneimitteln außerhalb des zugelassenen Indikationsbereichs" beim BfArM eingerichtet. Die in § 1 Abs. 2 des Erlasses bezeichneten Aufgaben der Kommission waren:

„1. Abgabe von Feststellungen zum Stand der wissenschaftlichen Erkenntnis über die Anwendung von zugelassenen Arzneimitteln für Indikationen und Indikationsbereiche, für die sie nach dem AMG nicht zugelassen sind oder über Behandlungsalternativen. Die Feststellungen sollen in geeigneten Zeitabständen an die Weiterentwicklung des Stands der wissenschaftlichen Erkenntnis angepasst werden.

2. Auskunftserteilung gegenüber vorschlagsberechtigten Institutionen zu Fragen des Stands der wissenschaftlichen Erkenntnis über die Anwendung von zugelassenen Arzneimitteln für Indikationen und Indikationsbereiche, für die sie nach dem AMG nicht zugelassen sind, einschließlich Vorschlägen zur Dokumentation der entsprechenden Anwendungen von Arzneimitteln."

Weiter ergibt sich aus dem Erlass vom 17.9.2002: Die Kommission setzt sich gem. § 2 des Erlasses aus sieben ständigen Mitgliedern, welche für zwei Jahre berufen werden, zusammen. Bundesärztekammer, KBV, AWMF, DKG sind vorschlagsberechtigt für je einen dieser Sachverständigen, drei dieser Sachverständigen werden auf Vorschlag der Spitzenverbände der Krankenkassen berufen. Drei weitere, nicht ständige Mitglieder werden unter Berücksichtigung von Vorschlägen der Fach- und Berufsgesellschaften des jeweiligen medizinischen

---

[308] *Pabel*, Arzneimittelgesetz, S. 184.
[309] Internetpublikation 2002: http://www.bmgesundheit.de.

Fachgebiets vom BMG berufen. Ferner sind ständige Gäste ohne Stimmrecht aus Patientenselbsthilfegruppen sowie aus der pharmazeutischen Industrie an der Kommission beteiligt. Anträge auf die Abgabe von Feststellungen zum Stand der medizinischen Erkenntnis können von den Mitgliedern (ständige und nicht ständige Sachverständige), ihren Stellvertretern, den ständigen Gästen und der Geschäftsstelle der Kommission gestellt werden, § 3 des Erlasses. Die hier geregelte Organisation und Arbeitsweise der Kommission sieht weiter vor, Arbeitsausschüsse einzurichten, in welche auch externe Sachverständige berufen werden können.

Kritik an diesem Erlass wurde hinsichtlich der vorgesehenen konsekutiven Arbeitsweise der Kommission sowie hinsichtlich erwarteter Verzögerungen durch die Anerkennung des pharmazeutischen Unternehmers geäußert.[310]

Schwerpunkt der Aufgabe dieses Gremiums ist „die Klärung wesentlicher Sachverhalte, insbesondere der Evidenzlage und der allgemeinen Behandlungsalternativen bei Arzneimitteln im Off-Label-Use."[311] Die Expertengruppe wurde dabei auf Antrag für Versicherte der GKV durch Auswertung der wissenschaftlichen Erkenntnisse tätig. Systematisch einzuordnen waren die Ergebnisse sodann wie folgt: Die abgegebenen Feststellungen der Expertengruppe wurden sodann zur Konkretisierung des vom BSG im Urteil vom 19.3.2002 aufgestellten Ausnahmetatbestandes hinsichtlich der Verordnungsfähigkeit der Arzneimittel im Off-Label-Use zulasten der GKV herangezogen.[312]

Mit Erlass vom 31.8.2005[313] hat das BMGS wurden Organisation und Arbeitsweise der Expertengruppen verändert. Die Aufgaben gem. § 1 Abs. 2 des Erlasses lauten hiernach:

„1. Abgabe von Bewertungen zum Stand der wissenschaftlichen Erkenntnis über die Anwendung von zugelassenen Arzneimitteln für Indikationen und Indikationsbereiche, für die sie nach dem Arzneimittelgesetz nicht zugelassen sind. Die Bewertungen sind in geeigneten Zeitabständen zu überprüfen und erforderlichenfalls an die Weiterentwicklung des Stands der wissenschaftlichen Erkenntnis anzupassen.

---

[310] *Fritze/Schmauß*, Nervenarzt 2002, S. 1125 f.
[311] *Bruns/Herz*, Bundesgesundheitsbl. 2003, S. 477 (481).
[312] *Pabel*, Arzneimittelgesetz, S. 184.
[313] Internetpublikation 2008: http://www.bfarm.de.

2. Auskunftserteilung gegenüber dem Bundesministerium für Gesundheit und Soziale Sicherung und dem Gemeinsamen Bundesausschuss nach § 91 SGB V zu Fragen des Stands der wissenschaftlichen Erkenntnis über die Anwendung von zugelassenen Arzneimitteln für Indikationen und Indikationsbereiche, für die sie nach dem Arzneimittelgesetz nicht zugelassen sind."

Die Aufträge zur Erstellung von Bewertungen nach Ziff. 1 werden nunmehr vom Gemeinsamen Bundesausschuss oder dem BMGS erteilt, § 1 Abs. 3 d. Erlasses. Die Bewertungen werden gem. § 1 Abs. 4 d. Erlasses dem Gemeinsamen Bundesausschuss als Empfehlung zur Beschlussfassung gem. § 92 Abs. 1 S. 2 Nr. 6 SGB V zugeleitet.

β. Die Gremien nach dem GMG

§ 35b Abs. 3 SGB V ermächtigt das BMGS, Expertengruppen beim BfArM zu berufen. Diese Expertengruppen geben nach dem Gesetzestext Bewertungen ab zum Stand der wissenschaftlichen Erkenntnis über die Anwendung von zugelassenen Arzneimitteln für Indikationen und Indikationsbereiche, für die sie nach dem AMG nicht zugelassen sind. Zunächst fiel der neue Plural auf. Seit dem Errichtungserlass des BMG v. 17.9.2002 sind aus der „Expertengruppe Off-Label" die Expertengruppen geworden. Hier geht das GMG zutreffend von dem Erfordernis einer organisatorischen Trennung der Expertenarbeit nach medizinischen Fachbereichen aus. Im Erlass des BMGS v. 31.8.2005 wurde diesem Erfordernis sodann auch Rechnung getragen.

γ. Die Befugnisse nach dem GMG

Die Befugnis der Expertengruppen beschreibt das Gesetz mit der „Abgabe von Bewertungen". Diese werden dem Gemeinsamen Bundesausschuss als Empfehlungen zur Beschlussfassung nach § 92 Abs. 1 S. 2 Nr. 6 SGB V zugeleitet, § 35b Abs. 3 S. 2 SGB V.

Da vom Gesetzgeber die Problematik der noch im Erlass v. 17.9.2002 vorgesehenen Anerkennung der Anwendung des Arzneimittels durch den pharmazeutischen Unternehmer gesehen wurde, bestimmt § 35b Abs. 3 S. 3 SBG V nunmehr hinsichtlich dieser Haftungsproblematik: „...soll nur mit Zustimmung [...] erstellt werden." Zwei Neuerungen fielen auf: „Zustimmung" statt „Anerkennung" sowie „soll nur" statt „kann nur".

Letztere Begriffsunterscheidung fällt auch Nicht-Juristen leicht. Es ist nunmehr bei dringendem Bedarf eines Off-Label-Use möglich, eine Feststellung der Expertengruppe auch im Fall einer Weigerung des pharmazeutischen Unternehmers zur Erklärung der Zustimmung zu erreichen. Denn „soll nur" stellt eine richtungsweisende Rechtsfolgenbestimmung des Normgebers dar: Der Regelfall unterliegt nicht der Entscheidungsbefugnis des Normanwenders. Die Rechtsfolge ist sodann auszusprechen, für diesen Normalfall hat der Normgeber eine Vorentscheidung getroffen. In atypischen Fällen ist der Normanwender jedoch befugt, von dieser Regelentscheidung abzuweichen. Die Formulierung „kann nur" bindet dagegen nach der gesetzgeberischen Begrifflichkeit den Anwender zwingend an das Vorliegen der Voraussetzungen der Norm. Die abweichende, engere Ausgestaltung der Rechtsfolgenbestimmung in dem Erlass des BMG dient somit jedenfalls der Vorbeugung von Haftungsfällen ohne Beteiligung des pharmazeutischen Unternehmers.

Die begriffliche Unterscheidung zwischen „Zustimmung" und „Anerkennung" liegt in der zivilrechtlichen Verankerung der Problematik. Dem Gesetzgeber ging es bei dieser Regelung um die Haftungsübernahme des pharmazeutischen Unternehmers.[314] Die Zustimmung im Zivilrecht lässt ein Rechtsgeschäft wirksam werden.[315] Nach der Zielsetzung des Gesetzgebers schafft der Begriff der Zustimmung damit die beabsichtigte Rechtsklarheit.

Schließlich ist darauf hinzuweisen, dass die Befugnis der Expertengruppe gemäß dem Erlass des BMG gem. § 1 Abs. 2 Nr. 1 auch „Feststellungen" zum Stand der wissenschaftlichen Erkenntnis über Behandlungsalternativen umfasste, dies in § 35b Abs. 3 SGB V jedoch keine Erwähnung findet. Hatte der Erlass augenscheinlich noch auf die im BSG-Urteil v. 19.3.2002 aufgestellten Voraussetzungen Bezug genommen, stellt der Auftrag des Gesetzgebers an die Expertengruppen nach § 35b SGB V hier ein Minus dar.

Mit dem Folgeerlass v. 31.8.2005 reagierte das BMGS auf die Regelungen des GMG. § 3 Abs. 3 S. 3 d. Erlasses lautet: „Die Bewertung ... kann nur getroffen werden, wenn und soweit der Pharmazeutische Unternehmer dieser Anwendung ... zustimmt." Aussagen zu Behandlungsalternativen sind von der Aufgabenbeschreibung nun nicht mehr umfasst, bei dem Produkt der Expertengruppen handelt sich nunmehr jedoch auch um „Bewertungen".

---

[314] BT-Drs. 15/1525, S. 89.
[315] *Heinrichs* in: Palandt, Bürgerliches Gesetzbuch, vor § 181 Rn. 4.

c. Bewertung und Bedeutung dieser Entwicklungen für den Off-Label-Use

Die GKV sah sich spätestens seit den 1980er Jahren immensen Finanzierungs-
problemen ausgesetzt.[316] Im System der gesetzlichen Krankenversicherung
mussten dabei aus Gründen der Bezahlbarkeit des Gesundheitswesens in der
Vergangenheit zulasten der einen Zielsetzung „optimale Versorgung" wie dargestellt immer wieder Einschränkungen hingenommen werden. Die Ausgaben
mussten an den weit überwiegend beitragsorientierten Einnahmen ausgerichtet
werden. Grund für die Finanzierungsschwierigkeiten waren und sind das stetig
wachsende Auseinanderklaffen von Einnahmezuwächsen und Ausgabesteige-
rungen durch etwa moderne und kostenintensive Therapiemethoden oder Ein-
nahmeausfälle aufgrund Veränderungen der Erwerbsbiografien der Versicherten. Vor diesem Hintergrund ist zu erklären, warum die Problematik des Off-
Label-Use derart schnell und gewichtig auftrat. Die Träger der GKV sahen sich
seit langer Zeit einem immer größer werdenden Druck ausgesetzt, ihre Ausgaben zu senken. So war es kein Zufall, dass gerade im Hochpreissegment der
Arzneimittel auf den Gebieten der Onkologie, der Pädiatrie sowie bei den für
die Immunschwäche AIDS wichtigen Medikamenten auf den zunehmenden Off-
Label-Use mit Skepsis und schließlich mit Regressankündigungen reagiert wurde.[317] Dies freilich löste zugleich eine Welle der Kritik und Empörung aus: Es
wurde vor allem von den behandelnden und mit Regressandrohungen in exis-
tenzgefährdender Höhe konfrontierten Ärzten und ihren Patienten bemängelt,
die vorhandenen und nutzbaren Behandlungsmöglichkeiten seien aufgrund von
Wirtschaftlichkeitserwägungen blockiert. Denn zu oft geht es in den betroffenen
Bereichen um Leben oder Tod.

Die Wahrheit liegt in der Mitte: Weder kann den Krankenkassen wirtschaftli-
ches Denken zum Vorwurf gemacht werden, noch Ärzten und Patienten der
Protest gegen einen monetären Formalismus unter Berufung auf existentielle
Behandlungsbedürfnisse. Das erklärte Ziel aller Beteiligten, die nun einmal bei
den hochpreisigen Arzneimitteln erkannte Problematik zu lösen, ist daher in
Abwägung der verschiedenen Rechtsgüter und Interessen gerecht herbeizuführen. Wie schwierig, langwierig und fehlerträchtig die Beschreitung des Lö-
sungswegs jedoch sein kann, wird im weiteren Verlauf der Arbeit darzustellen
sein.

Mit der Schaffung des § 35b SGB V bezweckte der Gesetzgeber die Festschreibung von Voraussetzungen für den Off-Label-Use, mithin zuvörderst die Schaf-

---

[316] *Berstermann* in: Peters, Handb KV II SGB V, Einl. Rn. 68 ff.
[317] *Ehlers/Weizel*, PharmInd 2001, S. 1256.

fung einer dringend notwendigen Rechtssicherheit.[318] Allein die mit § 35b Abs. 3 SGB V geschaffene Struktur zur Schaffung einer Rechtsverbindlichkeit der Bewertungen der Expertenkommissionen ist gegenüber der ersten Ausgestaltung im Erlass des BMG v. 17.9.2002 zu begrüßen.[319] Dieses Ziel „Rechtssicherheit" erscheint als Teillösung des Problems Off-Label-Use zunächst akzeptabel. Sie entscheidet den Streit um die Zulässigkeit der Arzneimittelverordnung außerhalb zugelassener Indikationen mit dem BSG zugunsten der Arzneimittelsicherheit, lässt aber über die Möglichkeit der Einbeziehung in die AMR Ausnahmen zu. Die Norm stellt als Regelung für den Bereich der GKV aber doch nur eine Momentaufnahme des gesamten Streits dar. Denn es verbleibt die Unsicherheit hinsichtlich des Zusammenspiels zwischen Sozialrecht und Arzneimittelrecht, zwischen SGB V und AMG. Hier eine Entscheidung herbeizuführen und damit den erkannten Konflikt wirklich zu lösen, erscheint unerlässlich.

3. Arzneimittelversorgungs-Wirtschaftlichkeitsgesetz (AVWG) v. 26.4.2006

Das Gesetz zur Verbesserung der Wirtschaftlichkeit in der Arzneimittelversorgung (Arzneimittelversorgungs-Wirtschaftlichkeitsgesetz, AVWG) vom 26.4.2006[320] soll den Steigerungen der Arzneimittelausgaben durch neue Verpflichtungen für pharmazeutische Industrie, Ärzte und Apotheker entgegenwirken. Etwa wurde ein zweijähriger Preisstopp (1.4.2006 bis 31.3.2008) für Arzneimittel, die zulasten der GKV verordnet werden, festgeschrieben, § 130a Abs. 3a SGB V. Die Festbeträge für Arzneimittel wurden abgesenkt, § 35 Abs. 5 SGB V. Arzneimittel, deren Einkaufspreis 30 v.H. unterhalb des Festbetrags liegt, können von der Zuzahlung freigestellt werden, § 31 Abs. 3 SGB V. Vertragsärzte werden mit einer Bonus-Malus-Regelung in § 84 Abs. 7a wirtschaftlich dazu motiviert, zuvor festgelegte Durchschnittskosten je definierter Dosiereinheit einzuhalten.

4. GKV-Wettbewerbsstärkungsgesetz (GKV-WSG) v. 26.3.2007

Mit dem Gesetz zur Stärkung des Wettbewerbs (GKV-Wettbewerbsstärkungsgesetz, GKV-WSG)[321] wurden insbesondere eine Viel-

---

[318] Vgl. die Begründung zu § 35b Abs. 3 SGB V im Gesetzentwurf zum GMG, BT-Drs.15/1525, S. 89.
[319] *Heidelmann*, Krankenhauspharmazie 2004, S. 364 (366).
[320] BGBl. I S. 984.
[321] BGBl. I S. 378.

zahl von Organisationsänderungen vorgenommen. Etwa werden zum 1.9.2008 die bisher als Körperschaften Öffentlichen Rechts organisierten Spitzenverbände der gesetzlichen Krankenkassen (Bundesverbände) in Gesellschaften Bürgerlichen Rechts umgewandelt, da die Belange der GKV nunmehr von dem neu geschaffenen „Spitzenverband Bund der Krankenkassen" vertreten werden. Ferner treten zum 1.7.2008 Änderungen in der Organisation und Arbeitsweise des G-BA in Kraft (etwa fristgebundene Entscheidungen, öffentliche Sitzungen, Besetzung mit unabhängigen Mitgliedern). Das SGB V sieht nun erstmals in der Geschichte der deutschen Sozialgesetzgebung eine allgemeine Krankenversicherungspflicht vor. Wer den Versicherungsschutz verloren hatte, erhält einen erneuten Zugang zu der letzten Versicherung. Hinsichtlich der Finanzierung der GKV wird durch das Gesetz der Gesundheitsfonds eingeführt, in welchem ab dem 1.1.2009 die Beitragseinnahmen verwaltet werden.

II. Finanzierung und Reform der gesetzlichen Krankenversicherung

Unumstößlich mit der in diesem Abschnitt behandelten rechtlichen Entwicklung der gesetzlichen Krankenversicherung verbunden ist das finanzielle Schicksal des Gesundheitssystems sowie die hauptsächlich hieraus resultierenden derzeitigen Reformbestrebungen.

1. Finanzierungssystem

Die Finanzierung der gesetzlichen Krankenversicherung ist in §§ 220 ff. SGB V sowie in §§ 20 ff. SGB IV geregelt. Hiernach wird hinsichtlich der verschiedenen Einnahmen zwischen Beiträgen als Hauptfinanzierungsquelle, den staatlichen Zuschüssen und den sonstigen Einnahmen unterschieden.

a. Beiträge

Vorrangig werden die Einnahmen der gesetzlichen Krankenversicherung aus den Beiträgen der Versicherten erzielt, § 220 Abs. 1 SGB V. Im Jahr 1987 lag der Anteil dieser Hauptfinanzierungsquelle bei 95 % (1979 bei ca. 77 %).[322] In diesem Beitragssystem wird der Beitragssatz (§§ 241 ff. SGB V) von den beitragspflichtigen Einnahmen (§§ 223, 226 ff. SGB V) errechnet. Hierdurch wird

---

[322] *Noftz* in: Hauck/Noftz, SGB V, K § 3 Rn. 79 m.w.N.

die vom Individualrisiko losgelöste Anpassung des Beitrags an die persönliche Leistungsfähigkeit erreicht, es entsteht die in § 3 S. 2 SGB V beschriebene Solidargemeinschaft.[323]

b. Staatliche Zuschüsse

Mit staatlichen Zuschüssen soll etwa ein Ausgleich für Fremdlasten oder versicherungsfremde Leistungen (§ 221 SGB V) erfolgen.

c. Sonstige Einnahmen

Sonstige Einnahmen im Sinne von § 220 Abs. 1 SGB V, § 20 Abs. 1 SGB IV sind schließlich alle übrigen Einnahmen mit Ausnahme der vorgenannten.[324] Dies sind etwa Vermögenserträge gem. § 260 Abs. 3 SGB V, Säumniszuschläge gem. § 24 SGB IV sowie Erstattungs- und Ersatzleistungen gem. § 264 SGB V.[325] Die Finanzierung über den Finanz- und Risikostrukturausgleich gem. §§ 265 ff. SGB V ist dagegen bereits überwiegend aus Beiträgen vermittelt.[326]

2. Finanzlage

Bis zum Jahr 1981 waren aufgrund konstanter Erhöhung des Beitragssatzes die Einnahmen und Ausgaben der GKV etwa ausgeglichen. Von 1982 bis 1983 wurden Einnahmeüberschüsse i.H.v. 4,5 bzw. 2,8 Mrd. DM erzielt, ab 1984 waren dagegen Ausgabeüberschüsse zu verzeichnen (1984: 2,9 Mrd. DM; 1985 2,3 Mrd. DM; 1986 1,4 Mrd. DM). Das Vermögen der Krankenversicherung sank von 1983 bei noch 18,8 auf 1986 nur noch 12,3 Mrd. DM, was auf die Deckung der Gesamtausgaben durch Betriebsmittel und Rücklage zurückzuführen ist.[327]

Die Kostenentwicklung war insgesamt seit den 1970er Jahren durch eine stete Erhöhung der Leistungsausgaben sowie der Beitragssätze gekennzeichnet: Die Ausgaben für ein Mitglied betrugen 1970 in der allgemeinen Krankenversicherung 763 DM (Krankenversicherung der Rentner: 821 DM), bei einem

---

[323] *Dalichau/Grüner*, SGB V, Erl. zu § 3.
[324] § 220 Abs. 1 SGB V zählt dabei die staatlichen Zuschüsse zu den sonstigen Einnahmen.
[325] *Engelhard* in: Schulin, Handbuch des Sozialversicherungsrechts, § 54 Rn. 7.
[326] *Noftz* in: Hauck/Noftz, SGB V, K § 3 Rn. 81.
[327] Vgl. zum Ganzen: *Berstermann* in: Peters, Handb KV II SGB V, Einl. Rn. 68 ff.

durchschnittlichen Beitragssatz von 8,20 %. Im Jahr 1980 lagen die Ausgaben der AKV bei 2.252 DM (KVdR: 2.874 DM), der Beitragssatz betrug durchschnittlich 11,38 %. Im Jahr 2000 stiegen die Ausgaben pro Mitglied in der AKV auf 3.803 DM (KVdR: 7.216 DM), der durchschnittliche Beitragssatz belief sich auf 13,50 %. Bereits 2002/2003 erreichten die Ausgaben der AKV 2.635 EUR, der durchschnittliche Beitragssatz lag bei 14,40 %.[328]

3. Ursachen

Als Gründe für die beschriebene Entwicklung sind in erster Linie die kostensteigernden Auswirkungen der diagnostischen und therapeutischen Qualitätsverbesserung (medizinischer Fortschritt)[329] zu nennen.[330] Auch die relativ zu den Leistungsempfängern gestiegene Anzahl von Leistungserbringern (insbesondere: Ärzte und Krankenhäuser) haben wesentlichen Einfluss auf die Kostenentwicklung.[331] Weiter werden die Leistungsausweitungen, die demografische Entwicklung[332], der Rückgang der sozialversicherungspflichtig Beschäftigten[333], Finanzverschiebungen zwischen den Sozialleistungsträgern[334] sowie Steuerungsmängel und Veränderungen des Krankheitsspektrums genannt; zudem wirken sich die Veränderungen der Erwerbsbiografien durch Ausgabenerhöhung bei gleichzeitiger Einnahmenverminderung negativ aus.[335]

4. Reformbestrebungen

Auch nach dem GMG v. 14.11.2003 sind die Reformen der GKV längst nicht abgeschlossen. Die ab dem Jahr 2004 in der Öffentlichkeit wieder kontrovers geführte Diskussion um eine Gesundheitsreform wird – wiederum aus Gründen der Bezahlbarkeit des Gesundheitssystems – in weitere Änderungen der GKV münden. Reformvorschläge von weiteren Modifikationen des Leistungsumfangs der GKV über eine Einführung einer Bürgerversicherung[336], eines einkommensunabhängigen Festbetrags (sog. Gesundheitsprämie, Kopfpauschale) bis hin

---

[328] *Noftz* in: Hauck/Noftz, SGB V, K § 3 Rn. 73 m.w.N.
[329] Vgl. auch Gesetzentwurf GMG, BT-Drs. 15/1525, S. 1.
[330] *Kirchhof* in: Schulin, Handbuch des Sozialversicherungsrechts, § 53 Rn. 1.
[331] *Noftz* in: Hauck/Noftz, SGB V, K § 3 Rn. 74.
[332] Hier: Geburtenrückgang, Zunahme der allgemeinen Lebenserwartung.
[333] Vgl. *Rürup*, SozSich 2003, S. 256 f.
[334] Vgl. *Klusen*, SozSich 2001, S. 220 f.
[335] *Noftz* in: Hauck/Noftz, SGB V, K § 3 Rn. 74.
[336] Die Verfassungsmäßigkeit einer Bürgerversicherung begründet ausführlich *Beck*, SozSich 2004, S. 386.

zur Umgestaltung der Krankenversicherung in eine grundsätzlich privat finan-
zierte Krankheitsvorsorge wurden und werden diskutiert.[337] Auch eine Anpassung der Einnahmen an das Ausgabevolumen durch Erweiterung der Bemes-
sungsgrundlage[338] und Ausweitung des versicherungs- und beitragspflichtigen
Personenkreises[339] ist denkbar.[340] Mit dem GKV-WSG wurde ab dem 1.1.2009
der Gesundheitsfonds als Kompromiss zwischen Bürgerversicherung und Gesundheitsprämie festgeschrieben.[341]

Die Kritik an den Grundsäulen der GKV wie Gesamtvergütung, sozialer Ausgleich und Sachleistungsprinzip wird lauter. Hauptsächlich orientiert sich die
Argumentation dabei an dem Gedanken, dass ein über einhundert Jahre altes
System, welches unter Voraussetzungen geschaffen wurde, die den heutigen
tatsächlichen Gegebenheiten kaum noch ähnlich sind, schlicht veraltet und ü-
berkommen ist. Zwar wird zu Recht vielfach eine Solidargemeinschaft als er-
strebenswerte Lösung für das Gesundheitssystem in einem Sozialstaat angesehen, jedoch ist als natürliche Grenze eines jeden Systems dessen Funktionsfähigkeit zu nennen.

Scharf kritisiert Haft etwa auch den Grundsatz der Gesamtvergütung unter dem
Aspekt der fehlenden Äquivalenz von Erhebung und Verteilung. Während die
Ermittlung der Höhe der Gesamtvergütung über eine Kopfpauschale erfolge,
finde die Verteilung an die Ärzte nach den erbrachten Einzelleistungen statt.[342]
Zudem stellt sich Haft gegen eine heute uneingeschränkte Anwendung des
Prinzips „sozialer Ausgleich": Eine wirtschaftlich erfolgreiche Versicherung
erfordere, dass Einnahmen und Ausgaben in Relation zueinander stehen. Dies
sei in der GKV jedoch nicht der Fall, da die Beiträge nicht anforderungsbezo-
gen sowie am individuellen Risiko bemessen seien.[343] Nach Haft erfordert eine
grundsätzliche Reform der GKV zudem eine ersatzlose Abschaffung der Kassenärztlichen Vereinigungen.[344]

---

[337] Einen Überblick über die Möglichkeiten im Detail gibt *Noftz* in: Hauck/Noftz, SGB V, K §
3 Rn. 76 ff.
[338] Denkbar in Form der Unterwerfung von weiteren Einkommensarten unter die Versicherungspflicht, etwa: Einkommen aus selbständiger Arbeit, Kapital- und Mieteinkünfte.
[339] Etwa durch Anhebung der Versicherungspflichtgrenze auf das Niveau der Beitragsbemes-
sungsgrenze in der Rentenversicherung und durch ein Überdenken des Systems der bei-
tragsfreien Familienversicherung.
[340] *Bäcker*, KrV 2001, S. 51 (54).
[341] Vgl. Teil 3, A.I.4.
[342] *Haft*, ZRP 2002, S. 457 (460).
[343] *Haft*, ZRP 2002, S. 457 (458).
[344] Vgl. *Haft*, ZRP 2002, S. 457 (462).

Ebenso äußert sich Bogs kritisch zu der Struktur der GKV: Zur effektiven Kostendämpfung sei zumindest ein Nachdenken über die Aufgabenverteilung und die Kräfteverhältnisse in der GKV angebracht.[345] Langfristig will Bogs[346] zudem die „duale Anlage der deutschen Krankenversicherungs-Ordnung" auf den Prüfstand gestellt wissen. Das Ergebnis könnte in einer Vereinheitlichung von Grundversicherungsverhältnissen in elementaren Bestandteilen liegen.

Schimmelpfeng-Schütte fordert die Diskussion einer Einführung der Kostenerstattung und schlägt die Ausgestaltung der GKV in eine Grundversicherung mit optionalen privaten Zusatzversicherungen vor, um individuellen Bedürfnissen der Versicherten besser gerecht werden zu können.[347]

Auf den Umfang der in der GKV Versicherten beziehen ihre Kritik Sodan[348] und Maaß[349], indem sie etwa den Ausschluss der Familienversicherung aus den Leistungen der Solidargemeinschaft der Versicherten sowie die Herabsetzung der Pflichtversicherungsgrenze vorschlagen. Die GKV könne dann wieder eine Versicherung der „wirklich sozial Schutzbedürftigen"[350] werden. Zudem sei die Finanzierbarkeit des Gesundheitswesens zu einem den Leistungsumfang der GKV bestimmenden Faktor auszuweiten.[351]

Schließlich wird seit langer Zeit Kritik an einer stetigen faktischen Entparlamentarisierung der GKV geäußert. Die Zunahme nichtstaatlicher Institutionen wie etwa jüngst die Schaffung des Instituts für Qualität und Wirtschaftlichkeit in der Medizin wird dabei vielfach als Rückschritt angesehen.[352]

B. Die Regeln des SGB V

I. Inhalt des SGB V

Die Einweisungsvorschriften (§§ 1 bis 4 SGB V) des ersten Kapitels wurden bereits dargestellt.[353] Das zweite Kapitel (§§ 5 bis 10) enthält Vorschriften über den versicherten Personenkreis. Als bedeutsame Regelungen sind hier zu nen-

---

[345] *Bogs* in: Festschrift für Krasney, S. 34.
[346] *Bogs* in: Festschrift für Schreiber, S. 611.
[347] *Schimmelpfeng-Schütte*, MedR 2002, S. 286.
[348] *Sodan*, S. 346 f.; *ders.*, ZRP 2004, S. 217 (221).
[349] *Maaß*, ZRP 2002, S. 462 (467).
[350] *Sodan*, ZRP 2004, S. 217 (221).
[351] *Maaß*, ZRP 2002, S. 462 (467); ebenso: *Oberender*, S. 137.
[352] *Wartensleben*, PharmR 2003, S. 73 (75).
[353] Vgl. Teil 3, A.I.1.a.

nen die Existenz einer Versicherungspflichtgrenze für Arbeiter, mit welcher diese den Angestellten gleichgestellt werden, sowie das Bestehen einer Familienversicherung, die Angehörigen einen eigenen Versicherungsanspruch gewährt. Das dritte Kapitel (§§ 11 bis 68) regelt die Leistungen der Krankenversicherung, insbesondere die Leistungen bei Krankheit. Das vierte Kapitel (§§ 69 bis 140 h) normiert die Beziehungen der Krankenkassen zu den Leistungserbringern, das fünfte Kapitel die Begutachtung der Entwicklung im Gesundheitswesen durch den Sachverständigenrat (§ 142). Im sechsten Kapitel des Gesetzes (§§ 143 bis 206) wird die Organisation der Krankenkassen, im siebten Kapitel (§§ 207 bis 219d) werden die Verbände der Krankenkassen bestimmt. Kapitel acht (§§ 220 bis 274) behandelt die Finanzierung. Die weiteren Kapitel enthalten sodann Vorschriften über den Medizinischen Dienst der Krankenversicherung (neuntes Kap., §§ 275 bis 283), die Behandlung von Daten (zehntes Kap., §§ 284 bis 305 b), Straf- und Bußgeldvorschriften (elftes Kap., §§ 306 bis 307 a) sowie Übergangsregelungen (§§ 308 bis 314).

II. Krankenbehandlung

Versicherte haben einen Anspruch auf Krankenbehandlung, wenn sie notwendig ist, um eine Krankheit zu erkennen, zu heilen, ihre Verschlimmerung zu verhüten oder Krankheitsbeschwerden zu lindern, § 27 Abs. 1 S. 1 SGB V. Die Krankenbehandlung umfasst dabei vor allem die ärztliche und zahnärztliche Behandlung (§ 28 SGB V), die Versorgung mit Arzneimitteln (§ 31 SGB V) und die Krankenhausbehandlung (§ 39 SGB V). Der Anspruch auf Versorgung mit Arzneimitteln besteht jedoch nur, soweit diese nicht gem. § 34 SGB V oder durch die Arzneimittel-Richtlinien des Gemeinsamen Bundesausschusses gem. § 92 Abs. 1 S. 2 Nr. 6 SGB V ausgeschlossen sind. § 34 SGB V schließt dabei bereits einige Arzneimittel kraft ausdrücklicher gesetzlicher Anordnung aus, darüber hinaus ermächtigt § 34 Abs. 3 SGB V zum weitergehenden Ausschluss von unwirtschaftlichen Arzneimitteln, § 34 Abs. 2 SGB V zum Ausschluss von Arzneimitteln, welche üblicherweise bei geringfügigen Gesundheitsstörungen verordnet werden.[354]

Weitere Besonderheiten ergeben sich aus §§ 35 f., 31 Abs. 2 SGB V, wonach die Kostentragung der Krankenkasse für Arzneimittel, für welche ein Festbetrag gem. §§ 35, 35a SGB V festgesetzt ist, nur bis zur Höhe dieses Betrages erfolgt.

---

[354] Der Ausschluss erfolgt hier jeweils durch Rechtsverordnung, vgl. etwa die Verordnung über unwirtschaftliche Arzneimittel in der gesetzlichen Krankenversicherung (AMKVV) v. 21.2.1990, BGBl. I S. 301, geändert d. VO v. 9.12.2002, BGBl. I S. 4554.

Die vormals in § 33a SGB V a.F. vorgesehene Liste verordnungsfähiger Arzneimittel (Positivliste), welche als Rechtsverordnung zu erlassen war, wurde mit der Streichung des § 33a durch das GMG obsolet.

III. Die Vorschriften der Arzneimittelversorgung

Die für den Off-Label-Use von Arzneimitteln relevanten Vorschriften des SGB V finden sich vor allem in dessen Regeln über die Versorgung der Versicherten mit Arzneimitteln.

1. Anspruch auf Versorgung mit Arzneimitteln

Die Versicherten haben im Rahmen ihres Anspruchs auf Krankenbehandlung gem. 27 Abs. 1 S. 1 SGB V einen Anspruch auf Versorgung mit Arzneimitteln, § 31 Abs. 1 S. 1 SGB V. Dieser Anspruch wird konkretisiert[355] durch die gesetzlichen Leistungsausschlüsse des § 34 Abs. 1 SGB V, durch die Leistungsausschlüsse in Rechtsverordnungen gem. §§ 31 Abs. 2 und 3 SGB V sowie seit dem GMG zudem ausdrücklich durch die Arzneimittel-Richtlinien gem. § 92 Abs. 1 S. 2 Nr. 6 SGB V. Der Anspruch auf Versorgung der Versicherten mit den für die Krankenbehandlung notwendigen Arzneimitteln gem. §§ 27, 31 SGB V unterliegt ferner den Einschränkungen der §§ 2 Abs. 1 und 12 Abs. 1 SGB V; es sind nur solche Leistungen vom Sachleistungsanspruch umfasst, welche für die Behandlung zweckmäßig und wirtschaftlich sind und deren Qualität und Wirksamkeit dem allgemein anerkannten Stand der medizinischen Erkenntnisse entsprechen.[356]

Das Bundessozialgericht hat sich mit den Entscheidungen vom 15.12.1993[357] sowie vom 20.3.1996[358] grundlegend zum Anspruch des Versicherten geäußert: §§ 27 Abs. 1, 31, 32 gewähren dem Versicherten im Zusammenspiel mit § 12 Abs. 1 SGB V ein Rahmenrecht, welches im Rechtskonkretisierungskonzept des SGB V insbesondere durch die Richtlinien des BÄK / G-BA generell-abstrakt konkretisiert wird und erst mit der Handlung des Leistungserbringers als beliehener Verwaltungsinstanz zum Anspruch erstarkt.

[355] *Mrozynski* in: Wannagat, SGB, § 27 SGB V Rn. 4 f.
[356] BSGE 82, 233 -Jomol-.
[357] Az.: 4 RK 5/92, BSGE 73, 271 (280), SozR 3-2500 § 13 Nr. 4.
[358] Az.: 6 RKa 62/94, SozR 3-2500 § 92 Nr. 6.

Der Arzneimittelbegriff im Recht der GKV ist nicht identisch mit der Definition des Arzneimittelgesetzes.[359] Jedoch liegen in den Zulassungsvoraussetzungen nach dem AMG gleichzeitig die Mindestvoraussetzungen, die an eine wirtschaftliche Verordnung (§§ 12, 70 Abs. 1 S. 1 SGB V) zu stellen sind.[360] Auch die Arzneimittel-Richtlinien gem. § 92 Abs. 1 S. 2 Nr. 6 SGB V stellen vor diesem Hintergrund eine Konkretisierung des Wirtschaftlichkeitsgebots dar.[361]

Mit dem Hinzufügen der Arzneimittel-Richtlinien in der Aufzählung des § 31 Abs. 1 SGB V (zugleich in § 34 Abs. 3 S. 4 SGB V) löste der Gesetzgeber den Konflikt um die Rangordnung von Ausschlüssen durch Rechtsverordnung und mittels Arzneimittel-Richtlinien. Es war bezweifelt worden, dass aufgrund der ausdrücklichen Ermächtigung des Verordnungsgebers in § 34 SGB V diese Kompetenz dem Richtliniengeber gem. § 92 SGB V zustehe. Das BSG ging in seinen Urteilen v. 18.11.1999[362] und v. 30.9.1999[363] von einer unklaren Rechtslage hinsichtlich des erkennbaren Willens des Gesetzgebers zur Übertragung vollständiger Leistungsausschlüsse auf den Richtliniengeber gem. § 92 SGB V aus. Diese Unklarheit wurde durch das GMG mit der Ergänzung in §§ 31 Abs. 1, 34 Abs. 3, 4 SGB V nun beseitigt.

2. Arzneimittel-Richtlinien gem. § 92 Abs. 1 S. 2 Nr. 6 SGB V

Die Richtlinien des Gemeinsamen Bundesausschusses über die Verordnung von Arzneimitteln in der vertragsärztlichen Versorgung (Arzneimittel-Richtlinien / AMR)[364] gem. § 96 Abs. 1 S. 2 Nr. 6 SGB V haben das Ziel der Sicherung der vertrags(zahn)ärztlichen Versorgung bei gleichzeitiger Konkretisierung des Wirtschaftlichkeitsgebots.[365] Demnach beschreibt Abschnitt A Grundlagen, Geltungsbereich und Anspruch der Versicherten und verweist auf Einschränkungen der Leistungspflicht. Es werden die Regeln der ärztlichen Kunst auf der Grundlage des Standes der medizinischen Erkenntnisse neben Wirtschaftlichkeitsgebot und Fortschritt erwähnt. In einer beschlossenen und zur Veröffentlichung vorgesehenen Neufassung der Arzneimittel-Richtlinien aus dem Jahr 1999 hatte der Bundesausschuss der Ärzte und Krankenkassen in der Nr. 4.1 vorgesehen, dass eine Verordnung von Arzneimitteln außerhalb zugelassener

---

[359] BSGE 76, 34 (38).
[360] BSGE 72, 252 -Goldnerz-Aufbaucreme-.
[361] *Limpinsel* in: Jahn, SGB V, § 92 Rn. 1.
[362] B 1 KR 9/97 R.
[363] B 8 KN 9/98 KR R.
[364] Vgl. Teil 3, A.I.1.b.bb.α.
[365] *Limpinsel* in: Jahn, SGB V, § 92 Rn. 1.

Indikationen auf der Basis wissenschaftlichen Erkenntnismaterials mit Zustimmung der Krankenkassen als Heilversuch im Einzelfall zulässig sein sollte. Wegen kartellrechtlicher Einwände wurde diese Fassung jedoch nicht veröffentlicht und daher nie wirksam.[366] Neben der oft geäußerten grundsätzlichen Kritik an der Übertragung dieser Aufgaben an den nicht demokratisch legitimierten[367] Bundesausschuss unterliegt auch das Verfahren der Richtliniengebung der Kritik: Die Nichtanwendung des SGB X, die fehlende Begründung der Entscheidungen, die Geheimhaltung der Beratungsunterlagen sowie eine Versagung der Akteneinsicht stellten hier die wesentlichen Aspekte dar.[368]

Die aktuellen AMR[369] enthalten in Abschnitt H, Nr. 24 ff., Regelungen zur „Verordnungsfähigkeit von zugelassenen Arzneimitteln in nicht zugelassenen Anwendungsgebieten (sog. Off-Label-Use)" unter Benennung zulässiger sowie unzulässiger Verordnungen in Anlage 9.

3. Neue Untersuchungs- und Behandlungsmethoden gem. § 135 SGB V

§§ 92 Abs. 1 Satz 2 Nr. 5, 135 Abs. 1 SGB V ermächtigen den G-BA zum Erlass von Richtlinien, in denen Empfehlungen für neue Untersuchungs- und Behandlungsmethoden abgegeben werden.[370] Die Richtlinien über neue Untersuchungs- und Behandlungsmethoden (NUB-Richtlinien) wurden 1999 durch die Richtlinien über die Bewertung ärztlicher Untersuchungs- und Behandlungsmethoden gemäß § 135 Abs. 1 SGB V (BUB-Richtlinien) abgelöst. Mit Beschluss des BÄK vom 1. Dezember 2003 wurde die BUB-Richtlinie im Rahmen einer Neufassung umbenannt in "Richtlinie zur Bewertung medizinischer Untersuchungs- und Behandlungsmethoden". Diese Empfehlungen beinhalten nach § 135 Abs. 1 SGB V die Anerkennung des therapeutischen Nutzens, der medizinischen Notwendigkeit und Wirtschaftlichkeit nach dem Stand der wissenschaftlichen Erkenntnisse in der jeweiligen Therapierichtung (Nr. 1), die not-

---

[366] LG Hamburg, Urteil v. 31.3.1999, Az: 315 O 129/99 (sowie 315 O 115/99 und 315 O 143/99), abgedruckt in: PharmInd 2000, S. 948 mit kurzer Besprechung von *Millarg*. Bestätigt durch das Hanseatische Oberlandesgericht, Urteil v. 19.10.2000, Az: 3 U 199/99 (sowie 3 U 200/99 und 3 U 201/99), abgedruckt in Pharma Recht 2001, S. 14; Besprechung von *Parr/Leutheuser-Schnarrenberger*, Pharma Recht 2001, S. 11 ff.

[367] Hierzu *Butzer/Kaltenborn*, MedR 2001, S. 333 (335 ff.); *Engelmann*, NZS 2000, S. 76 (80 ff.).

[368] *Wigge/Frehse*, PharmInd 2002, S. 948 (953).

[369] AMR i.d.F. v. 31.8.1993, BAnz 1993 Nr. 246, S. 11155, zul. geändert am 21.6.2007, BAnz 2007 Nr. 160, S. 7355.

[370] Sog. BUB-Richtlinien i.d.F. v. 1.12.2003, BAnz 2004 Nr. 57, S. 5678, zuletzt geändert am 16.11.2004, BAnz 2005 Nr. 23, S. 1818; in Kraft getreten am 4.2.2005.

wendige Qualifikation der Ärzte, der apparativen Anforderungen und Anforderungen an die Maßnahmen der Qualitätssicherung, um eine sachgerechte Anwendung der neuen Methode zu sichern (Nr. 2), sowie die erforderlichen Aufzeichnungen über die ärztliche Behandlung (Nr. 3).

Folge der Abgabe einer solchen Empfehlung ist die Einbeziehung der jeweiligen neuen Untersuchungs- und Behandlungsmethode in die Leistungspflicht der gesetzlichen Krankenversicherung. Hinsichtlich der Rechtsfolgen des Fehlens einer Empfehlung gilt im Umkehrschluss: Fehlt eine positive Entscheidung des Bundesausschusses zugunsten der konkreten neuen Untersuchungs- und Behandlungsmethode, so ist diese nicht von der Leistungspflicht der gesetzlichen Krankenversicherung umfasst.[371]

Jedoch ging der 1. Senat des BSG im Remedacen-Urteil[372] noch davon aus, bei neuen Behandlungsmethoden könne vom Bestehen einer Empfehlung des Bundesausschusses gem. § 135 Abs. 1 SGB V abgesehen werden, wenn ein Nachweis der Wirksamkeit anhand von Statistiken geführt wird und keine durchgreifenden Bedenken im Hinblick auf Nebenwirkungen bestehen. Diese Ausnahmeregelung ist mittlerweile verschärft worden. Mit der Entscheidung des 1. Senats vom 16.9.1997[373] wurde diese Ansicht aufgegeben. Ein Nichtvorliegen einer Empfehlung des Bundesausschusses für eine neue Behandlungsmethode i.S.d. § 135 Abs. 1 SGB V ist nur noch dann unbeachtlich, wenn dieses Nichtvorliegen der Empfehlung auf einem Systemmangel beruht. Der Vorrang der Entscheidung des G-BA beruht vor allem darauf, dass den Sozialgerichten oft die medizinische Beurteilungsfähigkeit fehle.

4. § 35b SGB V

§ 35b SGB V bestimmt die Aufgaben des Instituts für Qualität und Wirtschaftlichkeit im Gesundheitswesen und führt ein Verfahren für die Bewertung des Standes der wissenschaftlichen Erkenntnisse beim zulassungsüberschreitenden Gebrauch von Arzneimitteln ein.

---

[371] *Limpinsel* in: Jahn, SGB V, § 135 Rn. 3.
[372] BSGE 76, 194.
[373] BSGE 81, 54 (69 f.).

III. Wirtschaftlichkeitsprüfung und Regress

Gem. § 106 Abs. 1 SGB V überwachen die Krankenkassen und die Kassenärztlichen Vereinigungen die Wirtschaftlichkeit der vertragsärztlichen Versorgung. Mit dem GMG neu aufgenommen wurde die Beschreibung der Mittel der Aufgabenwahrnehmung, namentlich Beratungen und Prüfungen. Das als eine zentrale Ursache für die Unwirtschaftlichkeit der Verordnungsweise erkannte Defizit bei der Information und Beratung der Ärzte[374] wurde durch das GMG durch detaillierte Vorgaben zu beseitigen versucht. So werden nunmehr die Prüfungsausschüsse, die bislang allein die Wirtschaftlichkeitsprüfungen durchführten, in § 106 Abs. 1, 1a SGB V mit der Aufgabe der Information und Beratung der Ärzte über Fragen der Wirtschaftlichkeit und der Qualität der medizinischen Versorgung betraut.

Der Regress gegen den Vertragsarzt wegen unwirtschaftlicher Verordnungen von Leistungen im Einzelfall richtet sich nach § 106 Abs. 5 SGB V. Eine unwirtschaftliche Verordnung liegt etwa vor, wenn im Rahmen einer Prüfung der Richtgrößenvolumina[375] Auffälligkeiten festgestellt werden. Bei Überschreitungen von 15% bzw. 25% werden Prüfverfahren von Amts wegen angestrengt, eine Rechtfertigung kann nur durch Praxisbesonderheiten erfolgen.[376] Im Einzelfall der innovativen und teuren Off-label-Verordnung kann dies durchaus der Fall sein.[377]

Verstößt ein Vertragsarzt im Rahmen der Verordnung von Arzneimitteln gegen das Wirtschaftlichkeitsgebot, sprechen die genannten Prüfgremien in einem Regressbescheid die Verpflichtung des Arztes zum Ersatz des der Krankenkasse entstandenen Schadens aus.

Die Vertragsärzte werden nunmehr gem. § 106 Abs. 1a SGB V von den Prüfungsausschüssen der Kassenärztlichen Vereinigungen auf der Grundlage von Übersichten der tatsächlich erbrachten, verordneten oder veranlassten Leistungen über Fragen der Wirtschaftlichkeit und Versorgungsqualität beraten. Hierzu steht seit Anfang des Jahres 2003 ein von den Spitzenverbänden der Krankenkassen entwickeltes System zur Verfügung (GAmSi – GKV-Arzneimittel-Schnellinformation).[378] In den Jahren 2000 bis 2002 ist die Zahl der Anträge der

---

[374] BT-Drs. 15/1525, S. 113.
[375] Richtgrößen: Vertraglich vereinbarte Orientierungswerte für den durchschnittlichen Arzneimittelbedarf pro Fall.
[376] *Ries/Schnieder/Althaus/Großbölting*, S. 51.
[377] *Dierks/Nitz*, DMW 2004, S. 397 (398); a.A.: *Späth*, HÄB 2002, S. 393 (394).
[378] BT-Drs. 15/1525, S. 113.

Krankenkassen auf Durchführung von Einzelfallprüfungen sprunghaft angestiegen.[379]

Das Regressrisiko des Arztes bei der Verordnung von Arzneimitteln außerhalb ihrer zugelassenen Indikationsbereiche ergibt sich daraus, dass dieser bei Überschreitung seiner Richtgrößen einer Richtgrößenprüfung ausgesetzt sein kann. Im Rahmen dieser Prüfung besteht sodann die Gefahr einer Beanstandung der Off-Label-Verordnungen durch die Krankenkasse.[380] Aber auch unabhängig von dieser Richtgrößenprüfung ist die Krankenkasse im Einzelfall zum Regressantrag auf Feststellung eines „sonstigen Schadens" ermächtigt.

C. Die Rechtsprechung des Bundessozialgerichts

Zur Frage der Leistungspflicht der gesetzlichen Krankenversicherung hat sich das Bundessozialgericht (BSG) mehrfach geäußert. An der Rechtsfortbildung zur Frage der Einordnung des Off-Label-Use haben der 1. und 8. Senat des BSG[381] ganz maßgeblich beigetragen. Diese Entscheidungen sind hinsichtlich ihres Tatbestands und der Argumentation in den Entscheidungsgründen naturgemäß komplex. Sie betreffen vor allem teilweise grundverschiedene leistungsrechtliche und arzneimittelrechtliche Ausgangssituationen, was eine unterschiedliche Aussagekraft hinsichtlich der Problematik des Off-Label-Use von Arzneimitteln zulasten der gesetzlichen Krankenversicherung mit sich bringt. Viele der Aussagen sind ausschließlich im engen Zusammenhang mit der speziellen leistungs- und arzneimittelrechtlichen Situation der konkreten Entscheidung verständlich und erhalten, werden sie aus diesem Zusammenhang herausgelöst, einen anderen, unrichtigen Gehalt. Dies wird jedoch leider bei der Heranziehung der BSG Rechtsprechung zur Argumentation oft nicht beachtet. Es treten immer wieder Missverständnisse auf, auch mit der Folge, dass das BSG schlicht falsch zitiert wird. Aus diesem Grund erfolgt an dieser Stelle eine genaue Auseinandersetzung mit den einschlägigen Entscheidungen des BSG.

---

[379] *Goecke*, MedR 2002, S. 442.

[380] *Späth/Kronert*, HÄB 2002, S. 270.

[381] Nach dem Geschäftsverteilungsplan des BSG ist der 1. Senat zuständig für den Bereich Krankenversicherung, der 8. Senat zuständig für den Bereich Knappschaftsversicherung und Unfallversicherung für den Bergbau; vgl. Internetpublikation 2005: http://www.bundessozialgericht.de. Ab dem 1.7.2007 übernahm diese Aufgaben des 8. Senats der Senat 5b, vgl. Internetpublikation 2008: http://www.bsg.bund.de.

I. Urteil des BSG v. 8.6.1993 - Goldnerz-Aufbaucreme (1 RK 21/91)

1. Tatbestand und Entscheidungsgründe

Diesem Urteil[382] liegt der Streit um die Erstattung der Kosten einer selbst beschafften Haut-Aufbaucreme zugrunde.

Herstellung und Inverkehrbringen dieser Aufbaucreme wurde mit Verfügung des Kölner Regierungspräsidenten vom 19.9.1989 verboten, da sowohl die Zulassung als Arzneimittel gem. § 21 AMG sowie die Herstellungserlaubnis gem. § 13 AMG fehlten. Der Zulassungsantrag war auf Veranlassung des Kölner Regierungspräsidenten im November 1988 zwar gestellt, aber durch bestandskräftig gewordenen Bescheid vom 28.8.1989 gem. § 25 Abs. 2 S. 1 AMG mangels vollständiger Einreichung der erforderlichen Unterlagen in der gesetzlichen Frist abgelehnt worden.[383] Die Klägerin, bei der Beklagten pflichtversichert, veranlasste mit Einverständnis und unter Kontrolle eines Kinderarztes seit dem 23.9.1988 die Behandlung der Neurodermitis[384] ihres mitversicherten Sohnes mit der Aufbaucreme. Diese wurde von der Klägerin selbst beschafft, mit einem Kostenaufwand von insgesamt 318 DM. Diese Kosten verlangte die Klägerin von der Beklagten ersetzt, mit der Anmerkung, dass die Therapie der Neurodermitis zur Zeit erfolgversprechend verlaufe. Der Antrag wurde mit Bescheid vom 19.10.1988 und Widerspruchsbescheid vom 31.5.1989 zurückgewiesen. Die Begründung verwies darauf, dass es sich bei der Aufbaucreme nicht um ein anerkanntes Arznei- oder Heilmittel handele. Klage und Berufung hatten keinen Erfolg.[385] Zur Begründung führte das Berufungsurteil aus, dass die Verordnungsfähigkeit nach dem Recht der gesetzlichen Krankenversicherung von der arzneimittelrechtlichen Zulassung als unverzichtbare Voraussetzung abhängig sei.

Der 1. Senat des Bundessozialgerichts erachtet die Revision der Klägerin als unbegründet, der Kostenerstattungsanspruch der Klägerin sei von den Vorinstanzen zu Recht verneint worden. Da sich der gesamte Sachverhalt vor Inkrafttreten des SGB V am 1.1.1989 ereignete, seien der Entscheidung noch die Nor-

---

[382] BSGE 72, 252; SozR 3-2200 § 182 Nr. 17; NVwZ 1994, S. 936; NZS 1993, S. 398; NJW 1993, S. 3018; MedR 1994, S. 110; VersR 1994, S. 500; SozSich 1994, S. 193; BKK 1994, S. 235; Die Leistungen 1994, S. 384; USK 93102.

[383] Vgl. Teil 2, A.III.2.b.bb.

[384] *Pschyrembel*, Klinisches Wörterbuch, Stichwort Neurodermitis: „Endogenes [d.h. im Körper selbst entstandenes] Ekzem [...] mit Juckreiz, Rötung, Schuppung, Nässen und Krustenbildung [der Haut]."

[385] Urteil SG Aachen v. 5.4.1990, S 6 Kr 55/89; Urteil LSG Essen v. 16.5.1991, L 16 Kr 59/90.

men der RVO zugrunde zu legen. Das BSG lässt die Frage offen, ob sich bereits ein Scheitern des Anspruchs auf Kostenerstattung aus dem Umstand ergibt, dass die Klägerin die Cremes beschafft hatte, ohne sich zuvor mit der Krankenkasse in Verbindung zu setzen. Denn auf diesem Weg hätte zuvor das Bestehen eines Sachleistungsanspruchs geklärt werden können.[386] Es könne jedoch insoweit an der Zumutbarkeit fehlen, diese Bemühungen anzustellen, da nach den Umständen des Falles keine Erfolgsaussichten gegeben waren.[387]

Jedenfalls scheitere der Kostenerstattungsanspruch an dem Nichtvorliegen eines Sachleistungsanspruchs. Dieser Sachleistungsanspruch scheitere wiederum an der mangelnden versicherungsrechtlichen Verordnungsfähigkeit des Präparats gem. § 182 Abs. 2 RVO.

Die Verordnungsfähigkeit zulasten der GKV sei jedoch nicht schon allein aufgrund Nr. 21c der AMR zu verneinen. Hiernach dürften Mittel, die auch zur Pflege der Haut dienen sowie kosmetische Mittel, nicht zulasten der Krankenkasse verordnet werden, da sie entweder keine Arzneimittel seien oder ihre Verordnung dem Wirtschaftlichkeitsgebot widerspreche. Diese Bestimmung der AMR führe jedoch nicht zum Ausschluss der Verordnungsfähigkeit zulasten der GKV, da es an der Ermächtigung des BÄK fehle, die Grenzen des Arzneimittelbegriffs zu bestimmen.

Die Verordnungsfähigkeit der Goldnerz-Aufbaucreme zulasten der GKV scheitere im vorliegenden Sachverhalt vielmehr an der ablehnenden Entscheidung über die Zulassung des Arzneimittels gem. § 21 AMG. Das Medikament sei zulassungspflichtig, da es unter die Definition des zulassungspflichtigen Fertigarzneimittels gem. §§ 2, 21 Abs. 1 AMG falle. Unterliege ein Arzneimittel der Zulassungspflicht, und liege keine positive Zulassungsentscheidung vor, so dürfe es nicht in den Verkehr gebracht werden. Herstellung und Inverkehrbringen könnten untersagt werden. Ein Zuwiderhandeln sei in § 96 AMG mit Strafe bedroht. Im Hinblick auf diese Vorschriften schließe zumindest eine ablehnende Entscheidung über einen Zulassungsantrag die GKV-Verordnung aus, da schon die Verschaffung des Mittels mangels Verkehrsfähigkeit tatsächlich unmöglich oder mindestens rechtswidrig sei.

Zudem seien die Zulassungsvoraussetzungen nach dem AMG zugleich die Mindestvoraussetzungen einer wirtschaftlichen Verordnungsweise nach dem Recht der Krankenversicherung. Regelmäßig fehle es bei einer ablehnenden AMG-

---

[386] Vgl. BSG v. 10.2.1993, 1 RK 31/92.
[387] Vgl. BSG SozR 2200 § 182 Nr. 86.

Zulassungsentscheidung auch an der Wirtschaftlichkeit nach dem Recht der GKV, der RVO. Etwa die für eine AMG-Zulassung erforderlichen Kriterien der Unbedenklichkeit sowie vor allem die therapeutische Wirksamkeit des Arzneimittels fänden in den Begriffen des Rechts der GKV wie der Wirtschaftlichkeit und des therapeutischen Nutzens ihre Entsprechung. Insoweit entfalte die Zulassungsentscheidung Bindungswirkung hinsichtlich der Verordnungsfähigkeit des Arzneimittels zulasten der GKV, es bestehe in diesem Rahmen eine Vorgreiflichkeit oder Präjudizialität.

Als dritte Säule in der Begründung der Verneinung der Verordnungsfähigkeit des Arzneimittels mit abgelehnter Zulassung zulasten der GKV sieht das BSG die Einheit der Rechtsordnung: Der Schutzzweck des AMG müsse auch von den Funktionsträgern der GKV durch Beachtung der Versagung der AMG-Zulassung gewahrt werden.

Verfassungsrechtliche Bedenken hinsichtlich eines Einflusses von AMG-Inhalten auf das Krankenversicherungsrecht, insbesondere in Bezug auf eine Verwendung eines weitgehend gleichen Arzneimittelbegriffs, sieht das BSG hier dagegen nicht. Es ergebe sich auch keine verfassungsrechtliche Unzulässigkeit aus dem Umstand, dass ein Verbot mit Erlaubnisvorbehalt über solche Arzneimittel hinaus gelte, welche den Verdacht einer Gesundheitsgefährdung nahe legten. Sinn und Zweck der Einführung des Zulassungsverfahrens sei es, eine Arzneimittelsicherheit herzustellen, die die Gefahren nicht nur bedenklicher, sondern auch unwirksamer Arzneimittel erkenne und auszuschalten vermöge.

Der Senat lehnt es schließlich ab, die vorliegende Behandlung als eine durch die Rechtsprechung anerkannte sog. Außenseitermethode anzuerkennen. Auch hiernach käme ein Kostenerstattungsanspruch grundsätzlich in Betracht. Es fehle für die Annahme einer Außenseitermethode jedoch an der Vorlage prüfungsfähiger Unterlagen, so dass von einer wissenschaftlich ernst zu nehmenden Therapiemöglichkeit nicht ausgegangen werden könne.

Die Frage, ob auch im Falle einer noch ausstehenden (noch nicht abgelehnten) Entscheidung über einen Zulassungsantrag eine Verordnungsfähigkeit zulasten der GKV ausgeschlossen sei oder hier etwas anderes gelte, wird vom Senat mangels Fallbezug ausdrücklich offengelassen. Jedenfalls stehe in einem solchen Fall nicht fest, ob es sich überhaupt um ein zulassungspflichtiges Arzneimittel handele und daher die Verordnungsfähigkeit mit gleicher Argumentation abgelehnt werden könne.
Die Frage, ob eine positive Zulassungsentscheidung nach dem AMG sogleich

zu einer Bejahung der GKV-Verordnungsfähigkeit, insbesondere hinsichtlich der Wirksamkeitsbeurteilung, führt, lässt der Senat ebenfalls mangels Fallbezug ausdrücklich offen.

Von der Verneinung der Verordnungsfähigkeit zulasten der GKV bei Arzneimitteln mit bestands- oder rechtskräftig abgelehntem Zulassungsantrag könnten allenfalls zwei Ausnahmen gelten. Entweder das Arzneimittel werde im Einzelfall zu einem anderen Verwendungszweck eingesetzt, als dem, der seiner allgemeinen Bestimmung im Sinne von § 2 AMG entspreche. Oder das Arzneimittel lasse die wissenschaftlich ernsthaft begründete Möglichkeit eines Therapieerfolgs in sonst nicht mehr behandlungsfähigen Krankheitsfällen erkennen.

2. Zusammenfassung und Bewertung

Der dieser Entscheidung des 1. Senats des BSG zugrundeliegende Sachverhalt ist nicht dem unmittelbaren Problemkreis des Off-Label-Use zuzuordnen. Grundlage der Entscheidung war die Verordnung eines Arzneimittels, dessen Zulassungsantrag bestandskräftig abgelehnt worden war. Es handelte sich somit um die Frage nach der Verordnungsfähigkeit eines Arzneimittels zulasten der GKV ohne arzneimittelrechtliche Zulassung, nicht dagegen mit Zulassung für eine von der konkreten Anwendung abweichenden Indikation. Jedoch werden im Urteil einige zentrale Fragen auch für dieses Problem bereits angesprochen. So äußert sich das BSG zur Reichweite der Befugnisse des Bundesausschusses in den AMR: Es ergibt sich damit keine Ermächtigung des Bundesausschusses, Arzneimittel durch die AMR von der vertragärztlichen Versorgung auszuschließen und hierüber die Grenzen des Arzneimittelbegriffs zu bestimmen. Das BSG äußert sich weiter zur Vorgreiflichkeit und Bindungswirkung der Arzneimittelzulassung. Bereits in dieser frühen Entscheidung: Arzneimittel, deren Zulassung nach dem AMG abgelehnt wurde, fehle es entsprechend an der nach dem Recht der GKV erforderlichen Wirtschaftlichkeit.

II. Urteil des BSG v. 23.7.1998 - Jomol (B 1 KR 19/96 R)

1. Tatbestand und Entscheidungsgründe

Mit diesem Urteil[388] wird über den Streit der Parteien bezüglich der Erstattung von Kosten für eine Therapie mit dem selbst beschafften Medikament Jomol entschieden.

Das Arzneimittel Jomol war für den deutschen Arzneimittelverkehr nicht zugelassen. Die Klägerin wurde seit September 1990 mit Jomol behandelt, um die Operationen und Chemotherapien gegen ihre Krebserkrankung zu unterstützen. Das Medikament Jomol wurde von einem Arzt entwickelt und hergestellt, es wird dem Mittel eine immunstimulierende und zytostatische Wirkung zugeschrieben. Die Klägerin ist bei der Beklagten krankenversichert, und beantragte die Erstattung der Kosten der Jomol Behandlung. Der Antrag wurde mit Bescheid vom 13.2.1992 und Widerspruchsbescheid vom 20.10.1992 abgelehnt. Zur Begründung wurde ausgeführt, dass die Wirksamkeit von Jomol nicht belegt sei und die Behandlung nicht dem allgemein anerkannten Stand der medizinischen Erkenntnisse entspreche. Klage und Berufung hatten keinen Erfolg.[389] Die Abweisung wurde auf das Argument gestützt, dass die Leistungspflicht der Beklagten gem. § 13 Abs. 3 SGB V jedenfalls an einem fehlenden Wirksamkeitsnachweis für das Medikament anhand prospektiver klinischer Studien scheitere.

Der 1. Senat des Bundessozialgerichts erachtet die Revision der Klägerin als unbegründet, der Kostenerstattungsanspruch der Klägerin sei von den Vorinstanzen zu Recht verneint worden. Der Erstattungsanspruch der Klägerin gem. § 13 Abs. 3 SGB V scheitere an dem Nichtvorliegen eines Sachleistungsanspruchs. Dieser Anspruch auf Versorgung der Versicherten mit den für die Krankenbehandlung notwendigen Arzneimitteln gem. §§ 27, 31 SGB V unterliege den Einschränkungen der §§ 2 Abs. 1 und 12 Abs. 1 SGB V. Hiernach seien nur solche Leistungen vom Sachleistungsanspruch umfasst, welche für die Behandlung zweckmäßig und wirtschaftlich seien und deren Qualität und Wirksamkeit dem allgemein anerkannten Stand der medizinischen Erkenntnisse entsprächen. Wirtschaftlichkeit und Zweckmäßigkeit einer Therapie fehlten hinge-

---

[388] BSGE 82, 233; SozR 3-2500 § 31 Nr. 5; MDR 1999, S. 237; NZS 1999, S. 245; USK 98171; SozSich 1999, S. 225; DStR 1999, S. 1539; MedR 2000, S. 27; NJW 2000, S. 1812.

[389] Urteil SG Nürnberg v. 7.12.1994, S 7 Kr 161/92; Urteil LSG München v. 16.11.1995, L 4 Kr 9/95.

gen, wenn die nach dem AMG erforderliche Zulassung nicht vorliege. Jomol sei ein zulassungspflichtiges Fertigarzneimittel gem. § 21 Abs. 1 AMG, die Zulassung von Jomol liege jedoch nicht vor. Diese Verneinung der Wirtschaftlichkeit und Zweckmäßigkeit der Therapie gelte unabhängig davon, ob eine Entscheidung über die Zulassung der zuständigen Behörde ausstehe.

Der 1. Senat verweist auf die bereits ergangenen Entscheidungen des BSG v. 8.6.1993[390] und v. 8.3.1995[391], in denen die Verordnungsfähigkeit von Arzneimitteln zulasten der GKV für Fälle verneint wurde, in denen den streitgegenständlichen Arzneimitteln die Zulassung nach dem AMG ausdrücklich versagt worden war. Begründet wurde dies mit dem Argument, die Voraussetzungen für die Zulassung nach dem AMG entsprächen zugleich den Mindestanforderungen für eine wirtschaftliche und zweckmäßige Verordnung nach dem Recht der GKV.

Diese Grundsätze führen den 1. Senat auch im vorliegenden Fall zum gleichen Ergebnis. Denn die Ablehnung der Zulassung belege nicht zwangsläufig die fehlende Wirksamkeit und Unbedenklichkeit des Arzneimittels, sondern nur das Fehlen des Nachweises dieser Umstände. Dieser Umstand aber sei für den Fall, dass ein Zulassungsverfahren erst gar nicht durchgeführt wurde, ebenso gegeben. Ein Wirksamkeitsnachweis werde auch in diesem Sachverhalt nicht erbracht, so dass eine Verordnung des Arzneimittels zulasten der GKV hier ebenfalls ausscheide. Dieses Ergebnis stützt der Senat weiter auf das Argument, verbotenes Handeln könne keine Leistungspflicht der GKV begründen. Da ein zulassungspflichtiges, aber dennoch nicht zugelassenes Arzneimittel gem. § 21 Abs. 1 AMG nicht verkehrsfähig sei, verstoße die Abgabe eines solchen Arzneimittels gegen das Gesetz. Zudem sei solches Handeln gem. § 96 Nr. 5 AMG mit Strafe bedroht. Der Senat bezieht sich mit diesem Argument ebenfalls ausdrücklich auf seine Entscheidung vom 8.6.1993.[392]

Weiter führt der Senat aus: Selbst, wenn das Arzneimittel Jomol als zulassungsfreies Rezepturarzneimittel einzustufen sei, bestünde keine Leistungspflicht der GKV. Denn auch solche Arzneimittel unterlägen der Vorschrift des § 135 Abs. 1 S. 1 SGB V über neue Untersuchungs- und Behandlungsmethoden, so dass eine Verordnung zulasten der GKV nur dann in Betracht komme, wenn eine Empfehlung des BÄK in Richtlinien nach § 92 Abs. 1 S. 2 Nr. 5 SGB V abgegeben worden sei. Eine solche Empfehlung liege jedoch nicht vor. Jomol sei als

---

[390] Vgl. Teil 3, C.I.
[391] Vgl.: Teil 3, C.VI.
[392] Vgl. Teil 3, C.I.

neue Behandlungsmethode zu qualifizieren, da der Jomol-Therapie ein eigenes theoretisch-wissenschaftliches Konzept zugrunde liege, welches sie von anderen Behandlungsmethoden unterscheide und das die systematische Anwendung bei bestimmten Krankheiten rechtfertigen solle. Dem Anwendungsbereich des § 135 Abs. 1 S. 1 SGB V unterfielen entgegen der Ansicht des BÄK nicht nur abrechnungsfähige ärztliche Leistungen.[393] Der Begriff der Behandlungsmethode sei umfassender, er beziehe Pharmakotherapien in das Konzept der Qualitätssicherung ebenso mit ein.

2. Zusammenfassung und Bewertung

Der Jomol-Entscheidung des 1. Senats des BSG liegt wiederum ein Sachverhalt zugrunde, welcher keine indikationsfremde Verordnung eines zugelassenen Arzneimittels zum Gegenstand hatte. Vielmehr kam es in diesem Urteil darauf an, dass das verordnete Arzneimittel zulassungspflichtig war, diese Zulassung jedoch nicht vorlag, da sie nie beantragt wurde. Es liegt hierin somit ein Unterfall des Goldnerz-Urteils[394] vor.

Auch der Jomol-Entscheidung lassen sich jedoch für den Problemkreis des Off-Label-Use relevante Aspekte entnehmen. Hinsichtlich der negativen Vorgreiflichkeit und Bindungswirkung der Arzneimittelzulassung wird die bereits im Goldnerz-Urteil geäußerte Ansicht bestätigt und auf die Nichtdurchführung eines Zulassungsverfahrens trotz Vorliegens einer Zulassungspflicht ausgeweitet. Da § 21 Abs. 1 AMG ein präventives Verbot mit Erlaubnisvorbehalt enthalte, schließe die fehlende Zulassung die Verordnungsfähigkeit aus.[395] Zu der Frage einer positiven Vorgreiflichkeit äußert sich das Urteil hingegen erstaunlicherweise[396] nicht.

In einem obiter dictum führt der Senat aus, dass sich der Anwendungsbereich § 135 Abs. 1 SGB V über ärztliche Leistungen hinaus auch auf neuartige Arzneimitteltherapien erstrecke. Schwerdtfeger[397] merkt hierzu jedoch etwa an, dass bereits nach dem Wortlaut des § 135 Abs. 1 S. 1 SGB V ein „Erbringen" von Untersuchungs- und Behandlungsmethoden nur auf den Leistungserbringer der GKV zugeschnitten sei, die konkrete Abgabe des Arzneimittels jedoch durch

---

[393] So Nr. 5 der für diesen Sachverhalt geltenden NUB-Richtlinien v. 1.10.1990, BArbBl. 2/1991, S. 33.

[394] Teil 3, C.I.

[395] Vgl. *Niemann*, NZS 2002, S. 361 (362).

[396] *Werner*, PharmR 2001, S. 284 (285) unter Hinweis auf BVerfG NJW 1997, S. 3085.

[397] *Schwerdtfeger*, SGb 2000, S. 154 (156).

den Apotheker erfolge. Weiter wird dieser Ausspruch von Großbölting und Schnieder[398] wegen der hierin liegenden faktisch eigenmächtigen Erweiterung der Rechtsetzungskompetenz des Bundesausschusses kritisiert. Werner[399] merkt schließlich zudem ein Verwischen der systematischen Unterscheidung zwischen den Richtlinien gem. § 92 Abs. 1 S. 2 Nr. 4 und Nr. 5 SGB V an.

III. Urteil des BSG v. 5.7.1995 – Remedacen (1 RK 6/95)

1. Tatbestand und Entscheidungsgründe

Die Klägerin verlangte in dem diesem Urteil[400] zugrunde liegenden Sachverhalt Kosten für eine Behandlung mit dem Arzneimittel Remedacen ersetzt.

Die bei der Beklagten krankenversicherte Klägerin war mit Unterbrechungen seit 1984 heroinabhängig. Ab Oktober 1989 wurden ihr zur Behandlung der Suchtkrankheit Remedacen-Kapseln ärztlich auf Privatrezept verordnet. Die Klägerin beantragte bei der Beklagten Anfang 1990 die Erstattung der bislang entstandenen und die Übernahme der in der Folgezeit entstehenden Behandlungskosten. Mit Bescheid vom 9.1.1990 und Widerspruchsbescheid vom 12.3.1990 wurde dieser Antrag abgelehnt. Klage und Berufung hatten keinen Erfolg.[401] In den Entscheidungsgründen des Berufungsurteils wird ausgeführt, dass sowohl ein Erstattungsanspruch gem. § 13 SGB V als auch ein Anspruch auf Krankenbehandlung gem. § 27 SGB V an der mangelnden Einstufung der Remedacen-Behandlung als Krankenbehandlung scheitere. Die Richtlinien des Bundesausschusses weisen die Drogensubstitution als nicht der Leistungspflicht der GKV unterfallende neue Behandlungsmethode aus. Die Behandlung mit Remedacen sei keine Behandlung im medizinischen Sinne, da hier lediglich die Abhängigkeit von Heroin durch die Abhängigkeit von Remedacen ersetzt werde.

Der 1. Senat des Bundessozialgerichts hebt das vorinstanzliche Urteil auf und verweist den Rechtsstreit an das Landessozialgericht zurück, da die Tatsachenfeststellungen für eine abschließende Entscheidung über den Kostenerstattungs-

---

[398] *Großbölting/Schnieder*, MedR 1999, S. 405 (407).
[399] *Werner*, PharmR 2001, S. 284 (287).
[400] BSGE 76, 194; SozR 3-2500 § 27 Nr. 5; DOK 1995, S. 587; WzS 1995, S. 377; SozSich 1996, S. 71; MDR 1996, S. 397; NZS 1996, S. 169; Die Leistungen 1996, S. 248; MedR 1996, S. 373; NJW 1996, S. 2451; ArztR 1996, S. 301; USK 95168.
[401] Urteil SG Gießen v.17.5.1991, S 9 Kr 651/90; Urteil LSG Darmstadt v. 27.5.1994, L 1 Kr 595/91.

anspruch nicht ausreichend seien. Das LSG hätte die Eignung von Remedacen als Substitutionsmittel aufzuklären.

Der Senat führt jedoch im Folgenden aus, unter welchen Voraussetzungen sich ein solcher Kostenerstattungsanspruch ergeben kann: Der grundsätzliche Anspruch auf Krankenbehandlung des Versicherten im Falle einer Krankheit gem. § 27 Abs. 1 SGB V führe in den Fällen nicht zu einem Erstattungsanspruch für selbst beschaffte Medikamente, in denen es um nicht verkehrsfähige oder nicht verschreibungsfähige Arzneimittel gehe. Jedoch sei diese Einschränkung für die streitgegenständliche Anwendung von Remedacen nicht gegeben. Der Senat untermauert die streitgegenständliche Verkehrs- und Verordnungsfähigkeit von Remedacen mit der Aussage: „Dabei spielt es rechtlich keine Rolle, dass Remedacen für die Anwendung bei akutem oder chronischem Reizhusten zugelassen worden ist und nicht als Substitutionsmittel bei Drogenabhängigkeit."[402]

Ein Mangel der Verordnungsfähigkeit ergebe sich ebenfalls nicht aus § 34 Abs. 1 SGB V, da Remedacen im vorliegenden Fall nicht zu den ausgeschlossenen Arzneimitteln gehöre. Denn zumindest nach dem Wortlaut sowie nach Sinn und Zweck der Vorschrift werde der Ausschlusstatbestand nicht erfüllt, wenn es bei schweren, von § 34 Abs. 1 SGB nicht erwähnten Krankheiten angewendet werde.

Auch sei ein Kostenerstattungsanspruch nicht allein deshalb abzulehnen, weil mit der Behandlung auch Gefahren verbunden seien und weil die Behandlung keine sicheren unmittelbaren Heilungschancen böte. Denn auch der Ersatz der einen Suchtkrankheit durch eine andere könne insgesamt zu einer Besserung der Gesundheit des Versicherten führen; ebenso könne hierdurch erst der Erfolg einer zweiten, auf die erste aufbauenden Therapie ermöglicht werden. Eine solche Entscheidung könne durchaus von einem Arzt nach sorgfältiger Bewertung der Risiken und Vorteile getroffen werden.

Weiterhin stehe dem Kostenerstattungsanspruch für die Behandlung mit Remedacen hier nicht von vornherein entgegen, dass diese Heilmethode noch nicht von den Empfehlungen des Bundesausschusses gem. §§ 135 Abs. 1, 92 Abs. 1 S. 2 Nr. 5 SGB V erfasst sei. Denn im Einzelfall könne der Anspruch des Versicherten weiter gehen als nach diesen Regeln, etwa wenn allgemein anerkannte Behandlungsmethoden nicht zur Verfügung stünden oder bei einer bestimmten Gruppe von Patienten nicht eingesetzt werden könnten.

---

[402] BSGE 76, 194 (196).

Mit Ablösung der RVO durch das SGB V am 1. Januar 1989 sei jedoch eine Verschärfung der Erstattungsfähigkeit von noch nicht allgemein anerkannten Behandlungsmethoden eingetreten. Während nach der Rechtslage unter Geltung der RVO hierfür noch auf den Erfolg im Einzelfall und auf eine mögliche Wirksamkeit abgestellt worden sei[403], habe gem. § 2 Abs. 1 S. 3 SGB V die Qualität und Wirksamkeit der Leistungen dem allgemeinen Stand medizinischer Erkenntnisse zu entsprechen sowie den Fortschritt zu berücksichtigen. Die Entscheidungsgründe zitieren an dieser Stelle die Regierungsbegründung zu § 2 Abs. 1 SGB V: „Der allgemein anerkannte Stand der medizinischen Kenntnisse schließt Leistungen aus, die mit wissenschaftlich nicht anerkannten Methoden erbracht werden. Neue Verfahren, die nicht ausreichend erprobt sind, oder Außenseitermethoden (paramedizinische Verfahren), die zwar bekannt sind, sich aber nicht bewährt haben, lösen keine Leistungspflicht der Krankenkassen aus. Es ist nicht die Aufgabe der Krankenkassen, die medizinische Forschung zu finanzieren. Dies gilt auch dann, wenn neue Methoden im Einzelfall zu einer Heilung der Krankheit oder Linderung der Krankheitsbeschwerden führen."[404]

Aus § 2 Abs. 1 S. 3 SGB V und dieser Gesetzesbegründung ergebe sich somit, dass eine nicht ausreichend erprobte Methode nicht zulasten der Krankenkassen verordnet werden könne. Im Umkehrschluss sei der Vorschrift des § 2 Abs. 1 S. 3 SGB V jedoch genüge getan, wenn eine abgeschlossene Erprobung vorliege und bereits zuverlässige, wissenschaftlich nachprüfbare Aussagen über Qualität und Wirkungsweise der neuen Methode getroffen werden könnten. Grundlage einer solchen Aussage müssten wissenschaftlich einwandfrei geführte Statistiken über die Zahl der behandelten Fälle und die Wirksamkeit der neuen Methode sein, aus denen sich der Erfolg der Behandlungsmethode für eine ausreichende Zahl von Behandlungsfällen ergebe.

2. Zusammenfassung und Bewertung

Wenn der Senat in dieser Entscheidung zu dem Themenkomplex der Anwendung des § 135 Abs. 1 SGB V noch davon ausgeht, bei neuen Behandlungsmethoden könne vom Bestehen einer Empfehlung des Bundesausschusses gem. § 135 Abs. 1 SGB V abgesehen werden, wenn ein Nachweis der Wirksamkeit anhand von Statistiken geführt werde sowie keine durchgreifenden Bedenken im

---

[403] Die Entscheidungsgründe zitieren an dieser Stelle die Entscheidungen BSGE 63, 102 (105 f.); 64, 255 (257 ff.); 70, 24 (26 ff.).
[404] BT-Drs. 11/2237, S. 157.

Hinblick auf Nebenwirkungen existierten, so ist dies mittlerweile weiter modifiziert und verschärft worden und bedarf bereits an dieser Stelle einer Ergänzung. Mit der Entscheidung des 1. Senats des BSG vom 16.9.1997[405] wurde diese Ansicht aufgegeben: Es ist ein Nichtvorliegen einer Empfehlung des Bundesausschusses für eine neue Behandlungsmethode i.S.d. § 135 Abs. 1 SGB V nur noch dann unbeachtlich, wenn dieses Nichtvorliegen der Empfehlung auf einem Systemmangel beruht. Dieser Vorrang der Entscheidung des Bundesausschusses beruht nach der genannten Entscheidung unter anderem darauf, dass den Sozialgerichten oft die medizinische Beurteilungsfähigkeit fehle.

Das vorliegende Urteil des 1. Senats geht für die Beantwortung der Frage nach der Kostenübernahmepflicht durch die GKV bei einem Einsatz eines Arzneimittels außerhalb der zugelassenen Indikation lediglich davon aus, dass es allein erheblich sei, ob das Arzneimittel verkehrs- und verschreibungsfähig war. Damit wird die Erstattungsfähigkeit des Arzneimittels im Rahmen des Off-Label-Use „zumindest konkludent bejaht"[406]. Diese Entscheidung erfuhr vor allem aus der Praxis Anerkennung und Zustimmung.[407] Jedoch wurde auch kritisch bemerkt, dass mit dieser Äußerung das als Verbot mit Erlaubnisvorbehalt ausgestattete arzneimittelrechtliche Zulassungserfordernis relativiert wird.[408]

IV. Urteil des BSG v. 30.9.1999 – SKAT (B 8 RN 9/98 KR R)

1. Tatbestand und Entscheidungsgründe

Diesem Urteil[409] liegt die Frage nach Gewährung der Sachleistung und Erstattung von bereits entstandenen Kosten für eine Schwellkörper-Autoinjektionstherapie (SKAT) mit dem Arzneimittel Prostavasin durch die Krankenkasse zugrunde.

Der Kläger litt unter einer erektilen Dysfunktion und ließ sich seit 1974 hiergegen behandeln. Im Juli 1994 stellte der den Kläger behandelnde Urologe einen Antrag bei der Beklagten auf Zusage der Kostenübernahme für eine SKAT mit dem Arzneimittel Prostavasin bei gefäßbedingter erektiler Dysfunktion. Der

---

[405] BSGE 81, 54 (69 f.).
[406] *Kozianka/Millarg*, PharmR 2001, S. 236 (237).
[407] *Heidelmann*, Krankenhauspharmazie 2004, S. 364 (365).
[408] *Mrozynski*, SGb 2003, S. 106 (107).
[409] BSGE 85, 36; SozR 3-2500 § 27 Nr. 11; Breith 2000, S. 251; ArztR 2000, S. 96; SozSich 2000, S. 170; NJW 2000, S. 2764; NZS 2000, S. 245; WzS 2000, S. 315; ArbuR 2000, S. 429.

Antrag wurde mit Bescheid vom 18.8.1994 und Widerspruchsbescheid vom 9.11.1994 abgelehnt. Eine Klage hatte keinen Erfolg.[410] Die Berufung vor dem LSG Essen ergab dagegen, dass die Beklagte verurteilt wurde, dem Kläger die SKAT unter vertragsärztlicher Verordnung des Arzneimittels Prostavasin als Sachleistung der gesetzlichen Krankenversicherung zu gewähren sowie die Kosten für die bereits erfolgte Beschaffung des Arzneimittels i.h.v. 767,43 DM zu erstatten.[411] Zur Begründung wurde ausgeführt, dass das Medikament zwar nach Herstellerangabe nur zur Therapie der chronisch arteriellen Verschluss-krankheiten im Stadium III und IV verabreicht werden solle, es jedoch im Rahmen der ärztlichen Therapiefreiheit auch für die SKAT anwendbar sei. Das Medikament sei arzneimittelrechtlich ohne Auflagen hinsichtlich seines therapeutischen Anwendungsbereichs zugelassen, und es lägen keine Bedenken hinsichtlich der Wirtschaftlichkeit der Verordnung vor.

Die gegen das stattgebende Urteil des LSG Essen eingelegte Revision der Beklagten ist erfolglos. Der 8. Senat erkennt einen Anspruch des Klägers auf Sachleistung und Erstattung für die SKAT mit dem Arzneimittel Prostavasin an.

a. Krankheitsbegriff im Recht der GKV und Begriff der notwendigen Krankenbehandlung

Zunächst stellt der Senat fest, dass es sich bei der arteriellen Durchblutungsstörung der Penisschwellkörper des Klägers um eine Krankheit im Sinne der gesetzlichen Krankenversicherung gem. §§ 27 Abs. 1 S. 1, 28 Abs. 1 S. 1 SGB V handele, sowie bei der SKAT um eine zur Linderung der Beschwerden notwendige Krankenbehandlung. Der in ständiger Rechtsprechung des BSG angewandte Krankheitsbegriff im Recht der gesetzlichen Krankenversicherung bestimme sich durch einen regelwidrigen, vom Leitbild des gesunden Menschen abweichenden Körper- oder Geisteszustand, der ärztlicher Behandlung bedürfe oder Arbeitsunfähigkeit zur Folge habe.[412] Davon umfasst seien ebenso regelwidrige Körperzustände, die auf einen Alterungsprozess zurückzuführen seien.[413] Selbst, wenn eine gegenteilige Auffassung vertreten werde, so behalte der Körperzustand des Klägers dennoch Krankheitscharakter, da in der entsprechenden Altersgruppe die erektile Dysfunktion keine typischerweise zu beobachtende Regelwidrigkeit darstelle. Auch der Umstand, dass die erektile Dysfunktion ein

---

[410] Urteil SG Duisburg v. 10.1.1996, S 2 Kn 169/94.
[411] Urteil LSG Essen v. 22.1.1998, L 2 Kn 12/96.
[412] BSGE 26, 240 (242 f.); 35, 10 (12); 39, 167 (168).
[413] BSG NZA 1989, 287 (288).

Symptom mit vielen möglichen Ursachen sei, ändere am Vorliegen einer Krankheit nichts. Schon die Linderung von Krankheitsbeschwerden werde von § 27 Abs. 1 S. 1 SGB V erfasst. Ferner sei etwa deshalb hier der Versorgungsbereich der gesetzlichen Krankenversicherung nicht verlassen, weil es sich um eine Angelegenheit des rein privaten Lebensbereichs handele. Das Behandlungsziel sei hier nicht die Steigerung des Wohlbefindens im Privatleben in Form einer Steigerung der sexuellen Potenz, sondern die Wiederherstellung der normalen Körperfunktion.

Die Behandlungsbedürftigkeit der Krankheit ergebe sich aus der Linderung der Beschwerden durch die ärztliche Behandlung. Denn eine Krankheit sei behandlungsbedürftig, wenn ein regelwidriger Körperzustand mit ärztlicher Hilfe und mit Aussicht auf Erfolg behoben, mindestens aber gebessert oder vor Verschlimmerung bewahrt werden könne, oder wenn ärztliche Behandlung erforderlich sei, um Schmerzen oder sonstige Beschwerden zu lindern.[414]

b. Das Wirtschaftlichkeitsgebot nach dem Recht der GKV

Das Gebot gem. §§ 12 Abs. 1 S. 1, 2 SGB V einer ausreichenden, wirtschaftlichen und zweckmäßigen Leistung (Wirtschaftlichkeitsgebot) werde durch die Krankenbehandlung des Patienten nicht verletzt. Vor allem seien keine Anhaltspunkte dafür erkennbar, dass die Ursache der erektilen Dysfunktion, die Durchblutungsstörung des Penisschwellkörpers, vorrangig behandelbar, oder auf eine andere vorrangig behandelbare Grundkrankheit zurückzuführen sei. Die infrage stehende Therapie sei zudem die allein geeignete Behandlungsmethode.

Keine Berücksichtigung als alternative Behandlungsmethode habe hier ein Arzneimittel finden können, das erst nach der mündlichen Verhandlung vor dem LSG zugelassen worden sei. Das Vorliegen einer tatsächlichen Alternative zum streitgegenständlichen Arzneimittel habe hier allerdings nicht festgestellt werden müssen, da diese möglicherweise entstandene neue Sachlage im Revisionsverfahren unberücksichtigt bleibe, § 163 SGG.

Auch im Rahmen der Prüfung der Wirtschaftlichkeit der Behandlungsmethode könne das Argument einer bloßen Verbesserung der privaten Lebenssituation nicht durchgreifen. Zwar sei nach dem Recht der gesetzlichen Krankenversiche-

---

[414] BSGE 35, 10 (12).

rung nur die Versorgung mit dem Notwendigen, nicht eine darüber hinausgehende Bedürfnisbefriedigung geschuldet, was durchaus eine Beschränkung in
der Quantität mit sich bringen könne. Diese Häufigkeit der Versorgung mit der
SKAT sei jedoch nicht Gegenstand des Streitstoffes, insoweit komme ein solcher Verstoß gegen § 12 Abs. 1 S. 1 SGB V nicht in Betracht.

c. Kein Leistungsausschluss gem. § 27 Abs. 1 S. 4 SGB V

Es bestehe ebenfalls kein Ausschluss der Leistungspflicht der gesetzlichen
Krankenversicherung gem. § 27 Abs. 1 S. 4 SGB V. Denn Satz 4 stelle klar,
dass auch Leistungen zur Herstellung der Zeugungs- oder Empfängnisfähigkeit
zur Krankenbehandlung gehörten, soweit diese nicht mutwillig herbeigeführt
worden seien. Anderweitige Leistungen im Bereich von Gesundheitsstörungen
der Sexualität würden nicht erfasst, § 27 Abs. 1 S. 4 SGB V sei demnach hier
nicht anwendbar.

d. Kein Leistungsausschluss gem. § 34 SGB V

In der Therapie der SKAT mit dem Arzneimittel Prostavasin liege zudem keine
von der Leistungspflicht der gesetzlichen Krankenversicherung ausgeschlosse-
ne Behandlung mit einem Bagatellarzneimittel vor, § 34 Abs. 1 SGB V. Ebenso
falle die SKAT nicht unter die aufgrund § 34 Abs. 3 SGB V ergangene Verordnung.

e. Kein Leistungsausschluss gem. Nr. 17.1 lit. f AMR

Nach der bis zum 29.9.1998 geltenden Fassung der Nr. 17.1 lit. f AMR durften
Arzneimittel nicht verordnet werden, die „ausschließlich der Anreizung und
Steigerung der sexuellen Potenz dienen sollen."[415] Zum einen erfasse dieser
Tatbestand schon nicht den streitgegenständlichen Sachverhalt. Bei der Wie-
derherstellung der nicht mehr vorhandenen Erektionsfähigkeit handele es sich
nicht um eine Anreizung oder Steigerung der sexuellen Potenz.

Zum anderen sei die Regelungsweite der AMR für den vorliegenden Sachverhalt zu berücksichtigen: Weder ermächtige § 92 Abs. 1 SGB V dazu, bestimmte

---

[415] AMR i.d.F. v. 31.8.1993, BAnz 1993 Nr. 246, S. 11155, geändert am 23.2.1996, BAnz
1996, S. 4802.

Krankheiten vom Leistungsumfang der gesetzlichen Krankenversicherung auszuschließen, noch dazu, den Begriff des SGB V der Krankheit nach Inhalt und
Umfang selbst zu bestimmen. Eine Subsumtion der erektilen Dysfunktion unter
die Bestimmung der Nr. 17.1 lit. f AMR stelle jedoch eine solche unzulässige
Einschränkung des Krankheitsbegriffes dar.

Ebenso sei die ab dem 30.9.1998 geltende Fassung der Nr. 17.1 lit. f AMR[416],
wonach Mittel zur Behandlung der erektilen Dysfunktion von der Leistungspflicht der gesetzlichen Krankenversicherung ausgeschlossen seien, für den vorliegenden Sachverhalt mangels Regelungskompetenz nicht beachtlich. Denn
auch hier liege eine für den konkreten Sachverhalt nicht von der Ermächti-
gungsnorm des § 92 Abs. 1 SGB V gedeckte und damit unzulässige Bestimmung vor, indem unterschiedslos alle Fälle der erektilen Dysfunktion pauschal
von der Krankenbehandlung ausgeschlossen würden.

Eine Entscheidung zu Nr. 4.1 AMR in der bislang nicht veröffentlichten Fassung, welche bereits am 1.4.1999 in Kraft treten sollte, sei darüber hinaus nicht
zu treffen gewesen.

f. Grundsätzlicher Leistungsausschluss bei zulassungsüberschreitender Anwendung

Der 8. Senat lässt die Frage nach der Verordnungs- und Erstattungsfähigkeit im
Ergebnis ausdrücklich offen. Ausgangspunkt der Überlegungen des Senats ist
die Reichweite der Entscheidung des BfArM über den Antrag des pharmazeutischen Unternehmers auf Zulassung des Arzneimittels: Bei erfolgreichem Antrag
werde die Zulassung für das Arzneimittel für bestimmte Anwendungsgebiete
erteilt. Denn nach § 24 Abs. 1 S. 2 Nr. 3 AMG umfasse die Zulassungsentscheidung nach dem AMG lediglich die Prüfung, ob das Arzneimittel in den beantragten Anwendungsgebieten angemessen wirksam sei. Andere als beantragte
Anwendungsgebiete seien nicht von der Prüfung umfasst. Denn bei der Entscheidung über die Zulassung sei das BfArM an den Umfang des Antrags gebunden. Eine Erweiterung der Anwendungsgebiete über den Antrag hinaus sei
ausschließlich über einen neuen Zulassungsantrag möglich, § 29 Abs. 3 S. 1 Nr.
3 AMG.

Diese Grundsätze führten dazu, dass die Beschränkung des Zulassungsantrags

---

[416] Beschluss des BÄK v. 3.8.1998, bekanntgemacht in: BAnz 1998 Nr. 182, S. 14491.

bei jedem Inverkehrbringen zu beachten sei, insbesondere sei demnach der pharmazeutische Unternehmer betroffen. Zuwiderhandlungen stellten zumindest Ordnungswidrigkeiten gem. §§ 97 Abs. 2 Nr. 5, 11 Abs. 1 S. 1 Nr. 6 AMG dar. Ob diese Grundsätze auch den Arzt bei der Verordnung bzw. Anwendung von Arzneimitteln einschränken, beurteilt der Senat nicht ausdrücklich. Er zitiert jedoch an dieser Stelle als „soweit ersichtlich" „überwiegend[e]" Meinung die Auffassung aus Literatur und Rechtsprechung, dass es dem Arzt dagegen durch das Arzneimittelrecht nicht verwehrt sei, ein zugelassenes Arzneimittel außerhalb des Rahmens der erteilten Zulassung zu verordnen bzw. anzuwenden.[417]

Neben dieser Frage nach der Zulässigkeit des Off-Label-Use von Arzneimitteln nach dem AMG äußert sich der Senat ferner zu dem Problem der Leistungspflicht der gesetzlichen Krankenversicherung bei nicht zulassungsentsprechendem Einsatz.

Dabei geht der Senat zunächst auf die bereits ergangenen Entscheidungen des 1. Senats in den Urteilen vom 8.6.1993[418], vom 8.3.1995[419] sowie vom 27.7.1998[420] ein. Den Urteilen „Goldnerz" und „Jomol" schließt sich der 8. Senat inhaltlich insoweit an, als diese die arzneimittelrechtliche Zulassung (§§ 21 ff. AMG) zu der Mindestvoraussetzung für die Leistungspflicht der GKV erklären. Denn dem Wirtschaftlichkeitsgebot des Leistungsrechts der GKV (§§ 12, 2 SGB V) entsprächen nur solche Arzneitherapien, deren Qualität und Wirksamkeit im Zulassungsverfahren nachgewiesen worden seien. Da auch schon ein Fehlen des formalen Nachweises zur Ablehnung des Zulassungsantrags führe, seien sowohl der rechtskräftig abgelehnte als auch der nie gestellte Zulassungsantrag gleichsam Gründe für den Ausschluss der Leistungspflicht der GKV.

Soweit jedoch das Urteil „Edelfosin" davon ausgehe, es spiele „rechtlich keine Rolle, daß Remedacen für die Anwendung bei akutem oder chronischem Reizhusten zugelassen worden ist und nicht als Substitutionsmittel bei Drogenabhängigkeit"[421], äußert der 8. Senat hiergegen Bedenken. Wenn es, wie in den zitierten Urteilen angenommen, darauf ankomme, dass ein Ausschluss von der Leistungspflicht der GKV dann anzunehmen sei, wenn die Wirksamkeit des

---

[417] Der Senat führt hier an: OLG Köln, Urteil v. 30.5.1990, 27 U 169/89 -Aciclovir-, VersR 1991, S. 186 (188 f.); ferner die Anmerkungen zu diesem Urteil von *Deutsch*, VersR 1991, S. 189 sowie *Giesen*, JR 1991, S. 464; BGH NJW 1996, S. 1593 (1597); *Deutsch/Spickhoff*, Medizinrecht, Rn. 868. Für die Ablehnung: *Hennies*, ArztR 1996, S. 95 (96).
[418] Goldnerz-Entscheidung, vgl. Teil 3, C.I.
[419] Edelfosin-Entscheidung, vgl. Teil 3, C.VI.
[420] Jomol-Entscheidung, vgl. Teil 3, C.II.
[421] BSGE 76, 194 (196).

Arzneimittels nicht nachgewiesen sei, so gelte dies gleichermaßen für den zulassungsüberschreitenden Gebrauch des Arzneimittels. Für die im Zulassungsverfahren beantragten Anwendungsgebiete lägen der Nachweis sowie die Prüfung von Qualität und Wirksamkeit vor. Dagegen fehle es in Bezug auf nicht beantragte Anwendungsgebiete sowohl an dem Nachweis als auch an der Prüfung. Daher sei für diese Konstellation nicht ausgeschlossen, dass „das Arzneimittel bei seinem Gebrauch außerhalb des zugelassenen Anwendungsbereichs schädliche Wirkungen hat, die über ein nach den Erkenntnissen der medizinischen Wissenschaft vertretbares Maß hinausgehen (§ 25 Abs. 2 Satz 1 Nr. 5 AMG)."

Als Argument für mögliche schädliche Wirkungen bei anderen Indikationen führt der Senat die bei Indikationsänderungen teilweise abweichenden Personenkreise an: Werde das Anwendungsgebiet verändert, so verändere sich ebenso der von diesem Arzneimittel angesprochene Patientenkreis. Damit bestehe die Gefahr, dass Nebenwirkungen, die bei der zugelassenen Indikation lediglich wegen der geringen Anzahl der Betroffenen hingenommen würden, bei Änderung des Patientenkreises gehäuft auftreten und daher nicht zugelassen werden würden.

Zudem weist der Senat auf die Gefahr der Aushöhlung des Arzneimittelrechts hin. Der Hersteller eines Arzneimittels könne das Zulassungsverfahren lediglich für eine unproblematische Indikation durchführen, das Mittel jedoch anschließend für eine vollumfängliche Anwendung vertreiben.

Ferner hält es der Senat für sachfremd und nicht praktikabel, die Entscheidung über die Wahrung oder Gefährdung der Belange der Arzneimittelsicherheit aufgrund der Vielzahl der möglichen Fälle für jeden Einzelfall den Krankenkassen und Sozialgerichten zu überlassen. Gerade für die Beurteilung dieser Frage sei das förmliche Zulassungsverfahren vor dem BfArM geschaffen worden. In diesem Verfahren sei eine mit hohem Sachverstand ausgestattete Behörde Entscheidungsträger, und das Verfahren selbst sei durch gesetzliche Vorschriften mit Anfechtungsmöglichkeiten für den pharmazeutischen Unternehmer geregelt. Auf dem gleichen Gedanken, namentlich der Auslagerung der Entscheidungsgewalt über medizinische Fachfragen aus dem sozialgerichtlichen Verfahren, beruhe auch die neuere Ansicht des BSG zur Frage des Erfordernisses der Empfehlung des Bundesausschusses bei neuen Behandlungsmethoden gem. § 135 Abs. 1 SGB V. Auch hier ist der 1. Senat von der Ansicht zurückgetreten, das Fehlen der Empfehlung des Bundesausschusses führe unter bestimmten Voraussetzungen nicht zum Ausschluss der Leistungspflicht der gesetzlichen Krankenversicherung. Nach aktueller Ansicht gelte ein Vorrang der Entscheidung des Bundesausschusses, lediglich beim Vorliegen eines sog. Systemmangels sei die Leistungspflicht der GKV gegeben.

Des Weiteren sieht der Senat in der ablehnenden Haltung zum Off-Label-Use zulasten der GKV keine Entscheidung, die zugleich den medizinischen Fortschritt hemmen würde. Zum einen sei es nicht Aufgabe der gesetzlichen Krankenversicherung, die Erprobung medizinischer Neuerungen zu finanzieren. Zum anderen liefe eine andere Betrachtungsweise den Grundsätzen des Leistungsrechts aus §§ 12 Abs. 1, 27 Abs. 1 S. 1 SGB V zuwider.[422] Aus diesen Gründen hält es der Senat für möglich zu „rechtfertigen, die indikationsfremde Verwendung von Arzneimitteln außerhalb der gesetzlichen Krankenversicherung zuzulassen, nicht aber zulasten der Krankenkassen."[423]

Offen lässt der Senat hier die Frage, ob der zulassungsüberschreitende Gebrauch von Arzneimitteln als neue Untersuchungs- und Behandlungsmethode anzusehen sei und daher den Regeln eines Leistungsausschlusses gem. § 135 Abs. 1 SGB V unterfalle.

g. Ausnahmen vom Leistungsausschluss bei zulassungsüberschreitender Anwendung

Der 8. Senat behandelt auch die Frage nach möglichen Ausnahmen von dem zuvor aufgestellten Grundsatz der Unzulässigkeit der indikationsfremden Verwendung von Arzneimitteln. In gravierenden Fällen, etwa zur Behandlung ernsthafter, lebensbedrohender Erkrankungen müsse der indikationsfremde Einsatz von Arzneimitteln zulasten der gesetzlichen Krankenversicherung gewährleistet sein, wenn eine Alternative nicht zur Verfügung stehe.

h. Vertrauensschutz aufgrund des Urteils des BSG v. 5.7.1995

Abgesehen von den vorgenannten Ausführungen zur zulassungsüberschreitenden Anwendung von Arzneimitteln ist der 8. Senat der Auffassung, das Problem im vorliegenden Fall nicht abschließend entscheiden zu müssen, da dem Kläger aus den besonderen Gründen des Einzelfalls der Anspruch auf Kostenerstattung zustehe. Der Anspruch stehe dem Kläger zu, da das Vertrauen, welches der Kläger in den Ausspruch des 1. Senats zum Off-Label-Use im Urteil v.

---

[422] Der erkennende Senat verweist hier auf die Entscheidung BSGE 81, 54 (67 f.).
[423] BSGE 85, 36 (54).

5.7.1995[424] setzen durfte, einen Leistungsausschluss wegen zulassungsüberschreitender Verordnung des Arzneimittels in diesem Fall verbiete. Das Vertrauen auf die Äußerungen des 1. Senats sei deshalb zu berücksichtigen, da von den Parteien gerade nicht über die Frage nach der Zulässigkeit indikationsfremder Verordnung zulasten der gesetzlichen Krankenversicherung gestritten worden sei. Ein Berufen auf das Remedacen-Urteil des 1. Senats sei jedoch nur solange möglich (gewesen), wie das vorliegende Urteil nicht veröffentlicht wurde.[425]

i. Keine Ausnahme bei Existenz eines zugelassenen Alternativ-Arzneimittels

Für die vorliegende Fallkonstellation weist der Senat darauf hin, dass ab dem Zeitpunkt der Zulassung eines Alternativ-Präparats, welches dieselbe Zusammensetzung aufweise wie das streitgegenständliche Arzneimittel, keine Leistungspflicht der gesetzlichen Krankenversicherung bestehe. Es liege mit Existenz eines solchen Arzneimittels keine Notwendigkeit mehr vor, ein anderes Arzneimittel off-label einzusetzen.

2. Zusammenfassung und Bewertung

Obwohl der 8. Senat hier aus Gründen des Vertrauensschutzes dem Erstattungsanspruch des Klägers stattgibt, äußert er sich tendenziell ablehnend zum off-label Gebrauch von Arzneimitteln zulasten der GKV. Die Begründung folgt vor allem dem Argument, für den nicht zugelassenen Anwendungsbereich sei die Wirksamkeit des Präparats im arzneimittelrechtlichen Zulassungsverfahren nicht nachgewiesen worden und eine Beurteilung sei damit nicht anders zu treffen als beim Fehlen der Zulassung überhaupt.

Jedoch sei nochmals klargestellt, dass der 8. Senat die Frage nach der Verordnungs- und Erstattungsfähigkeit im Ergebnis ausdrücklich offen lässt. Damit konnte zunächst argumentiert werden, dass hier zumindest kein grundsätzlicher

---

[424] Urteil v. 5.7.1995, 1 RK 6/95 -Remedacen-.
[425] Zu dieser Methode des endenden Vertrauensschutzes durch eine neue, abweichende oder zumindest in Frage stellende Entscheidung verweist der Senat hier auf die entsprechenden Vorgehensweisen des BSG in den Urteilen v. 8.4.1992, Az. 10 RAr 12/91, BSGE 70, 265 (267 f.); v. 26.6.1985, 12 RK 23/84, USK 8562; v. 18.11.1980, Az. 12 RK 59/79, BSGE 51, 31 (36 ff.).

Ausschluss des Off-Label-Use aus der Leistungspflicht der GKV erfolgt.[426]

Mögliche Ausnahmen von dem aufgestellten Grundsatz umschreibt der Senat beispielhaft mit „gravierenden Fällen" wie der Behandlung ernsthafter, lebensbedrohlicher Krankheiten oder dem Fehlen von Behandlungsalternativen. Eine nähere Konkretisierung dieser Voraussetzungen erfolgt jedoch nicht.[427]

V. Urteil des BSG v. 28.3.2000 – ASI (B 1 KR 11/98 R)

1. Tatbestand und Entscheidungsgründe

Streitfrage zwischen den Parteien und damit Grundlage des Urteils[428] war, ob die Kosten einer aktiv-spezifischen Immuntherapie (ASI) zur unterstützenden und vorbeugenden Behandlung bei Nierenkrebserkrankungen von der Krankenkasse zu tragen sind.

Der verstorbene Ehegatte der allein erbenden Klägerin war bei der Beklagten krankenversichert und litt an einem metastasierenden Nierenzellkarzinom. Am 30.11.1994 wurde dieses operativ entfernt, anschließend sollte eine ASI mit einem Impfstoff aus autologen Tumorvakzinen durchgeführt werden. Grundlage dieser Therapie ist die Injektion eines Impfstoffs aus körpereigenem Tumorgewebe, welcher aus dem bei dem operativen Eingriff entfernten Gewebe nach Inaktivierung der Krebszellen, Reinigung sowie Beigabe immunaktiver Zusätze gewonnen wird. Der Versicherte vereinbarte am Tag vor der Operation mit der m. GmbH, die Kosten für die Herstellung des Impfstoffs durch die m. GmbH selbst zu übernehmen. Gleichzeitig ermächtigte der Versicherte die m. GmbH, einen Erstattungsanspruch gegenüber dem Kostenträger geltend zu machen, gerichtlich durchzusetzen sowie eventuelle Zahlungen entgegenzunehmen. Ein solcher Antrag auf Übernahme der Herstellungskosten des Impfstoffs i.H.v. 12.420 DM, vom behandelnden Arzt mit unterschrieben, reichte die m. GmbH am 20.12.1994 bei der Beklagten ein. Dieser Antrag wurde mit Bescheid vom 3.2.1995 und Widerspruchsbescheid vom 10.4.1995 abgelehnt mit der Begründung, ASI sei keine anerkannte Behandlungsmethode. Die Klage hatte Erfolg[429], in der Berufung wurde das Urteil jedoch aufgehoben und die Klage ab-

---

[426] *Kozianka/Millarg*, PharmR 2001, S. 236 (237).
[427] Vgl. *Goecke*, NZS 2002, S. 620 (623).
[428] BSGE 86, 54; ErsK 2000, S. 175; SGb 2000, S. 311; ZfS 2000, S. 178; KrV 2000, S. 177.
[429] Urteil SG Halle (Saale) v. 4.2.1997, S 2 Kr 26/95.

gewiesen.[430] Die Begründung der Klageabweisung stützte sich auf das Argument, wegen fehlender Anerkennung durch den Bundesausschusses sei eine Leistungspflicht der Krankenkasse gem. § 135 Abs. 1 SGB V ausgeschlossen. Eine Erstattung gem. § 13 Abs. 3 SGB V scheitere daran, dass die Wirksamkeit der Therapie nicht belegt sei.

Der 1. Senat weist die Revision als nicht begründet zurück. Als alleinige Anspruchgrundlage für die Kostenerstattung komme § 13 Abs. 3 SGB V in Frage. Voraussetzungen dieses Anspruchs seien zum einen die Unaufschiebbarkeit der Leistung sowie zum anderen der Umstand, dass entweder die Krankenkasse die Leistung nicht rechtzeitig habe erbringen können oder die Leistung zu Unrecht abgelehnt habe.

Offen lässt der Senat die Frage, ob hier Kosten entstanden sind, die gem. § 13 Abs. 3 SGB V erstattungsfähig sind. Solche lägen immer dann vor, wenn der Versicherte oder sein Rechtsnachfolger einer Honorarforderung des Leistungserbringers ausgesetzt sei, von der ihn die Krankenkasse freistellen soll. Es sei für den dem Urteil zugrunde liegenden Sachverhalt mangels ausreichender Feststellungen der Tatsacheninstanz nicht zu entscheiden, ob das „Ausgesetztsein" gegeben sei. Die Vereinbarung über die Kostentragung mit dem Hersteller könne auch dahingehend auszulegen sein, dass ausschließlich eine Kostenübernahme durch die Krankenkasse gewollt sei, und somit die Kostentragung durch den Versicherten ausgeschlossen sein sollte.

Ebenso lässt der Senat unentschieden, ob eine unaufschiebbare Leistung gem. § 13 Abs. 3 SGB V vorliegt und, falls diese Frage zu verneinen ist, wie das Unterlassen des vorherigen Einholens einer Entscheidung der Krankenkasse zu bewerten ist.

Diese Fragen entbehrten nach Auffassung des Senats einer Entscheidung, da die Herstellung der für die ASI benötigten autologen Tumorvakzine nicht zu den von der gesetzlichen Krankenversicherung geschuldeten Leistungen gehöre. Grund hierfür sei die fehlende wissenschaftliche Anerkennung des neuen Therapieverfahrens. Diese Anerkennung obliege dem Bundesausschuss. Die Entscheidung, ob neue Behandlungsweisen dem allgemein anerkannten Stand der medizinischen Erkenntnisse entsprechen, treffe der Bundesausschuss in Richtlinien nach § 92 Abs. 1 S. 2 Nr. 5 SGB V. Diese Richtlinien enthielten Empfehlungen auch über die Anerkennung des diagnostischen und therapeutischen

---

[430] Urteil des LSG Halle (Saale) v. 6.5.1998, L 4 KR 11/97.

Nutzens der neuen Methode. Mit dieser Richtlinie werde nicht nur das Verhältnis zwischen Krankenkassen und Leistungserbringern geregelt, sondern sie beträfen zugleich den Umfang der von den Krankenkassen gegenüber den Versicherten geschuldeten Leistung. Da in den NUB-RL des Bundesausschusses die streitgegenständliche Therapie nicht empfohlen worden sei, bestehe weder eine Pflicht zur Sachleistung der Krankenkasse, noch sei ein Freistellungs- oder Kostenerstattungsanspruch nach Beschaffung der Behandlung durch den Versicherten selbst gegeben.

Der 1. Senat stuft die ASI als neue Behandlungsmethode i.S.v. § 135 SGB V ein. Er definiert die Behandlungsmethode als eine auf einem bestimmten theoretisch-wissenschaftlichen Konzept fußende Vorgehensweise bei der Behandlung einer Krankheit. Damit werde die Behandlungsmethode zu einzelnen ärztlichen Maßnahmen oder Verrichtungen abgegrenzt. Nach Ansicht des 1. Senats greife die Vorschrift des § 135 Abs. 1 SGB V gleichwohl ein, obwohl es sich bei dem im Rahmen der ASI eingesetzten Impfstoff um ein Arzneimittel handele. Unter Verweis auf das Jomol-Urteil führt der Senat hierzu aus, dass neuartige Arzneitherapien vom Anwendungsbereich des § 135 Abs. 1 SGB V nicht grundsätzlich ausgenommen seien. Eine Beschränkung des Anwendungsbereichs auf die ärztlichen Leistungen der neuen Behandlungsmethode und damit eine Andersbeurteilung und Ausklammerung der für diese Behandlungsmethode benötigten Arzneimittel sei mit dem Wortlaut und Zweck des § 135 Abs. 1 SGB V nicht vereinbar, da eine solche Handhabung zu einer künstlichen Aufspaltung einheitlicher Behandlungsvorgänge führe. Der Begriff Behandlungsmethode bezeichne das therapeutische Vorgehen als Ganzes inklusive aller erforderlichen Einzelschritte zur Erreichung des Behandlungsziels. Darin unterscheide sich der Begriff der Behandlungsmethode von dem engeren Begriff der ärztlichen Leistung in § 87 SGB V. Das Erfordernis einer solchen einheitlichen Betrachtungsweise werde besonders deutlich bei Therapien, die aus Dienst- und Sachleistungen zusammengesetzt seien, und die Neuartigkeit der Methode gerade in der Zusammenführung dieser Elemente liege. Genauso verhielte es sich aber auch dann, wenn wie bei der vorliegenden ASI Therapie der Einsatz des Arzneimittels im Vordergrund stehe und dessen Wirkung die Behandlung präge.

Der Senat setzt sich sodann mit den Gegnern der soeben geäußerten Auffassung auseinander. Er bestreitet die von Schwerdtfeger[431] geäußerte Kritik, der Begriff der „vertragsärztlichen Leistungen" in § 135 Abs. 1 S. 2 SGB V impliziere, dass die Vorschrift nur auf die persönlichen Dienstleistungen des Arztes anzuwenden sei. Der Senat führt hiergegen an, dass der Begriff der ärztlichen Leistung

---

[431] *Schwerdtfeger*, SGb 2000, S. 154 (156).

im SGB V nicht einheitlich verwendet werde. Das Gesetz gehe an mancher Stelle von einem engen Leistungsbegriff aus, indem er auf die eigenen Leistungen des Arztes bezogen bleibe (§ 85 Abs. 4, § 87 Abs. 1, § 135 Abs. 2 SGB V), an anderer Stelle dagegen von einem weiten Leistungsbegriff (§ 92 Abs. 1 SGB V).

Zu der vom Arzt verantworteten Behandlung sei auch der Einsatz des Arzneimittels zu rechnen. Da eben diese einheitliche Behandlung nach dem Willen des Gesetzgebers zweckmäßig und wirtschaftlich ausgestaltet werden solle, sei es nahe liegend, den Begriff der vertragsärztlichen Leistung in § 135 Abs. 1 S. 2 SGB V in einem weiten Sinne zu verstehen. Jedenfalls sei durch Wortsinn und Regelungszweck des § 135 Abs. 1 S. 1 SGB V ausgeschlossen, neue Behandlungsmethoden nur in Teilbereichen einer einheitlichen Therapie dieser Vorschrift zu unterwerfen.

Der Senat wendet sich zudem gegen die Ansicht, aus dem Fehlen einer ausdrücklichen Parallelvorschrift zu § 138 SGB V für neue Heilmittel könne auf eine grundsätzliche Unzulässigkeit einer Qualitätsprüfung von Arzneitherapien geschlossen werden. Vielmehr sei das Fehlen einer solchen Vorschrift darauf zurückzuführen, dass die Prüfung von Arzneimitteln in dem dafür vorgesehenen Zulassungsverfahren ein Beleg für die Wirksamkeit und Zweckmäßigkeit biete, und dies eine erneute Prüfung im Recht der gesetzlichen Krankenversicherung entbehrlich mache. Der Einsatz eines zugelassenen neuartigen Arzneimittels erfordere somit keine Empfehlung des Bundesausschusses gem. § 135 Abs. 1 SGB V oder einer hypothetischen Spezialvorschrift, da ein ausreichender Nachweis der Qualität vorliege. Arzneimittel jedoch, die das arzneimittelrechtliche Zulassungsverfahren nicht durchlaufen haben, würden vom Anwendungsbereich des § 135 Abs. 1 SGB V dagegen nach diesem Systemverständnis erfasst. Für den im Rahmen der ASI-Therapie eingesetzten Impfstoff sei eine Zulassung nicht erforderlich, da dieser Impfstoff als Rezepturarzneimittel nicht unter die zulassungspflichtigen Fertigarzneimittel falle. Nach den genannten Kriterien unterliege somit der Einsatz des Arzneimittels der Vorschrift des § 135 Abs. 1 SGB V, eine Empfehlung des Bundesausschusses in den NUB-RL sei somit erforderlich. Da eine solche Empfehlung jedoch nicht vorgelegen habe, sei die Leistungspflicht der Beklagten nicht gegeben.

2. Zusammenfassung und Bewertung

In den ASI-Urteilen hatte sich der Senat mit der Therapie mit einem nicht zugelassenen und nicht zulassungsfähigen Nicht-Fertigarzneimittel auseinander zu setzen. Die Entscheidung betrifft daher die Problematik des Off-Label-Use nicht direkt. Die mit diesem Urteil getroffenen Aussagen wurden daher auch als nur sehr begrenzt auf den Off-Label-Use übertragbar angesehen, und wie bereits in Bezug auf das SKAT-Urteil[432] als nicht abschließende Äußerung bewertet.[433]

VI. Urteil des BSG v. 8.3.1995 – Edelfosin (1 KR 8/94)

1. Tatbestand und Entscheidungsgründe

Diesem Urteil[434] liegt ein Rechtsstreit um die Erstattung der Kosten für das privatärztlich verordnete Arzneimittel Edelfosin zugrunde.

Das Arzneimittel Edelfosin ist für den deutschen Arzneimittelverkehr nicht zugelassen. Der Antrag des Herstellers auf Zulassung von Edelfosin für den Indikationsbereich „nicht-kleinzellige Bronchialtumore" wurde mit Bescheid vom 9.2.1990 vom Bundesgesundheitsamt und Widerspruchsbescheid des BfArM vom 14.10.1994 abgelehnt. Gegen diese Entscheidung erhob der Hersteller Klage vor dem Verwaltungsgericht. Der Kläger war bei der Beklagten pflichtversichert. Er wurde seit 1991 wegen eines Non-Hodgkin-Lymphoms behandelt. Im April verordnete der behandelnde Allgemeinmediziner dem Kläger Edelfosin und beantragte für ihn am 14.4.1992 bei der Beklagten die Kostenübernahme. Die Beklagte erstattete dem Kläger die Kosten für die erste Behandlung mit Edelfosin, da ihm die Bezahlung des bereits bestellten Arzneimittels nicht zumutbar sei. Im Übrigen wurde der Antrag jedoch mit Bescheid vom 21.5.1992 und Widerspruchsbescheid vom 13.7.1992 abgelehnt mit der Begründung, Edelfosin sei mangels Zulassung nicht allgemein verkehrsfähig, die Krankenkasse sei für die klinische Prüfung eines Mittels nicht zuständig und Belege für eine mehr als geringe Wahrscheinlichkeit eines Therapieerfolgs lägen nicht vor. Klage und Berufung hatten keinen Erfolg.[435] Seine Entscheidung stützte das LSG auf das Argument, es habe weder eine Notfallbehandlung gem. § 13 Abs. 2 SGB V a.F.[436] vorgelegen, noch sei die Leistung von der Krankenkasse zu Unrecht abgelehnt worden. Mangels Vorliegen einer erforderlichen Zulassung sei das Arzneimittel Edelfosin nicht zulasten der Krankenkasse ver-

---

[432] Vgl. Teil 3, C.IV.
[433] *Kozianka/Millarg*, PharmR 2001, S. 236 (237).
[434] SozR 3-2500 § 31 Nr. 3; NZS 1995, S. 361; SozSich 1995, S. 471; PharmaRecht 1996, S. 54; Breith 1996, S. 95; USK 9525; Die Leistungen 1996, S. 368; MedR 1995, S. 239; NJW 1995, S. 2438.
[435] Urteil SG Aachen v. 25.1.1993, S 6 Kr 62/92; Urteil LSG Essen v. 3.2.1994, L 16 Kr 28/93.
[436] Nunmehr § 13 Abs. 3 SGB V.

ordnungsfähig. Dies gelte für das Ausstehen einer endgültigen Entscheidung über den Zulassungsantrag ebenso wie für eine bindende Ablehnung. Eine Verordnungsfähigkeit zulasten der Krankenkasse nach den Regeln der Außenseitermethoden komme ebenfalls nicht in Betracht, da der Kläger nicht alle Mittel der Schulmedizin ausgeschöpft habe.

Der Senat erachtet die Revision des Klägers als unbegründet. Der geltend gemachte Kostenerstattungsanspruch sei durch die Vorinstanzen zu Recht verneint worden. Die Voraussetzungen des § 13 Abs. 2 SGB V seien nicht erfüllt.

Die Krankenbehandlung nach § 27 Abs. 1 S. 2 Nr. 3 SGB V umfasse die Versorgung mit Arznei-, Verband-, Heil- und Hilfsmitteln. Gemäß § 31 Abs. 1 SGB V haben Versicherte Anspruch auf Versorgung mit Arzneimitteln, soweit diese nicht nach § 34 SGB V ausgeschlossen sind. Dabei bestehe die Leistungspflicht der Krankenkasse jedoch nicht für jede Art von Versorgung. Gemäß § 12 Abs. 1 SGB V müssten die Leistungen ausreichend, zweckmäßig und wirtschaftlich sein. Nicht notwendige oder unwirtschaftliche Leistungen könnten Versicherte nicht beanspruchen, dürften die Leistungserbringer nicht bewirken und die Krankenkassen auch nicht bewilligen. Der Kläger habe bereits deshalb keinen Sachleistungsanspruch, weil das streitige Arzneimittel nicht gem. § 12 Abs. 1 SGB V verordnungsfähig gewesen sei. Es fehle an der Zweckmäßigkeit und damit auch der Wirtschaftlichkeit des Mittels.

Die Versagung der erforderlichen Zulassung zum Verkehr wirke sich dahin aus, dass das Arzneimittel grundsätzlich nicht zulasten der Krankenkasse verordnet werden dürfe. Das streitige Präparat sei Arzneimittel gem. § 2 Abs. 1 Nr. 1 AMG, weil es dazu bestimmt sei, durch Anwendung am oder im menschlichen Körper Krankheiten, Leiden, Körperschäden oder krankhafte Beschwerden zu heilen, zu lindern, zu verhüten oder zu erkennen. Es handele sich zudem um ein Fertigarzneimittel, welches gemäß § 21 Abs. 1 S. 1 AMG im Geltungsbereich des AMG nur in den Verkehr gebracht werden dürfe, wenn es durch die zuständige Bundesoberbehörde zugelassen sei. Als Fertigarzneimittel gem. §§ 2 Abs. 1, 4 Abs. 1 AMG sei Edelfosin somit grundsätzlich zulassungspflichtig. Der Hersteller betreibe zudem seit Jahren die Zulassung, die durch das BGA abgelehnt worden sei.

Mit dem Urteil vom 8. Juni 1993 (Goldnerz) habe das BSG entschieden, dass ein zulassungspflichtiges Arzneimittel in der GKV nicht verordnet werden dürfe, dessen Zulassung zum Verkehr förmlich versagt worden sei. Das gleiche gelte in dem Fall, dass bereits eine ablehnende Entscheidung der zuständigen Bundesoberbehörde über die Zulassung vorliege, diese aber wegen eines laufenden Klageverfahrens noch nicht bestandskräftig geworden sei. Auch in einem solchen Fall schließe die fehlende Zulassung die Verordnungsfähigkeit des Medikaments zulasten der GKV aus. Dies ergebe sich aus § 12 SGB V sowie aus dem Sinn und Zweck und der Entstehungsgeschichte des AMG und seinem Verhältnis zum SGB V.

Zwar enthalte das Krankenversicherungsrecht keine Regelung, welche die Verordnungsfähigkeit von Arzneimitteln von der positiven oder negativen Zulassungsentscheidung abhängig mache. Gleichwohl könne das AMG nicht isoliert vom SGB V betrachtet werden. Vielmehr stünden die beiden Gesetze in einem Abhängigkeitsverhältnis mit der Folge, dass sich eine Ablehnung der Zulassung auf die Verordnungsfähigkeit von Arzneimitteln auswirke.

Die Voraussetzungen für die Zulassung eines Arzneimittels nach dem AMG entsprächen den Mindestvoraussetzungen, die im Rahmen der GKV an eine „wirtschaftliche" Verordnungsweise gem. §§ 12 Abs. 1, 70 Abs. 1 S. 2 SGB V gestellt würden. Eine ausreichende, zweckmäßige und wirtschaftliche Leistung setze voraus, dass das verordnete Arzneimittel überhaupt geeignet sei, die bezweckte Heilwirkung zu erzielen. Das bedeute, dass nicht nur die Unbedenklichkeit des zu verordnenden Arzneimittels, sondern vor allem seine therapeutische Wirkung ausreichend sicher sein müsse. Dies setze jedoch voraus, dass das nach dem AMG vorgesehene Zulassungsverfahren erfolgreich abgeschlossen sei. Nach der öffentlichen Diskussion über Arzneimittelkatastrophen und aus der Einsicht, dass jedes Arzneimittel ein potentielles Gesundheitsrisiko darstelle, sei durch die AMG-Novelle von 1976 das frühere Registrierverfahren durch ein materielles Genehmigungsverfahren abgelöst worden. Nach dem nunmehr in §§ 21 ff AMG geregelten Zulassungsverfahren dürften Fertigarzneimittel durch ein präventives Verbot mit Erlaubnisvorbehalt nicht ohne Zulassung in den Verkehr gebracht werden. Die Zulassung sei ein rechtsgestaltender Verwaltungsakt, der konstitutiv die Verkehrsfähigkeit eines pharmazeutischen Produktes als Arzneimittel eröffne.

Dieses Verfahren solle eine optimale Arzneimittelsicherheit verwirklichen, deren Schwerpunkt gleichermaßen in der Sorge für die Qualität, Wirksamkeit und Unbedenklichkeit des Arzneimittels liege. Erst durch die Zulassung werde die Unbedenklichkeit und zumindest prinzipielle Wirksamkeit eines pharmazeutischen Produkts festgestellt. Die vom Schutzzweck des AMG angestrebte Arzneimittelsicherheit wäre nicht gewährleistet, wenn ein Arzneimittel verordnet werden dürfe, dessen Zulassung durch die zuständige Fachbehörde durch Bescheid und Widerspruchsbescheid versagt worden sei. Der Schutzzweck des AMG sei nicht erst dann gefährdet, wenn die Zulassung bindend mit präjudizieller Wirkung abgelehnt worden sei. Sei die Zulassung bereits durch Bescheid abgelehnt worden, könne das Arzneimittel jedenfalls nicht als unbedenklich angesehen werden. Da Vorschriften über die Kontrolle von Arzneimitteln im Recht der GKV nicht bestünden, dürfe den Versicherten der durch das AMG gewährleistete Mindestsicherheitsstandard und Qualitätsstandard nicht entzogen werden.

Die Verordnungsfähigkeit des Mittels Edelfosin komme zudem auch nach den Grundsätzen der bisherigen Rechtsprechung des BSG zu den Außenseitermethoden unter Berücksichtigung des Selbstbestimmungsrechts des Patienten nicht in Betracht. Die Versagung der Zulassung schließe die Verordnungsfähigkeit auch für diesen Bereich aus. Es sei mit dem Zweck des AMG nicht vereinbar, das Mittel unter Berufung auf Außenseitermethoden als verordnungsfähig anzusehen, obwohl es nicht einmal den Mindestanforderungen für eine Zulassung durch die zuständige Fachbehörde genüge.

Auch scheide die Verordnungsfähigkeit zulasten der GKV für die Zeit der klinischen Prüfung gem. §§ 40 f. AMG aus, währenddessen es einer Zulassung nicht bedürfe. Bereits nach § 11 S. 2 AMR seien Erprobungen von Arzneimitteln auf Kosten des Versicherungsträgers unzulässig.

2. Zusammenfassung und Bewertung

Als weiterer Unterfall zum Goldnerz-Urteil[437] verfestigt das BSG mit dieser Entscheidung die Ansicht, dass zulassungspflichtige Fertigarzneimittel dann nicht zulasten der GKV verordnungsfähig sind, wenn ihre Zulassung abgelehnt wurde. Diese damit als Festigung der Rechtsprechung zur negativen Vorgreiflichkeit zu bezeichnende Entscheidung[438] bezieht zudem den Fall ein, dass eine bestands- bzw. rechtskräftige Entscheidung noch nicht vorliegt.
Das Argument, letzteres ergebe sich aus § 12 SGB V, aus dem Sinn und Zweck sowie der Entstehungsgeschichte des AMG und seinem Verhältnis zum SGB V, bringt zum Ausdruck, dass das Arzneimittelrecht insoweit dem Bereich der Gefahrenabwehr zuzurechnen ist.

---

[437] Vgl. Teil 3, C.I.
[438] *Kozianka/Millarg*, PharmR 2001, S. 236.

VII. Urteil des BSG v. 19.3.2002 – Sandoglobulin (B 1 KR 37/00 R)

1. Tatbestand und Entscheidungsgründe

Mit diesem Urteil[439] hatte das Gericht über den Anspruch des Klägers gegen die beklagte Krankenversicherung auf Erstattung der Kosten für eine bereits erfolgte Behandlung mit dem Arzneimittel Sandoglobulin sowie auf Übernahme der zukünftig entstehenden Kosten dieser Behandlung zu entscheiden.

Das Arzneimittel Sandoglobulin wurde für den deutschen Arzneimittelverkehr durch das PEI zugelassen. Die im Zulassungsantrag genannten Anwendungsgebiete umfassen dabei jedoch nicht die Behandlung der Multiplen Sklerose. An dieser Krankheit litt der bei der Beklagten krankenversicherte Kläger seit 1987.[440] Der Krankheitsverlauf war bei ihm chronisch fortschreitend, seit September 1997 erfolgte eine Behandlung des Klägers unter anderem durch Injektionen von Immunglobulinen[441]. Diese Therapie, ausdrücklich als Heilversuch bezeichnet, erfolgte mit Sandoglobulin. Die behandelnden Ärzte erhofften, hierdurch eine Besserung der krankheitsbedingten Ataxie[442] herbeiführen zu können. Die Beklagte lehnte nach Anhörung des MDK die Kostentragung für die Behandlung mit Bescheid vom 29.5.1998 und Widerspruchsbescheid vom 31.8.1998 ab. Klage und Berufung hatten keinen Erfolg.[443] Das LSG führte aus, dass mangels Zulassung des Arzneimittels Sandoglobulin für den Anwendungsbereich der Multiplen Sklerose nach dem AMG keine Verordnung zulasten der Krankenkasse erfolgen könne. Eine Leistungspflicht der Krankenkasse nach § 135 Abs. 1 SGB V im Rahmen einer neuen Behandlungsmethode sei mangels Anerkennung durch den Bundesausschuss ebenfalls nicht gegeben.

---

[439] BSGE 89, 184; SozR 3-2500 § 31 Nr. 8; ZfS 2002, S. 201; SGb 2002, S. 323; BEÄrztebl 2002, S. 169; ErsK 2002, S. 175; KrV 2002, S. 153.

[440] *Pschyrembel*, Klinisches Wörterbuch, Stichworte Multiple Sklerose, Entmarkungskrankheiten, Ataxie: Bei der Multiplen Sklerose handelt es sich um eine primär entzündliche Erkrankung des zentralen Nervensystems mit herdförmiger Zerstörung der Marksubstanz. Die Ursache der Krankheit ist bislang unklar, diskutiert werden Virusinfektion und Autoimmunisierung. Symptome der Krankheit sind vor allem Störungen der Koordination von Bewegungsabläufen. Der Krankheitsverlauf ist überwiegend primär schubförmig, stellt sich jedoch vor allem in höherem Lebensalter auch chronisch fortschreitend dar.

[441] *Pschyrembel*, Klinisches Wörterbuch, Stichwort Immunglobuline: Für die humorale Immunität als Antikörper bedeutsame Proteine.

[442] *Pschyrembel*, Klinisches Wörterbuch, Stichwort Ataxie: Störung der Koordination von Bewegungsabläufen.

[443] Urteil SG Dortmund v. 20.7.1999, S 8 KR 275/98; Urteil LSG Essen v. 8.8.2000, L 5 KR 80/99.

Der 1. Senat des BSG erachtet die Revision des Klägers als unbegründet. Die konkrete Behandlung mit Sandoglobulin stellt nach Ansicht des Senats keine Leistung der GKV dar und ist damit nicht gem. § 13 Abs. 3 SGB V zu erstatten.

Das Gericht argumentiert wie folgt: Der Anspruch auf Krankenbehandlung gem. §§ 27 Abs. 1 S. 2 Nr. 3, 31 Abs. 1 SGB V bestehe nur unter den weiteren Voraussetzungen der §§ 2 Abs. 1 S. 3, 12 Abs. 1 SGB V. Es müsse danach eine Pharmakotherapie vorliegen, die sich als zweckmäßig und wirtschaftlich erwiesen habe und deren Qualität und Wirksamkeit dem allgemein anerkannten Stand der medizinischen Erkenntnisse entspreche. Die Anwendung zulassungsbedürftiger, aber nicht zugelassener Arzneimittel erfüllten diese Anforderungen nicht.[444] Bei Vorliegen der arzneimittelrechtlichen Zulassung könne dagegen davon ausgegangen werden, dass damit zugleich die Mindeststandards einer wirtschaftlichen und zweckmäßigen Arzneimittelversorgung im Sinne des Krankenversicherungsrechts erfüllt seien. Denn das Zulassungsverfahren knüpfe gem. § 21 Abs. 2 AMG an die Kriterien Qualität, Wirksamkeit und Unbedenklichkeit an, welche ebenso im Recht der Krankenversicherung für die Leistungen der GKV heranzuziehen seien. Demnach bestehe eine Vorgreiflichkeit der arzneimittelrechtlichen Zulassung für die Anwendung eines Arzneimittels im Rahmen der GKV. Die unterschiedliche Zielsetzung von Arzneimittel-. und Krankenversicherungsrecht hindere dies nicht. Jedoch könne bei auch Vorliegen einer Zulassung eine zulassungsüberschreitende Anwendung des Arzneimittels grundsätzlich nicht zulasten der GVK erfolgen. Die streitgegenständliche Therapie der Multiplen Sklerose sei nicht von der Zulassung umfasst.[445]

Obwohl die Leistungspflicht der GKV für die zulassungsüberschreitende Anwendung von Arzneimitteln vom 1. Senat zunächst im Urteil vom 5.7.1995[446] ohne nähere Begründung dadurch bejaht wurde, dass dem Versicherten das Fehlen einer indikationsspezifischen Zulassung nicht entgegengehalten werden könne, wird diese Rechtsauffassung im vorliegenden Urteil nunmehr aufgege-

---

[444] Die Entscheidungsgründe zitieren an dieser Stelle folgende Entscheidungen des BSG: Urteil v. 8.6.1993 -Goldnerz-; Urteil v. 8.3.1995 -Edelfosin-; Urteil v. 23.7.1998 -Jomol-.

[445] BSGE 89, 184 (186) mit dem Hinweis auf die Fachinformation des Herstellers Novartis Pharma, Stand: Oktober 2001 und die Rote Liste 2001, Nr. 75011: Die Zulassung für Sandoglobulin umfasst die Substitution bei primären und sekundären Antikörpermangelsyndromen, bei AIDS von Kindern und bei allogener Knochenmarkstransplantation, die Prophylaxe und Therapie von mit diesen Krankheiten einhergehenden Infektionen, die Modulation der Immunantwort bei der idiopathischen Thrombozytopenischen Purpura, dem Guillain-Barre-Syndrom und dem Kawasaki-Syndrom sowie die Sofortprophylaxe bei Masernexposition.

[446] Urteil des BSG v. 5.7.1995, Az.: 1 RK 6/95 -Remedacen-.

ben: Unter Bezugnahme auf das Urteil des 8. Senats vom 30.9.1999[447] stimmt der erkennende Senat nun ausdrücklich der Rechtsauffassung des 8. Senats zu, die Leistungspflicht der GKV müsse auf die zugelassenen Anwendungsgebiete beschränkt bleiben.

Der 1. Senat begründet dies damit, dass die Zulassung nach dem AMG nur soweit Rückschlüsse auf die Wirksamkeit und Unbedenklichkeit zulasse, wie ihre rechtliche Bedeutung reiche. Die Zulassung umfasse jedoch nur die Anwendungsgebiete, die vom Hersteller im Zulassungsantrag aufgeführt wurden, § 22 Abs. 1 Nr. 6 AMG. Die Bezugnahme auf das Anwendungsgebiet in der Arzneimittelzulassung erfolge bereits mit der Definition des Arzneimittels. § 2 Abs. 1 S. 1 Nr. 1 AMG bestimme den Arzneimittelbegriff des Zulassungsrechts dahin, dass der Stoff dazu bestimmt sei, durch Anwendung am oder im menschlichen Körper Krankheiten, Leiden, Körperschäden oder krankhafte Beschwerden zu heilen, zu lindern, zu verhüten oder zu erkennen. Als konsequente Folge hieraus bestimme § 25 Abs. 2 S. 1 Nr. 4 AMG als Kriterium für die Zulassung neben der Qualität insbesondere die therapeutische Wirksamkeit des Arzneimittels. Dem Nachweis dieser Wirksamkeit diene die klinische Prüfung am Menschen, welche notwendige Zulassungsvoraussetzung gem. § 22 Abs. 2 Nr. 3 AMG sei. Auch müsse die Verträglichkeit und angemessene Wirksamkeit in der angegebenen Indikation aus den vorzulegenden Sachverständigengutachten hervorgehen, § 24 Abs. 1 S. 2 Nr. 3 AMG. Weiter bestimme § 29 Abs. 3 Nr. 3 AMG, dass zur Ausweitung der Zulassung auf weitere Indikationen eine neue Zulassung beantragt werden müsse, lediglich zur Einschränkung der Anwendungsgebiete genüge gem. §§ 29 Abs. 3 Nr. 3, 29 Abs. 2a Nr. 1 AMG eine Anzeige.

Wegen dieser Beschränkungen der Zulassung auf die vom Hersteller genannten Anwendungsgebiete enthalte die Zulassungsentscheidung keine Aussage über die Verträglichkeit und angemessene Wirksamkeit des Arzneimittels in anderen Indikationen. Es seien dabei zudem schädliche Wirkungen i.S.d. § 25 Abs. 2 S. 1 Nr. 5 AMG nicht auszuschließen. Das AMG bewerte daher die Erweiterung der Indikationen als derart gravierende Änderung des Zulassungsstatus, dass es eine vollständige Neuzulassung verlange.

Der Senat äußert sich weiter zu der arzneimittelrechtlichen Frage und führt hierzu aus, dass dem Arzt die zulassungsüberschreitende Verordnung hinsichtlich der Anwendungsgebiete nicht verboten sei.[448] Zwar fehle dem Arzneimittel

---

[447] Urteil des BSG v. 30.9.1999, Az.: B 8 KN 9/98 KR R -SKAT-.
[448] BSGE 89, 184 (188).

gem. § 21 Abs. 1 S. 1 AMG außerhalb der zugelassenen Anwendungsgebiete die Verkehrsfähigkeit. Jedoch beinhalte das Verbot des Inverkehrbringens gem. § 21 AMG nicht zugleich ein Anwendungsverbot für den Arzt. Denn gem. § 4 Nr. 17 AMG sei das Inverkehrbringen allein das Vorrätighalten zum Verkauf oder zu sonstiger Abgabe, das Feilhalten, Feilbieten und die Abgabe an andere. Die durch den Arzt vorgenommene unmittelbare Anwendung am Patienten stelle keine Abgabe i.S. dieser Vorschrift dar.[449] Ein Arzt sei damit weder arzneimittelrechtlich noch berufsrechtlich gehindert, ein auf dem Markt verfügbares Arzneimittel auf eigene Verantwortung für eine Therapie einzusetzen, für die es nicht zugelassen ist.

Der 1. Senat erkennt einen Mangel des Arzneimittelrechts darin, dass ein zugelassenes Arzneimittel, welches sich in weiteren Anwendungsgebieten als therapeutisch nützlich erwiesen habe, außerhalb der alleinigen Verantwortung des Arztes in der Arzneimittelversorgung der Patienten gem. § 1 AMG mangels Verkehrsfähigkeit nicht zur Verfügung stehe. Es fehlten Vorkehrungen, welche in diesen Fällen eine Patientenversorgung ermöglichten.[450]

Der Off-Label-Use sei auch nicht im Rahmen des § 135 Abs. 1 SGB V von der Leistungspflicht der GKV umfasst. Denn für Arzneitherapien gelte § 135 Abs. 1 SGB V nur, soweit die Anwendung von Rezepturarzneien oder solchen Arzneimitteln betroffen sei, welche im Einzelfall auf besondere Anforderung hergestellt würden. Jedenfalls aber dann, wenn nach dem AMG für das Arzneimittel eine Zulassung erforderlich sei, bedürfe der Nachweis der Unbedenklichkeit und Wirksamkeit im Rahmen neuer Anwendungsgebiete eines Zulassungsverfahrens und nicht lediglich einer Empfehlung des Bundesausschusses. Es entziehe sich der Aufgabe des Bundesausschusses, zugelassene Arzneimittel erneut für den Einsatz in der vertragsärztlichen Versorgung zu begutachten sowie die arzneimittelrechtliche Zulassung eines Arzneimittels mittels einer Empfehlung gem. § 135 Abs. 1 SGB V zu ergänzen oder zu ersetzen. Es verlören die Vorschriften des AMG weitgehend ihren Sinn, wenn in der GKV eine Erweiterung der Indikationsgebiete eines Arzneimittels ohne Zulassung über § 135 SGB V zu erreichen wäre. Probleme ergäben sich aus den Umständen, dass der Arzneimittelhersteller sich sodann die Kosten eines neuen Zulassungsverfahrens ersparen und sich ebenfalls von der Haftung gem. § 84 AMG freizeichnen könne. Damit stünde die Anwendungsbezogenheit der Zulassung nur noch auf dem Papier.[451]

---

[449] BSGE 89, 184 (188) mit dem Hinweis auf BVerfGE 102, 26 (34).
[450] BSGE 89, 184 (189).
[451] BSGE 89, 184 (191).

Das Gericht formuliert unter Hinweis auf die Defizite des Arzneimittelrechts Ausnahmen von dem Grundsatz des Leistungsausschlusses indikationsfremder Verordnungen: Eine Leistungspflicht der GKV für Arzneimittel im Rahmen des Off-Label-Use komme nur in Betracht, wenn es um die Behandlung einer schwerwiegenden (lebensbedrohlichen oder die Lebensqualität auf Dauer nachhaltig beeinträchtigenden) Erkrankung gehe, keine andere Therapie verfügbar sei, und aufgrund der Datenlage die begründete Aussicht bestehe, dass mit dem betreffenden Präparat ein Behandlungserfolg (kurativ oder palliativ) erzielt werden könne.[452]

Die in der Rechtsprechung des BSG anerkannte negative Vorgreiflichkeit der arzneimittelrechtlichen Zulassung für das Leistungsrecht in der GKV stehe einer Formulierung von Ausnahmen nicht entgegen: Während beim gänzlichen Fehlen der Zulassung der Einsatz des Arzneimittels auf einer strafbaren Handlung aufbaue, aus einem verbotswidrigen Handeln keine Leistungspflicht der GKV entstehen könne und keinerlei Qualitätskontrollen erfolgt seien, sei das Arzneimittel im Rahmen des Off-Label-Use zulässig nach Prüfung der pharmakologisch-toxikologischen Eigenschaften in den Verkehr gebracht worden. Dies sei Basis für eine ausreichende Arzneimittelsicherheit.

2. Zusammenfassung und Bewertung

a. Kernaussagen des Urteils

Die Kernsätze dieses Urteils werden noch einmal kurz zusammengefasst:

Da das AMG für die Erweiterung der Anwendungsgebiete eine Neuzulassung vorschreibt, die neuen Anwendungsgebiete nicht Eingang in das Zulassungsverfahren gefunden haben und schädliche Wirkungen nicht auszuschließen sind, ist die Zulassungsentscheidung auf die beantragten Indikationen beschränkt und trifft keine Aussage über die Wirksamkeit in anderen Anwendungsgebieten. Damit sind Rückschlüsse auf die Wirtschaftlichkeit des Arzneimittels nach dem SGB V nicht mehr möglich.

Das Arzneimittelrecht verbietet dem Arzt nicht die off-label Anwendung eines Arzneimittels.

---

[452] BSGE 89, 184 (191 f.).

Ein Defizit des AMG besteht darin, dass keine Vorkehrungen existieren, mit denen eine als nützlich erkannte indikationsüberschreitende Arzneimittelverwendung auch außerhalb der alleinigen Verantwortung des Arztes im Rahmen des § 1 AMG zur Arzneimittelversorgung erfolgen kann. Ausnahmen vom Ausschluss des Off-Label-Use von der Leistungspflicht der GKV sind möglich.

Eine Anwendung des § 135 SGB V ist nach dem Urteil für zulassungspflichtige Arzneimittel ausgeschlossen.

Die negative Vorgreiflichkeit der arzneimittelrechtlichen Zulassung erstreckt sich nicht auch auf den Off-Label-Use, da in diesen Fällen das Arzneimittel zulässig in den Verkehr gebracht und über die Prüfung der pharmakologisch-toxikologischen Eigenschaften die Basis für eine ausreichende Arzneimittelsicherheit geschaffen wurde. Von der Vorgreiflichkeit werden vielmehr solche Arzneimittel erfasst, welche zulassungspflichtig sind, die Zulassung aber gänzlich fehlt.

b. Kritik und offene Fragen

Das Sandoglobulin-Urteil wurde wegen der Schaffung von Klarheit und Rechtssicherheit dringend erwartet und schließlich auch begrüßt.[453] Als positiv hervorzuheben ist insbesondere, dass das BSG eine Notwendigkeit für einen kontrollierten Off-Label-Use festgestellt hat, ohne dessen Legitimation losgelöst von bestehenden Defiziten im Zulassungsrecht pauschal zu bejahen.[454] Auch bekräftigt die neue Rechtssprechung die Grundentscheidung des AMG, die Zulassungspflicht als präventives Verbot mit Erlaubnisvorbehalt auszugestalten.[455]

Dierks[456] kritisiert das Fehlen einer genauen Definition des Off-Label-Use durch das BSG. In der Zulassungspraxis sei mittlerweile eine derart spezifische Formulierung der Anwendungsgebiete zu beobachten, dass eine Abweichung von einzelnen dieser offensichtlich der Haftungsprophylaxe dienenden Kriterien nicht zur Bewertung als Off-Label-Use führen solle. Etwa fänden Aufnahme in das Anwendungsgebiet Kriterien wie Altergrenzen der Prüfklientel, Vor- und

---

[453] *Ehlers/Weizel*, PharmInd 2002, S. 765 (767).
[454] *Niemann*, NZS 2002, S. 361 (366).
[455] *Mrozynski*, SGb 2003, S. 106 (107).
[456] *Dierks*, Bundesgesundheitsbl. 2003, S. 458 (459 f.).

Begleitmedikation, oder Stadien der Erkrankung. Für eine Definition des Off-Label-Use komme etwa die Abgrenzung zwischen Anwendungsgebiet und Anwendungsbereich nach dem ATC-Code in Betracht. Weiter merkt Dierks fehlende Ausführungen in der Urteilsbegründung zu dem bestimmungsgemäßen Gebrauch im Rahmen der Haftungsproblematik an.[457]

Die nun ausdrückliche Abkehr von der Anwendung des § 135 Abs. 1 SGB V bedeute, dass die Krankenkassen den Off-Label-Use jedenfalls nicht mehr mit einem Fehlen der Empfehlung des G-BA ablehnen könnten; dies könne insoweit also als Erleichterung des Off-Label-Use verstanden werden.[458]

Hopf konstatiert, dass mit dem Urteil die Mehrzahl der vorhergegangenen Off-Label-Verordnungen nunmehr ausgeschlossen sei.[459] Unklar sei zudem, ob für Zulassungsbeschränkungen in einem zugelassenen Indikationsgebiet die im Urteil aufgestellten Grundsätze sinngemäß Anwendung fänden.[460] Schließlich werde die Begrenzung des Off-Label-Use dort ad absurdum geführt, wo Verordnungen auf einem nicht zu den schwerwiegenden Erkrankungen zählenden Indikationsgebiet mit eng verwandten, aber unterschiedlich zugelassenen Arzneistoffen erfolgen würden: Viele Präparate enthielten identische Arzneistoffe, etwa stammten alle in Deutschland erhältlichen Metoprolol-Präparate vermutlich aus ein und der selben Produktion.[461]

Die Verbindung zwischen dem Arzneimittelrecht und dem Recht der GKV über § 12 Abs. 1 SGB V, welche in der Rechtsprechung des BSG seit langem Anerkennung gefunden hat, stellt Heidelmann[462] unter Hinweis auf die verschiedenen Regelungsbereiche der Rechtsgebiete in Frage. Auch Francke und Hart[463] kritisieren in diesem Zusammenhang, dass die ökonomische Wirtschaftlichkeit des Arzneimittels nicht Gegenstand des Zulassungsverfahrens sei, sowie die medizinische Zweckmäßigkeit anders als die sozialrechtliche nicht zwingend medizinische Wirkungen am Patienten erfordere. Ebenfalls verneinend äußern sich hierzu Kozianka und Millarg[464] unter Hinweis auf fehlende Anhaltspunkte im SGB V.

[457] *Dierks*, Bundesgesundheitsbl. 2003, S. 458 (460).
[458] *Goecke*, NZS 2002, S. 620 (624).
[459] *Hopf*, RhÄB 2002, S. 15 (16).
[460] *Hopf*, DÄBl. 2002, A1069 (1070).
[461] *Hopf*, RhÄB 2002, S. 15 (17).
[462] *Heidelmann*, Krankenhauspharmazie 2004, S. 364 (366).
[463] *Francke/Hart*, SGb 2003, S. 653 (559 f.).
[464] *Kozianka/Millarg*, PharmR 2001, S. 236 (238 f.).

Mrozynski[465] stellt es zudem als nicht widerspruchsfrei heraus, soweit das Gericht einerseits davon ausgehe, dass bei Indikationserweiterungen eine Neuzulassung erforderlich werde, es andererseits einen rechtlich bedeutsamen Unterschied zwischen dem gänzlichen Fehlen der Zulassung und dem Fehlen der Zulassung für eine bestimmte Indikation konstatiere. In beiden Fällen fehle es an der Zulassung.

Schimmelpfeng-Schütte sieht nach den Beschlüssen des Bundesverfassungsgerichts v. 22.11.2002[466] und v. 19.3.2004[467] den verfassungsrechtlichen Schutz gem. Art. 2 Abs. 2 S. 1 GG verletzt, da das BSG allein für wenige Ausnahmen eine Lösung anbiete und der überwiegende Teil der bislang erfolgreich mir einem Off-Label-Use behandelten Versicherten nach diesem Urteil unbehandelt bliebe.[468]

c. Umsetzung und Ausblick

Die Ausfüllung der vom BSG aufgestellten Voraussetzungen für den Off-Label-Use im Recht der GKV unterliegt in der Praxis nicht unerheblichen Schwierigkeiten.[469] Zur Umsetzung der Entscheidung wurde daher zunächst ein Schwerpunkt auf die Bildung der Expertengruppe Off-Label gelegt.[470]

Bereits an der restriktiven Voraussetzung des Vorliegens einer schwerwiegenden Erkrankung ist Kritik geäußert worden.[471] Späth fragt zu recht: Wann ist eine Erkrankung schwer wiegend?[472] Die Notwendigkeit einer engen Auslegung des Begriffs sehen Engelmann, Meurer und Verhasselt.[473] Das LSG Berlin[474] hatte sich unmittelbar im Nachgang zum Sandoglobulin-Urteil bereits mit dieser Frage auseinander zu setzen: Hier wurde eine lebensbedrohliche Erkrankung bei einer primären pulmonalen Hypertonie Stadium III ohne weitere Ausführungen bejaht. Eine Abgrenzung kann etwa zwischen auch Bagatellerkrankungen erfassender abstrakter sowie unmittelbarer Lebensbedrohung vorgenommen

---

[465] *Mrozynski*, SGb 2003, S. 106 (108).
[466] BVerfG, Beschl. v. 22.11.2002, Az.: 1 BvR 1586/02, NJW 2003, S. 1236.
[467] BVerfG, Beschl. v. 19.3.2004, Az.: 1 BvR 131/04, NJW 2004, S. 3100.
[468] *Schimmelpfeng-Schütte*, MedR 2004, S. 655 (658).
[469] Vgl. *Späth/Kronert*, HÄB 2002, S. 270.
[470] Vgl. Teil 3, A.I.2.b.cc.
[471] Vgl. *Francke/Hart*, SGb 2003, S. 653 (658 ff.); *Schimmelpfeng-Schütte*, MedR 2004, S. 655.
[472] *Späth*, HÄB 2002, S. 393.
[473] *Engelmann/Meurer/Verhasselt*, NZS 2003, S. 70 (73).
[474] Beschl. v. 29.5.2002, Az.: L 9 B 20/02 KR ER -Ilomedin-.

werden.[475] Die Abgrenzung des Merkmals einer dauerhaften, nachhaltigen Beeinträchtigung werde sich im Einzelfall wegen des nur schwer objektivierbaren Maßstabs als schwierig darstellen.[476] Schroeder-Printzen und Tadayon[477] haben vorgeschlagen, etwa die in verschiedenen Bereichen der Sozialversicherung anzutreffende Frist einer Dauerhaftigkeit von mindestens sechs Monaten heranzuziehen. Das BSG hält an der restriktiven Auslegung fest, es müsse eine solche Erkrankung vorliegen, die sich durch ihre Schwere oder Seltenheit vom Durchschnitt der Erkrankungen abhebt.[478]

Zur Behandlung der Frage nach dem Vorliegen einer therapeutischen Alternative ist es allein zweckmäßig, auf den konkreten Einzelfall abzustellen und daher etwa auch individuell bestehende Unverträglichkeiten einzubeziehen.[479] Zu beachten ist ferner die Begrenzung der Mitwirkungspflicht des Versicherten gem. § 65 Abs. 2 SGB I: Behandlungen und Untersuchungen können etwa dann abgelehnt werden, soweit ein Schaden für Leben oder Gesundheit nicht mit hoher Wahrscheinlichkeit ausgeschlossen werden kann, die Behandlung mit erheblichen Schmerzen verbunden ist oder einen erheblichen Eingriff in die körperliche Unversehrtheit bedeutet. Diese Merkmale könnten auch der Verfügbarkeit einer anderen Therapie entgegengesetzt werden und den Off-Label-Use im Einzelfall ermöglichen.[480]

Die „begründete Aussicht auf einen Behandlungserfolg" wird als in der Praxis umstrittenste Voraussetzung angesehen.[481] Eine sichere Einschätzung durch den Vertragsarzt durch Auswertung veröffentlichter Studien erscheine problematisch,[482] jedoch müsse die Verantwortung für die Verordnung beim Arzt verbleiben.[483] Etwa könne von Fall zu Fall diese Entscheidung einem „Gremium von ausgewiesenen Fachleuten" übertragen und damit ein Gegengewicht zu der Beurteilung des von den Krankenkassen eingeschalteten MDK geschaffen werden.[484] Als richtig hervorgehoben wird, dass eine Beschränkung des Wirksamkeitsnachweises auf die klinische Studie der Phase III des Zulassungsverfahrens

---

[475] *Schroeder-Printzen/Tadayon*, SGb 2002, S. 664.

[476] *Dierks*, Bundesgesundheitsbl. 2003, S. 458 (460).

[477] *Schroeder-Printzen/Tadayon*, SGb 2002, S. 664 mit Hinweis auf §§ 43, 101 SGB VI, § 56 Abs. 1 SGB VII, § 14 Abs. 1 SGB XI, § 2 Abs. 1 SGB IX.

[478] BSG Urteil v. 26.9.2006, Az.: B 1 KR 1/06 R, Soz-R 4-2500, § 31 Nr. 5.

[479] Dierks, Bundesgesundheitsbl. 2003, S. 458 (460).

[480] *Schroeder-Printzen/Tadayon*, SGb 2002, S. 664 (665).

[481] *Waßermann/Rosenkranz/Erdmann*, DMW 2004, S. 396; *Dierks/Nitz*, DMW 2004, S. 397.

[482] *Späth*, HÄB 2002, S. 393.

[483] *Dierks/Nitz*, DMW 2004, S. 397.

[484] *Waßermann/Rosenkranz/Erdmann*, DMW 2004, S. 396.

vom BSG nicht gefordert wird.[485] Zu beachten wird schließlich sein, dass als aussichtsreich gerade nicht allein eine Optimallösung gelten kann, sondern vielmehr die nach vorliegendem Erkenntnismaterial vergleichsweise beste Alternative.[486]

VIII. Urteil des BSG v. 18.5.2004 - Immucothel (B 1 KR 21/02 R)

1. Tatbestand und Entscheidungsgründe

Mit diesem Urteil[487] entschied das BSG entgültig über den Anspruch des freiwillig in der GKV versicherten Klägers auf Kostenerstattung für eine Therapie eines Harnblasen-Karzinoms mit dem Arzneimittel Immucothel. Das Arzneimittel wurde 1997 in den Niederlanden, 2002 in Österreich zugelassen. Gegen die Versagung der Zulassung in Deutschland ist zum Zeitpunkt dieser Entscheidung ein Verwaltungsrechtsstreit anhängig. Nach erfolglosem Widerspruchsverfahren wies das SG die Klage ab,[488] die Berufung blieb ohne Erfolg.[489] Der 1. Senat weist die Revision zurück. Die GKV sei für Arzneimittel ohne deutsche oder EU-weite Zulassung nicht zur Leistung verpflichtet, dies gelte auch für den Fall einer nicht rechtskräftigen Versagung des Zulassungsantrags. Eine zulassungsähnliche Wirkung entfalte auch nicht die im Einzelfall zulässige Arzneimittelbeschaffung aus dem Ausland gem. § 73 Abs. 3 AMG. Die im Urteil des BSG vom 19.3.2002 aufgestellten Voraussetzungen zur Leistungspflicht der GKV im Rahmen eines Off-Label-Use von Arzneimitteln lägen nicht vor. Der Einsatz des Präparats baue auf einem strafbaren Verhalten auf, aus einem verbotswidrigen Verhalten könne keine Leistungspflicht der GKV erwachsen. Es fehle zudem jedwede Qualitätskontrolle, so dass die Behandlung mit einem unkalkulierbaren Risiko für etwaige Gesundheitsschäden behaftet sei, welches der Versichertengemeinschaft nicht aufgebürdet werden dürfe.

---

[485] *Goecke*, NZS 2002, S. 620 (625 f.).
[486] *Kozianka/Millarg*, PharmR 2002, S. 212 (214).
[487] BSGE 93, 1; SozR 4-2500 § 31 Nr. 1; NZS 2005, S. 308; ZfS 2004, S. 209; SGb 2005, S. 106.
[488] SG Darmstadt, Urteil v. 24.2.2000, Az.: S 10 KR 207/99.
[489] LSG Darmstadt, Urteil v. 28.2.2002, Az.: L 14 KR 455/00.

2. Zusammenfassung und Bewertung

Mit dieser Entscheidung wurde die Verordnungsfähigkeit zulasten der GKV zunächst[490] völlig abgelehnt, um dem Fehlen jeglicher Inlandsprüfung Rechnung zu tragen. Kritisch merken Ehlers und Hoffmann an, die bestehenden Zulassungen im Ausland hätten Berücksichtigung finden müssen, zumal die Anwendungssicherheit eines Arzneimittels, das im Ausland für die in Frage stehende Indikation zugelassen sei, größer sein könne als für ein Arzneimittel ohne jede Zulassung in der gefragten Anwendung.[491]

IX. Urteil des BSG v. 19.10.2004 - Visudyne (B 1 KR 27/02 R)

1. Tatbestand und Entscheidungsgründe

Mit diesem Urteil[492] entschied das BSG über die Revision der beklagten Ersatzkasse gegen die Entscheidung des LSG, nach welcher der Klägerin die Kostenerstattung für die Behandlung eines Aderhautdefekts im Alter von ca. 6 Jahren mit dem Arzneimittelwirkstoff Verteporfin (Handelsname Visudyne) zugesprochen wurde. Visudyne ist seit 1999 in der Schweiz zur Behandlung von über 50-jährigen Patienten mit altersbedingter Makula-Degeneration zugelassen, seit April 2001 gilt eine entsprechende Zulassung EU-weit. Nach erfolglosem Widerspruchsverfahren wurde die Beklagte zur Kostenübernahme verurteilt[493], das LSG[494] hat die Berufung der Beklagten zurückgewiesen.

Der 1. Senat erachtet die Revision für begründet und hat die Sache zur erneuten Verhandlung an das LSG zurück verwiesen. Das BSG stellt jedoch Voraussetzungen auf, nach welchen eine bestehende ausländische Zulassung eines Arzneimittels entgegen der Immucothel-Entscheidung als ausreichend für eine Verordnungsfähigkeit zulasten der GKV anzusehen ist. Es müsse eine seltene, die Lebensqualität beeinträchtigende Erkrankung vorliegen, die dazu führe, dass eine systematische Erforschung der Behandlungsmöglichkeiten praktisch ausscheide, es dürfe keine Behandlungsalternative geben, und es müsse eine Nutzen-Risiko-Abwägung für den Einsatz sprechen. Da aber die Einzigartigkeit der Erkrankung nicht die Verordnung für jegliches Arzneimittel, welches in irgend-

---

[490] Vgl. *Hauck*, AuR 2006, S. 147 (149).

[491] *Ehlers/Hoffmann*, A/ZusR 2006, S. 4 (8).

[492] BSGE 93, 236; SozR 4-2500 § 27 Nr. 1; NZS 2005, S. 589; SGb 2005, S. 641.

[493] SG Neubrandenburg, Urteil v. 13.6.2001, Az.: S 4 KR 50/00.

[494] LSG M-V, Urteil v. 15.5.2002, Az.: L 4 KR 19/01.

einem Staat der Welt zugelassen sei, rechtfertigen könne, sei eine zusätzliche Überprüfung der Zulassungsentscheidung in gerichtlichen Verfahren erforderlich. Die Unbedenklichkeit und Wirksamkeit des Arzneimittels auch für andere Krankheiten seien durch zuverlässige pharmakologisch-toxologische Daten zu belegen. Positive Forschungsergebnisse oder wissenschaftliche Fachveröffentlichungen könnten jedoch bei dem Vorliegen einer singulären Erkrankung abweichend von den Grundsätzen des Off-Label-Use nicht verlangt werden. Daher müsse die im Zeitpunkt der Behandlung verfügbaren wissenschaftlichen Erkenntnisse die Annahme rechtfertigen, dass der voraussichtliche Nutzen der Maßnahme die möglichen Risiken überwiegt.

2. Zusammenfassung und Bewertung

Die vorliegende Entscheidung ergänzt die bisherige Rechtsprechung zum Off-Label-Use. Eine Erweiterung der bislang aufgestellten Grundsätze über die Verordnungsfähigkeit von Arzneimitteln im Off-Label-Use findet hier in dem äußerst restriktiv auszulegenden Bereich der singulären Erkrankung statt. Dies zeigt, dass die Grundsätze zum Off-Label-Use nicht unüberwindbar[495] sind. Die Befürchtung, es könne hier eine Zulassung „durch die Hintertür"[496] kommen, wird daher nicht gesehen.[497]

X. Weitere Rechtsprechung des BSG

In dem Urteil vom 4.4.2006[498] stellt das BSG unter Berücksichtigung der Rechtssprechung des BVerfG neue Voraussetzungen für die Leistungspflicht der GKV bei dem Einsatz eines gem. § 73 Abs. 3 AMG importierten Arzneimittels auf. Unter anderem müsse eine lebensbedrohliche oder regelmäßig tödlich verlaufende Erkrankung vorliegen, ein zugelassenes Arzneimittel dürfe, auch im Off-Label-Use, nicht zur Verfügung stehen oder wegen konkreter Risiken nicht angewendet werden können, und die Behandlung müsse eine nicht ganz fernliegende Aussicht auf eine positive Einwirkung auf den Krankheitsverlauf bieten. Zu diesem Urteil merkt Dierks an, dass die Rechtssicherheit im Bereich des Off-Label-Use, nicht zuletzt für die behandelnden Ärzte, erhöht werde.[499]

---

[495] *Ehlers/Hoffmann*, A/ZusR 2006, S. 4 (11).
[496] Verneinend: *Hauck*, AuR 2006, S. 147 (149).
[497] *Wartensleben*, PharmR 2005, S. 207 (210).
[498] Urteil v. 4.4.2006, Az.: B 1 KR 7/05 R.
[499] *Dierks*, Ärzte Zeitung v. 6.9.2006.

XI. Ergebnis zu C.

In einer Gesamtbetrachtung der hier behandelten Urteile des Bundessozialgerichts fällt sogleich auf, dass die rechtliche Bewertung der Erstattungsfähigkeit von Arzneimitteln im Off-Label-Use hinsichtlich der komplexen Rechtsfragen sowie der richtigen und sachgerechten Einordnung der Problematik schwierig war und ist.

Dies zeigt sich deutlich in einer Gesamtschau der dargestellten Urteile. Bereits die Suche nach einer Antwort auf die Frage nach der Anwendbarkeit des § 135 Abs. 1 SGB V auf die Therapie mit Arzneimitteln gestaltete sich langwierig: Während in den Urteilen des 1. Senats vom 23.7.1998 (Jomol) und vom 28.3.2000 (ASI) unter Berufung auf Wortlaut und Zweck der Norm ausgeführt wurde, der Anwendungsbereich sei nicht auf ärztliche Verrichtungen beschränkt, urteilte der Senat in der Entscheidung vom 19.3.2002 (Sandoglobulin) unter Verweis auf die Systematik von SGB V und AMG, dass Therapien mit zulassungspflichtigen Arzneimitteln nicht von § 135 Abs. 1 SGB V erfasst werden.

Größte Kontinuität besteht hinsichtlich der Frage nach der Leistungspflicht der GKV für zulassungspflichtige, aber nicht zugelassene Arzneimittel. Einheitlich verneinen diese der 1. Senat und der 8. Senat des BSG. Die Äußerungen lauteten: Zulassungspflichtige Arzneimittel sind nicht zulasten der GKV verordnungsfähig, wenn die Zulassung entweder noch nicht erteilt[500] oder bereits abgelehnt[501] worden ist. Diese negative Vorgreiflichkeit der arzneimittelrechtlichen Zulassung wird auch im Urteil vom 19.3.2002 (Sandoglobulin) aufrechterhalten.

Hinsichtlich der eigentlichen Frage nach dem Off-Label-Use im Recht der GKV zogen sich Senate zunächst zu Recht darauf zurück, dass die vor dem Gericht zu verhandelnden Sachverhalte keine Entscheidung über das Problem verlangten. Ein obiter dictum zu dieser Frage gab es trotz zunehmender wirtschaftlicher und bald auch politischer Bedeutung entgegen mancher Erwartung in den Entscheidungen Goldnerz, Jomol oder Edelfosin nicht. Tendenziell positiv äußerte sich der 1. Senat.[502] Erstmals ausdrücklich gegen die Zulässigkeit von Off-Label-Verordnungen zulasten der GKV sprach sich der 8. Senat – in einem obiter dictum - aus, indem er die Verordnung von zugelassenen Arzneimitteln in nicht

---

[500] Urteil v. 23.7.1998 -Jomol-.
[501] Urteil v. 8.6.1993 -Goldnerz-; Urteil v. 8.3.1995 -Edelfosin-.
[502] Urteil v. 5.7.1995 -Remedacen-.

zugelassenen Indikationen nur in gravierenden Fällen oder bei einem System-versagen als zulässig bezeichnete.[503] Mit Spannung wurde daher der Begründung des Urteils v. 19.3.2002 (Sandoglobulin) entgegen gesehen.

Auf Grundlage dieses Urteils wurde sodann der Gesetzgeber aktiv: Die Expertengruppen Off-label wurden mit den notwendigen Bewertungen beauftragt, deren Ergebnisse werden an den G-BA als Beschlussempfehlung i.R.d. Arznei-mittel-Richtlinien weitergeleitet, § 35b Abs. 3 SGB V.

D. Die Zulässigkeit des Off-Label-Use in isolierter Betrachtung nach dem Recht der GKV

I. Leistungspflicht der GKV und Arzneimittelzulassung

1. Negative Vorgreiflichkeit

Eine nicht beantragte, abgelehnte oder aus sonstigen Gründen nicht vorliegende Zulassung eines zulassungspflichtigen Fertigarzneimittels steht einer Verord-nung zulasten der GKV entgegen.[504] Dies wird von dem Bundessozialgericht damit begründet, dass eine die Rechtmäßigkeit des Beschaffungsweges garan-tierende Marktzulassung zwingende Voraussetzung der Leistungspflicht sei.[505] Diese Argumentation ist jedoch auf den Off-Label-Use nicht übertragbar, da hier ein zugelassenes, damit ein verkehrsfähiges Arzneimittel eingesetzt wird. In Bezug auf die ärztliche Anwendung des Arzneimittels stellen Francke und Hart daher fest, dass sich die negative Vorgreiflichkeit der Zulassung auf die abstrakte Verkehrsfähigkeit beschränke und sich daher aus der formellen recht-lichen Wirkung der Zulassung keine Einschränkung der Leistungspflicht der GKV ergebe.[506]

2. Wirtschaftlichkeit und Zweckmäßigkeit

Der in §§ 2 Abs. 1 S.3, 12 Abs. 1 SGB V enthaltene Grundsatz der Zweckmä-ßigkeit und Wirtschaftlichkeit wird nach der Rechtsprechung des BSG in seinen Mindestvoraussetzungen durch die Kriterien gem. § 21 Abs. 2 AMG, namentlich durch Nachweis der Qualität, Wirksamkeit und Unbedenklichkeit des Arz-

---

[503] Urteil v. 30.9.1999 -SKAT-.
[504] *Werner*, PharmaR 2001, S. 284 (285).
[505] Vgl. Urteil v. 23.7.1998 -Jomol-; Urteil v. 8.3.1995 -Edelfosin-.
[506] *Francke/Hart*, SGb 2003, S. 653 (658).

neimittels, bestimmt. Da sich diese Zulassungskriterien jedoch eindeutig auf die beantragten Anwendungsgebiete beziehen, ist darüber hinaus keine Übereinstimmung des Leistungsrechts mit dem Arzneimittelrecht gegeben. Das AMG verlangt bei einer Erweiterung der Anwendungsgebiete sogar eine Neuzulassung. Beim Off-Label-Use sind daher die Voraussetzungen der §§ 2 Abs. 1 S. 3, 12 Abs. 1 SGB V nicht mehr gegeben.

3. Ergebnis

Das SGB V kennt keine Norm, welche ausdrücklich auf die Zulassung des Arzneimittels nach dem AMG Bezug nimmt und eine Leistungspflicht der GKV hieran knüpft. Es bei dieser Trennung von AMG und SGB V zu belassen, greift jedoch zu kurz. Zu gewichtig sind die diesen Gesetzen zugrunde liegenden Regelungszwecke, zu häufig deren Berührungspunkte.

Die Kernfrage lautet daher: Ist die vom BSG vorgenommene Anknüpfung des Leistungsrechts der GKV an das Arzneimittelrecht über die Kriterien Zweckmäßigkeit und Wirtschaftlichkeit richtig, sachgerecht und zielführend? Die Antworten der Wissenschaft fallen unterschiedlich aus. Francke und Hart sehen hierin keine zwingende Verbindung.[507] Selbstverständlich kann eine vollständige Deckung der Begriffe Qualität, Wirksamkeit und Unbedenklichkeit einerseits und Zweckmäßigkeit und Wirtschaftlichkeit andererseits nicht bis zuletzt begründet werden. Es werden aufgrund der unterschiedlichen Zwecke und Entstehungszeitpunkte der Gesetzeswerke Kritikpunkte verbleiben. Eine wertende Zusammenschau lässt es jedoch zu, einen gemeinsamen Nenner der Begriffe in dem vom Bundessozialgericht entwickelten Rahmen zu sehen. Daher erscheinen §§ 2 Abs. 1 S. 3, 12 Abs. 1 SGB V als Einbruchstelle der Arzneimittelsicherheit in das Recht der GKV im Ergebnis durchaus geeignet und systemgerecht.

II. Off-Label-Use und AMR

1. § 35b SGB V: Zweck, Inhalt und erwartete Auswirkungen der Norm

§ 35b ist durch das GMG v. 14.11.2003 zum 1.1.2004 in das SGB V eingefügt worden. Nach der Begründung des Gesetzentwurfs[508] soll auf Grundlage der

---

[507] *Francke/Hart*, SGb 2003, S. 653 (659 f.).
[508] BT-Drs. 15/1525, S. 88 f.

Nutzenbewertungen von Arzneimitteln durch das Institut für Qualität und Wirtschaftlichkeit im Gesundheitswesen der Inhalt der Arzneimittel-Richtlinien angepasst werden, und die Nutzenbewertungen damit Auswirkungen auf die Wirtschaftlichkeitsprüfungen gem. § 106 Abs. 5b SGB V haben.[509] Gesetzgeberisches Ziel ist dabei zum einen die Schaffung von Anreizen für die pharmazeutischen Unternehmen, sich „verstärkt auf echte Innovationen mit therapeutischem Mehrwert"[510] zu konzentrieren. Auch soll erarbeitet werden, für welche Patientengruppen ein neues Arzneimittel eine maßgebliche Verbesserung des Behandlungserfolgs erwarten lässt. Diesen Patienten soll die ggf. teure Therapie dann gezielt zur Verfügung stehen, während sie bei anderen, dieser Therapie nicht bedürftigen Patienten vermieden werden kann.[511]

Zuständig ist das Institut für Qualität und Wirtschaftlichkeit im Gesundheitswesen für die Abgabe von Bewertungen des diagnostischen oder therapeutischen Nutzens von vorrangig erstmals verordnungsfähigen Arzneimitteln gegenüber dem Gemeinsamen Bundesausschuss als Empfehlungen zur Beschlussfassung gem. § 92 Abs. 1 S. 2 Nr. 6 SGB V. Diese Empfehlungen sind dabei aufgrund ihrer gesetzlichen Verankerung in § 35b Abs. 2 S. 1 SGB V als gutachtliche Stellungnahme mit Tatbestandswirkung anzusehen.[512] Die Wirkungen der Aufnahme in die Arzneimittel-Richtlinien sind insbesondere die Möglichkeit des Leistungsausschlusses bei negativer Nutzenbewertung als unwirtschaftliches Arzneimittel gem. § 34 SGB V sowie das Einfließen der Empfehlungen in die Wirtschaftlichkeitsprüfung gem. § 106 Abs. 5b SGB V.

Die Beauftragung des Instituts erfolgt durch den Gemeinsamen Bundesausschuss oder durch das BMGS (§ 139b Abs. 1, 2 SGB V). Weiter können die den G-BA bildenden Institutionen, Patientenorganisationen sowie die oder der Beauftragte der Bundesregierung für die Belange der Patientinnen und Patienten die Beauftragung beim G-BA beantragen, § 139b Abs. 1 S. 2 SGB V. Das pharmazeutische Unternehmen ist daher für eine Beauftragung des Instituts auf die Anregung gegenüber der berechtigten Institutionen beschränkt, eine abgegebene Bewertung des Instituts ist jedoch gem. § 35b Abs. 2 S. 3 SGB V beim Vorliegen neuer wissenschaftlicher Erkenntnisse auf Antrag des Arzneimittelherstellers zu überprüfen.

---

[509] KassKomm-*Hess*, § 35b SGB V Rn. 2.
[510] BT-Drs. 15/1525, S. 88.
[511] BT-Drs. 15/1525, S. 89.
[512] KassKomm-*Hess*, § 35b SGB V Rn. 8.

Nutzenbewertungen können auch abgegeben werden für Arzneimittel, die von Bedeutung sind, § 35b Abs. 1 S. 2 SGB V. Die Gesetzesbegründung verweist diesbezüglich auf die versorgungsbezogene Bedeutsamkeit[513], denkbare Fälle sind etwa hoher Marktanteil oder besondere Wichtigkeit des Arzneimittels in einer bestimmten Indikation.[514]

Zur Sicherstellung einheitlicher Methoden für die Bewertung unterscheidet die Gesetzesbegründung drei Stufen.[515] Hiernach erfolgt die Zuordnung der Arzneimittel in solche mit neuem Wirkprinzip und verbesserter Wirkung (Stufe A), mit verbesserter Wirkung und einem bereits zugelassenen Arzneimitteln entsprechendem Wirkprinzip (Stufe B) sowie in solche ohne verbesserte Wirkung, deren Wirkstoff einem neuen Wirkprinzip unterliegt oder dem eines bereits zugelassenen Arzneimittels entspricht (Stufe C). Dieses System richtet sich also nach einem Vergleich neuer mit bereits vorhandenen Therapiemöglichkeiten.[516] Für die Stufen B und C wird dabei die Auswahl eines Referenzarzneimittels mit bereits zugelassenem Wirkstoff und vergleichbarem Wirkprinzip vorgeschlagen, welches in besonderer Weise zweckmäßig ist.[517] Die indikationsbezogene Nutzenbewertung in den Stufen A und B hat zum Ziel „die Anwendungsgebiete, Anwendungsbedingungen und Patientengruppen näher bestimmen zu können, für welche die Verordnung eines Arzneimittels dieser Stufen erheblich bessere therapeutische Ergebnisse erwarten lässt."[518]

§ 35b Abs. 3 SGB V regelt die Einrichtung von Expertengruppen beim BfArM. Diese durch das BMGS berufenen Expertengruppen geben Bewertungen ab zum Stand der wissenschaftlichen Erkenntnisse über die Anwendung von zugelassenen Arzneimitteln für Indikationen und Indikationsbereiche, für die sie nach dem Arzneimittelgesetz nicht zugelassen sind. Mit der Aufnahme in die Arzneimittel-Richtlinien (vgl. § 35b Abs. 3 S. 2 SGB V) sollen die Voraussetzungen für einen Anspruch von Versicherten auf die off-label Anwendung von Arzneimitteln geschaffen werden[519], soweit die wissenschaftliche Erkenntnis dies zulässt: „Durch die Regelung werden Voraussetzungen für den Anspruch von Versicherten auf Arzneimittel bei Anwendung außerhalb von nach dem Arzneimittelgesetz zugelassenen Anwendungsgebieten getroffen. Die Bewertungen, welche Anwendungen dem Stand der wissenschaftlichen Erkenntnis

[513] BT-Drs. 15/1525, S. 88.
[514] Vgl. KassKomm-*Hess*, § 35b SGB V Rn. 5.
[515] BT-Drs. 15/1525, S. 88 f.
[516] *Sommer* in: Jahn, SGB V, § 35b Rn. 5.
[517] BT-Drs. 15/1525, S. 89.
[518] BT-Drs. 15/1525, S. 89.
[519] *Sommer* in: Jahn, SGB V, § 35b Rn. 12; KassKomm-*Hess*, § 35b SGB V Rn. 12.

entsprechen, werden unter den in der Vorschrift genannten Voraussetzungen Teil der Arzneimittel-Richtlinien. Eine entsprechende Bewertung soll nur mit Zustimmung des pharmazeutischen Unternehmens erstellt werden, damit gewährleistet ist, dass dieses die betreffenden Anwendungen als bestimmungsgemäßer Gebrauch akzeptiert und damit nach den Vorgaben des Arzneimittelgesetzes für die entsprechenden Anwendungen haftet."[520]

Die zulassungsüberschreitende Anwendung von Arzneimitteln ist zulasten der GKV nach geltender Rechtslage neben der durch das BSG aufgezeigten Möglichkeit[521] gem. § 35b Abs. 3 SGB V nur dann zulässig, soweit entsprechende Empfehlungen der Expertengruppe nach Zustimmung des pharmazeutischen Unternehmers vom Gemeinsamen Bundesausschuss in die Arzneimittel-Richtlinien gem. § 92 Abs. 1 S. 2 Nr. 6 SGB V aufgenommen wurden.[522] Niemals zulasten der GKV verordnungsfähig ist der Off-Label-Use gem. §§ 92 Abs. 1 S. 1 a.E., 35b Abs. 3 SGB V, soweit in den Arzneimittelrichtlinien[523] die Verordnungsfähigkeit ausgeschlossen wurde.[524]

2. Kritik

Die Vorteile der Regelung erstrecken sich hauptsächlich auf die Aspekte Rechtssicherheit, Möglichkeiten der rechtlichen Umsetzung sowie Einbindung von Fachwissen. Letzteres konnte durch die Einrichtung der Expertengruppen beim BfArM erreicht werden und ist für den Erfolg der Regelung unabdingbar.

Nicht geregelt wurden in § 35b SGB V die Voraussetzungen einer Berufung der Expertengruppen durch das BMGS und die Fragen nach dem Bestehen eines Antragsrechts hierauf sowie einer Beauftragungsbefugnis der berufenen Expertengruppen. Hinsichtlich letzterer verweist § 35b Abs. 3 SGB V dabei gerade nicht auf die Beauftragungsmöglichkeiten gem. §§ 35b Abs. 1, 139b SGB V. Daher bleibt unklar, ob ein Tätigwerden von Amts wegen vom Gesetzgeber gewollt ist oder eine analoge Anwendung des § 35b Abs. 1 SGB V in Betracht kommt.[525]

---

[520] BT-Drs. 15/1525, S. 89; vgl. auch *Fastabend/Schneider*, Leistungsrecht, Rn. 123a.
[521] So auch *Kruse* in: Kruse/Hänlein, Das neue Krankenversicherungsrecht, Rn. 551.
[522] Vgl. *Sommer* in: Jahn, SGB V, § 35b Rn. 12.
[523] Nr. 25 AMR, Abschnitt H, i.V.m. Anlage 9, Teil B.
[524] Vgl. *Francke/Hart*, SGb 2003, S. 653 (663).
[525] Vgl. KassKomm-*Hess*, § 35b SGB V Rn. 12.

Weiter greift § 35b SGB V das Thema Off-Label-Use nur in einem engen Sinn auf: Es wird lediglich Bezug genommen auf die Anwendung von Arzneimitteln außerhalb zugelassener „Indikationen und Indikationsbereiche". Nicht äußert sich das Gesetz etwa zu den Fragen der abweichenden Applikationsart, Dosis, Altersstufe etc. Es bleibt zu hoffen, dass über den Wortlaut des Gesetzes hinaus auch für solche Fragen Expertengruppen berufen werden können. In einer Zusammenschau mit der neueren arzneimittelrechtlichen Einzelregelung in der Pädiatrie[526] ist andernfalls eine künstlich und willkürlich erscheinende Verlagerung der Fragen einmal in den Bereich des Arzneimittelrechts, ein anderes Mal in den Bereich des Rechts der GKV zu befürchten.

Darüber hinaus bleibt unklar, wie der Erlass des neuen § 25 Abs. 7a S. 7 AMG im Lichte der Regelung des § 35b Abs. 3 SGB V zu bewerten ist.[527]

Schließlich unterliegt die Entscheidung, die Ergebnisse der Expertengruppen in die AMR einzubeziehen, grundsätzlicher Kritik. Dabei werden die weitere Übertragung von Befugnissen auf den G-BA sowie der Regelungsumfang der AMR in Frage gestellt.[528] Die Einbeziehung der Ergebnisse der Expertengruppen in die Arzneimittel-Richtlinien des G-BA ist sicherlich kein Systembruch und wurde auch durchaus früh gefordert.[529] Hinsichtlich der Möglichkeiten der Anpassung der Rechtslage an aktuelle medizinische Entwicklungen bietet dieser Ansatz auch große Vorteile. Als deutlich nachteilig ist jedoch zu kritisieren, dass der eigentliche Mangel des Zulassungsrechts, dessen starre und alleinige Ausrichtung am Antragsumfang, trotz Mahnung des BSG als Hauptproblem von dem gewählten Ansatz außer Acht gelassen wurde. Hier scheint eine Nachbesserung nicht zuletzt vor dem Hintergrund der europarechtlichen Ausstrahlungswirkung einer nationalen Zulassung nach dem AMG vorprogrammiert.

3. Ergebnis

Der Lösungsansatz „AMR" ist bei aller grundsätzlicher Kritik und den Verbesserungserfordernissen im Detail durchaus geeignet, das Problem Off-Label-Use sozialrechtlich einzubetten und praktikabel zu handhaben.

---

[526] § 25 Abs. 7a S. 7 AMG; vgl. Teil 2, C.III.2.
[527] Vgl. Teil 2, C.III.2.
[528] Vgl. *Kozianka/Millarg*, PharmR 2002, S. 212 (215).
[529] Vgl. etwa *Niemann*, NZS 2002, S. 361 (366).

Mit dem Sandoglobulin-Urteil des BSG und der Einführung der Expertengruppe Off-label durch das BMG wurde der Off-Label-Use im Recht der GKV auf eine neue Grundlage gestellt. Die anschließende Regelung durch das GMG brachte mit § 35b SGB V einen weiteren Zuwachs an Rechtssicherheit für Versicherte und Leistungserbringer. Wenn auch die einzelnen Voraussetzungen des kontrollierten Off-Label-Use einer weiteren Ausgestaltung bedürfen und heute daher teilweise noch im Unklaren liegen, so war die Aufstellung dieser Voraussetzungen ein notwendiger und richtiger Schritt. Die Rechtslage zuvor war durch die ungelöste Frage nach dem Verhältnis zwischen Arzneimittelrecht und dem Recht der gesetzlichen Krankenversicherung zu verworren, als dass der bisherige Zustand hätte aufrechterhalten werden können. Dass die Diskussion erst durch Ankündigungen von Regressen durch die GKV in Bereichen der hochpreisigen Arzneimittel ausgelöst wurde, verunsicherte und verärgerte, konnte jedoch nicht von ihrer grundsätzlichen Notwendigkeit ablenken. Vor dem Hintergrund der Finanzlage in der GKV ist sie unvermeidbar und richtig.

III. Off-Label-Use und BUB

Der Anwendungsbereich von § 135 Abs. 1 SGB V umfasst nach dem Wortlaut der Norm neue Untersuchungs- und Behandlungsmethoden. Es stellt sich im Zusammenhang mit der Problematik des Off-Label-Use zulasten der GKV die Frage, ob die zulassungsüberschreitende Anwendung von Arzneimitteln eine „neue Behandlungsmethode" i.S.d. § 135 Abs. 1 SGB V ist.

1. Der Wandel in der Rechtsprechung des BSG

In der Rechtsprechung des BSG war zunächst eine Tendenz zur Anwendung des § 135 Abs. 1 SGB V auf Arzneimitteltherapien festzustellen.
Der 1. Senat äußert sich im Urteil vom 5.7.1995[530] bezüglich der Eigenschaft einer Methadon-Substitutionsbehandlung als neue Behandlungsmethode dahingehend, dass hier eine Bewertung der Vorteile und Risiken gegenüber dem Drogenentzug im Rahmen des § 135 SGB V erforderlich sei. Implizit wird demnach von einer grundsätzlichen Anwendbarkeit der Vorschrift ausgegangen. Mit dem Jomol-Urteil vom 23.7.1998[531] entschied sich der 1. Senat erstmals dahingehend, auch Arzneimittel als Sachleistung in den Anwendungsbereich des § 135 Abs. 1 SGB V einzubeziehen. Nicht allein ärztliche Verrichtungen

---

[530] BSGE 76, 194 (197).
[531] BSGE 82, 233.

seien als Behandlungsmethode zu qualifizieren, vielmehr verlange das Erfordernis der Prüfung und Anerkennung neuer Untersuchungs- und Behandlungsmethoden die Gewährleistung der Qualität aller für die vertragsärztliche Versorgung relevanten diagnostischen und therapeutischen Maßnahmen.[532] In Bezug auf innovative, zugelassene Fertigarzneimittel lässt der Senat dies jedoch offen.[533] Im ASI-Urteil vom 28.3.2000[534] äußert der 1. Senat die Auffassung, sowohl Arzneimittelverordnung als auch ärztliche Dienstleistung fallen unter den umfassenden Begriff der „Behandlungsmethode" und bestätigt damit die im Jomol-Urteil geäußerte Rechtsauffassung.

Der 8. Senat lässt diese Frage im SKAT-Urteil vom 30.9.1999 hingegen noch offen: Fraglich, aber nicht entscheidungsrelevant ist hiernach, ob „die Behandlung mit einem Arzneimittel außerhalb seines zugelassenen Anwendungsbereichs nicht (auch) zumindest eine neue Behandlungsmethode i.S. des § 92 Abs. 1 Satz 2 Nr. 5, § 135 Abs. 1 SGB V darstellt."[535]

Schließlich eindeutig ablehnend urteilt der 1. Senat jedoch sodann im Sandoglobulin-Urteil vom 19.3.2002[536]: Die Anwendung des § 135 Abs. 1 S. 1 SGB V komme nicht in Betracht, da nach der systematischen Einordnung der Vorschrift im 9. Abschnitt des vierten Kapitels hierin keine Regelung für die Qualitätssicherung der Arzneimittelversorgung zu sehen sei. Daher sei diese Kontrolle den Zulassungsvorschriften des AMG vorbehalten.[537] Die Zulassungsvorschriften verlören ihren Sinn, wenn eine Erweiterung der Anwendungsgebiete nach § 135 Abs. 1 SGB V erreicht werden könnte.[538]

2. Die Ansichten in der Literatur

In der Literatur wurde und wird eine solche Gleichsetzung ebenfalls ganz überwiegend abgelehnt.[539] In einer Anmerkung zum Jomol-Urteil kritisiert bereits Schwerdtfeger[540], dass das innovative Arzneimittel als Produkt schon dem Wortlaut des § 135 Abs. 1 S. 1 SGB V nicht unterfallen kann: „Erbringen" kann

---

[532] BSGE 82, 233 (237).
[533] BSGE 82, 233 (237 f.).
[534] BSGE 86, 54.
[535] BSGE 85, 36 (54 f.).
[536] BSGE 89, 184.
[537] BSGE 89, 184 (190 f.).
[538] BSGE 89, 184 (191).
[539] KassKomm-*Hess*, § 135 SGB V Rn. 2c; *Maaßen*, GKV-Komm, § 135 SGB V Rn. 2; *Knittel* in: Krauskopf, Soziale Krankenversicherung, § 135 SGB V Rn. 3.
[540] *Schwerdtfeger*, SGb 2000, S. 154 (156).

Methoden ausschließlich der Leistungserbringer der GKV, die Abgabe des Produkts erfolge jedoch aufgrund eigenständiger Vorschriften durch den Apotheker. Für eine „SGB V-Zulassung von Arzneimitteln" bestehe schon deshalb keine sachliche Relevanz, da sich die AMG-Zulassung bereits mit dem therapeutischen Nutzen auseinandersetze.[541] Dem folgend stellt auch Werner[542] auf den grundsätzlichen Unterschied zwischen zulassungsbedürftigen Arzneimitteln und ärztlichen Dienstleistungen ab. Großbölting und Schnieder[543] sahen entsprechend im Ergebnis der zunächst vom BSG befürworteten Einbeziehung der Arzneitherapien ein Zeichen einer weitgehenden Delegation der Verantwortung auf den BÄK.

Mrozynski[544] stellt zunächst unter Hinweis auf die gerade fehlende arzneimittelrechtliche Qualitätskontrolle des Arzneimittels im Off-Label-Use ein Argument für eine Anwendung des § 135 Abs. 1 SGB V auf. Jedoch wird mit Kozianka und Millarg[545] die Heranziehung der Norm schließlich damit abgelehnt, dass ein Ausschluss von Arzneimitteln von der vertragsärztlichen Versorgung nach der Rechtsprechung des BSG nicht durch Richtliniengebung gem. § 92 Abs. 1 Nr. 6 SGB V erfolgen könne.

3. Ergebnis

Wenn somit eine direkte Anwendung des § 135 Abs. 1 SGB V ausscheidet, so wird dennoch eine Lösung des Problems auf der Grundlage dieses Instrumentariums diskutiert: Für die vertragsärztliche Versorgung wäre demnach vorzusehen, dass alle nicht nach dem AMG bezüglich ihrer beabsichtigten Verwendung in einer Indikation geprüften Arzneimittel einer sozialrechtlichen Prüfung zu unterziehen wären.[546]

IV. Ergebnis

Das Recht der gesetzlichen Krankenversicherung schreibt in den Zeilen des SGB V eine Zulassung des Arzneimittels nicht ausdrücklich vor. Völlig zu Recht kamen daher auch einige frühe medizinische Veröffentlichungen zu dem

---

[541] *Schwerdtfeger*, SGb 2000, S. 154 (156).
[542] *Werner*, PharmR 2001, S. 284 (288).
[543] *Großbölting/Schnieder*, MedR 1999, S. 405 (405 f.).
[544] *Mrozynski*, SGb 2003, S. 106 (108).
[545] *Kozianka/Millarg*, PharmR 2001, S. 236 (240 f.).
[546] *Francke/Hart*, SGb 2003, S. 653 (662 f.).

selbstbewussten Ergebnis, der Off-Label-Use sei bei Beachtung des wissenschaftlichen Forschungsstandes zulässig, griffen damit aber hinsichtlich der Erstattungsfähigkeit leider gutgläubig noch zu kurz.[547]

Denn es bestehen gute Gründe für die Annahme einer Verknüpfung von SGB V und AMG in der vom BSG geäußerten Art und damit einer Abhängigkeit des Leistungsrechts von der arzneimittelrechtlichen Zulassung. Die Verknüpfung über das Merkmal der „Zweckmäßigkeit und Wirtschaftlichkeit" erscheint dabei durchaus geeignet, die Anforderungen der Arzneimittelsicherheit auch in das Recht der GKV einstrahlen zu lassen. Das so formulierte Ergebnis ist sachgerecht und bietet eine Grundlage für die anschließende Umsetzung einer Lösung. Dass diese dabei eher im Bereich des Arzneimittelrechts durch die Schaffung von Möglichkeiten einer Anpassung der Zulassung an neue wissenschaftliche Erkenntnisse zu suchen sein wird, § 35b Abs. 3 SGB V jedoch einen anderen Weg über die Einbeziehung der Empfehlungen der Expertenkommissionen Off-label in die AMR geht, schadet diesem Ansatz nicht.

---

[547] Vgl. etwa *Heckmann/Plewig*, DÄBl. 2000, A2850 (2851).

Teil 4: Aspekte des Verfassungsrechts, des Berufsrechts und des Haftungsrechts

A. Verfassungsrecht

I. Verfassungsrechtliche Aspekte der medizinische Versorgung in der GKV

Mit den Urteilen vom 8.3.1995[548], vom 8.6..1993[549] und vom 5.7.1995[550] entschied das BSG über die Auswirkungen einer versagten Zulassung nach dem AMG auf die Erstattungsfähigkeit von Arzneimitteln, über das Verhältnis von Sachleistung zu Kostenerstattung sowie über die GKV-Erstattung von Prüfpräparaten und Außenseitermethoden. Diese Urteile wurden durch die Beschlüsse des Bundesverfassungsgerichts vom 5.3.1997[551] bestätigt.

Im Verfahren 1 BvR 1071/95[552] wurde die Verfassungsbeschwerde gegen das Edelfosin-Urteil des BSG nicht zur Entscheidung angenommen. In dem Beschluss führte das BVerfG zur Frage des verfassungsrechtlichen Anspruchs des Versicherten gem. Art. 2 Abs. 2 S. 1 GG auf die Bereitstellung oder Finanzierung einer eigenverantwortlich gewählten medizinischen Versorgung durch die GKV jedoch grundsätzlich aus, dass sich aus Art. 2 Abs. 2 S. 1 GG zwar die freie Selbstbestimmung des Patienten über ärztliche Heileingriffe ergebe mit der Folge, dass diesem allein auch die letzte Entscheidung über die in seinem Fall anzuwendende Therapie belassen sei.[553] Hieraus ergebe sich aber kein verfassungsrechtlicher Anspruch gegen die Krankenkassen auf Bereitstellung entsprechender medizinischer Versorgung oder auf Gewährung finanzieller Leistungen. Denn ein mit der Verfassungsbeschwerde durchsetzbarer Anspruch auf Bereithaltung spezieller Gesundheitsleistungen könne aus Art. 2 Abs. 2 S. 1 GG nicht hergeleitet werden.

Zwar folge aus Art. 2 II 1 GG eine objektivrechtliche Pflicht des Staates, sich schützend und fördernd vor das Rechtsgut des Art. 2 Abs. 2 S. 1 GG zu stellen.[554] Daran habe sich grundsätzlich auch die Auslegung des Rechts der GKV zu orientieren. Der mit einer solchen Schutzpflicht verbundene grundrechtliche

---

[548] Az.: 1 RK 8/94 -Edelfosin-.
[549] Az.: 1 RK 21/91 -Goldnerz-.
[550] Az.: 1 RK 6/95 -Remedacen-.
[551] Az.: 1 BvR 1068/96; 1 BvR 1071/95; 1 BvR 1831/95; 1 BvR 418/96.
[552] NJW 1997, S. 3085 = Breith 1997, 764.
[553] So bereits BVerfGE 89, 120 (130).
[554] Vgl. BVerfGE 46, 160 (164), NJW 1977, S. 2255; BVerfGE 90, 145 (195), NJW 1994, S. 1577.

Anspruch sei jedoch im Hinblick auf die den zuständigen staatlichen Stellen einzuräumende weite Gestaltungsfreiheit bei der Erfüllung der Schutzpflichten nur darauf gerichtet, dass die öffentliche Gewalt Vorkehrungen zum Schutz des Grundrechts trifft, die nicht völlig ungeeignet oder völlig unzulänglich sind.[555] Nur in diesen engen Grenzen könne das BVerfG die Erfüllung der Schutzpflicht überprüfen.[556]

Zu der Verbindung zwischen Arzneimittelrecht und dem Recht der GKV führt das BVerfG schließlich aus: Das Wirtschaftlichkeitsgebot gem. § 12 SGB V markiere die finanziellen Grenzen, die der Leistungspflicht der gesetzlichen Krankenversicherung von der Belastbarkeit der Beitragszahler und der Leistungsfähigkeit der Volkswirtschaft gezogen werden. Wenn Verwaltung und Sozialgerichte in diesem Zusammenhang die Frage nach der Wirtschaftlichkeit einer Leistung gem. § 12 I SGB V mit den Anforderungen des Arzneimittelrechts verknüpfen würden und sie deshalb verneinten, weil das Arzneimittel nicht oder noch nicht zugelassen sei, so sei dies nach dem Grundgesetz nicht zu beanstanden. Das Arzneimittelrecht und die Vorschriften des SGB V dienten nicht denselben Zwecken und machten daher die Zulassung von Arzneimitteln zum Verkehr und die Verordnungsfähigkeit von Arzneimitteln zulasten der GKV von verschiedenen Voraussetzungen abhängig. Die Vorschriften des SGB V seien auf die Gewährleistung einer therapeutisch und wirtschaftlich möglichst effizienten Verordnung von Arzneimitteln gerichtet. Das AMG verfolge dagegen den Zweck, im Interesse einer ordnungsgemäßen Arzneimittelversorgung für die Sicherheit im Verkehr mit Arzneimitteln zu sorgen. Dies schließe gem. § 1 AMG neben der Unbedenklichkeit auch die Prüfung der Qualität und der Wirksamkeit des jeweiligen Arzneimittels ein. Es sei daher unter verfassungsrechtlichen Gesichtspunkten nicht bedenklich, die Verordnungsfähigkeit eines Arzneimittels zu verneinen, wenn und solange dieses nicht arzneimittelrechtlich zugelassen sei. Mit der arzneimittelrechtlichen Zulassung verfügten die Krankenkassen über ein eindeutiges und zugängliches Kriterium bei der Entscheidung über die Verordnungsfähigkeit von pharmazeutischen Produkten. Dieses Kriterium sei auch zuverlässig, denn die Zulassungsentscheidung nach §§ 21 ff. AMG ergehe auf der Grundlage aufwendiger Zulassungsunterlagen mit sachangemessener behördlicher Kompetenz.

---

[555] Vgl. BVerfGE 77, 170 (215), NJW 1988, S. 1651; BVerfGE 85, 191 (212 f.), NJW 1992, S. 964.
[556] Vgl. BVerfGE 77, 170 (215), NJW 1988, S. 1651; BVerfGE 79, 174 (202), NJW 1989, S. 1271.

Einen aus Art. 1 Abs. 1 S. 1 GG abzuleitenden Anspruch des Versicherten auf umfassende medizinische Versorgung zulasten der GKV verneint das BSG in seinem Urteil v. 30.9.1999.[557]

Die von Sozial- und Verwaltungsgerichten praktizierte Verknüpfung der Frage nach der Wirtschaftlichkeit der Leistung mit den Anforderungen des Arzneimittelrechts ist daher ebenso verfassungsrechtlich nicht zu beanstanden wie deren Verneinung in Falle einer nicht vorliegenden Zulassung des Arzneimittels.[558]

II. Beschluss des BVerfG v. 22.11.2002 (1 BvR 1586/02)

Das Bundesverfassungsgericht hob in diesem Beschluss[559] im Verfahren des einstweiligen Rechtsschutzes einen Beschluss des Landessozialgerichts Berlin auf. In der Folge entschied das LSG durch einen zweiten Beschluss neu.

Mit Beschluss des LSG Berlin v. 29.5.2002[560] wurde der Erlass einer einstweiligen Anordnung abgelehnt, dem Antragsteller eine Kostenübernahmezusage für den Einsatz eines Arzneimittels zu erteilen, das außerhalb seiner eigentlichen Zulassung eingesetzt werden sollte. Der Antrag wurde mit der Begründung abgelehnt, es bestehe für die begehrte Leistung kein Anordnungsanspruch. Die vom BSG aufgestellten Voraussetzungen für den Off-Label-Use seien nach summarischer Prüfung im zu entscheidenden Fall nicht gegeben, und daher sei keine überwiegende Wahrscheinlichkeit des Bestehens eines Anspruchs gegeben.

Mit Beschluss v. 22.11.2002 hob das Bundesverfassungsgericht diese Entscheidung des LSG Berlin auf, da nach Ansicht des 1. Senats das LSG aufgrund der bedrohlichen gesundheitlichen Situation des Antragstellers keine summarische Prüfung vorzunehmen hatte. Vielmehr sei eine intensive Prüfung vorzunehmen, welche sich nicht an den Erfolgsaussichten in der Hauptsache, sondern aufgrund der komplizierten Sach- und Rechtslage an einer Folgenabwägung zu orientieren habe. Eine neue Entscheidung des LSG müsse die jeweiligen Folgen einer einstweiligen Anordnung gegeneinander abwägen: Auf der einen Seite sei zu ermitteln, welche Folgen das Ergehen einer einstweiligen Anordnung für den Antragsgegner haben würde, auf der anderen Seite sei zu prüfen, welche Folgen

---

[557] Az.: B 8 KN 9/98 KR R -SKAT-.
[558] *Hauck*, AuR 2006, S. 147 (150).
[559] BVerfG NJW 2003, S. 1236 -Ilomedin-.
[560] Az.: L 9 B 20/02 KR ER -Ilomedin-.

im Fall des Nicht-Ergehens der einstweiligen Anordnung für den Antragsteller eintreten würden. Hierin seien auch die Fragen des Grundrechtschutzes, insbesondere das Recht auf Leben und körperliche Unversehrtheit, einzubeziehen.

Der daraufhin ergangene zweite Beschluss des LSG Berlin v. 28.1.2003[561] nahm eine erneute Prüfung des Antrags vor und gab diesem unter Berücksichtigung der Rechtsauffassung des Bundesverfassungsgerichts nun statt. In der Folgenabwägung kam das LSG zu dem Ergebnis, die mögliche negative Folge einer Ablehnung des Antrags auf der Seite des Antragstellers, namentlich die Beeinträchtigung der körperlichen Unversehrtheit und der Verlust des Lebens, überwiege die mögliche negative Folge eines stattgebenden Antrags auf der Seite der Antragsgegnerin, namentlich einen bloßen finanziellen Schaden.

Wenn diese Entscheidungen auf einen ersten Blick zunächst allein die Frage nach dem korrekten Prüfungsmaßstab im einstweiligen Rechtsschutz zu betreffen scheinen, ergibt sich auch eine weitergehende Konsequenz: Soweit den Gerichten im einstweiligen Rechtsschutz eine summarische Prüfung der im Sandoglobulin-Urteil aufgestellten Anforderungen an die Off-label-Verordnung nicht möglich ist, wird zur Sicherstellung eines effektiven Grundrechtsschutzes nach Maßgabe des Ilomedin-Beschlusses eine Folgenabwägung in der Regel zu Gunsten des Versicherten ausgehen.[562] Durch diese Entscheidung wird die Schutzpflicht staatlicher Organe für die Rechtsgüter Leben und körperliche Unversehrtheit betont, deren Einstrahlung in die Vorschriften des Rechts der GKV klargestellt.[563] Im Vergleich zu den Beschlüssen des Bundesverfassungsgerichts v. 5.3.1997 ist eine Stärkung der Stellung des Versicherten innerhalb der GKV eingetreten.[564]

Es ist daher zu erwarten, dass in der Zukunft damit auch verstärkt verfassungsrechtlich orientierte Verfahren im einstweiligen Rechtsschutz stattfinden werden.[565] Zusammenfassend kommt dem Ilomedin-Beschluss des Bundesverfassungsgerichts daher durchaus eine neue Qualität im Hinblick auf die Ausstrahlung der Grundrechte bezüglich der Leistungsentscheidungen der GKV zu.[566]

---

[561] Az.: L 9 B 20/02 KR ER W02 I -Ilomedin-.
[562] *Goecke*, NZS 2002, S. 620 (629); Niemann, NZS 2004, S. 254 (256).
[563] *Hauck*, AuR 2006, S. 147 (150).
[564] *Schimmelpfeng-Schütte*, MedR 2004, S. 655 (658).
[565] Vgl. BVerfG, Beschl. v. 19.3.2004, Az.: 1 BvR 131/04, NJW 2004, S. 3100.
[566] Vgl. *Niemann*, NZS 2004, S. 254 (255).

III. Beschluss des BVerfG v. 6.12.2005 (1 BvR 347/98)

Das Bundesverfassungsgericht entschied mit Beschluss v. 6.12.2005, Az.: 1 BvR 347/98[567], über die Verfassungsbeschwerde des gem. § 10 SGB V in der GKV versicherten Beschwerdeführers, welcher die Kostenübernahme für die Behandlung der Duchenne`schen Muskeldystrophie u.a. durch den Einsatz hochfrequenter Schwingungen („Bioresonanztherapie") begehrte. Die sozialgerichtliche Klage wurde durch Urteil des Bundessozialgerichts v. 16.9.1997[568] abgewiesen. Das BSG hat in diesem Urteil ausgeführt, bei dieser Behandlung des Klägers handele es sich um eine neue Behandlungsmethode, welche gem. § 135 Abs. 1 SGB V von der Leistungspflicht der GKV ausgeschlossen sei, da der G-BA diese nicht als zweckmäßig anerkannt habe. Die Verfassungsbeschwerde führte zur Aufhebung dieses Urteils.[569]

Das Bundesverfassungsgericht hat es als nicht mit den Grundrechten aus Art. 2 Abs. 1 GG i.V.m. dem Sozialstaatsprinzip sowie aus Art. 2 Abs. 2 S. 1 GG vereinbar angesehen[570], dass eine in der GKV versicherte Person, die an einer lebensbedrohlichen oder regelmäßig tödlich verlaufenden Krankheit leide von der Leistung für eine gewählte Behandlungsmethode ausgeschlossen werde, obwohl eine allgemein anerkannte Behandlung nicht vorliege und eine nicht ganz entfernt liegende Aussicht auf Heilung oder auf eine spürbar positive Entwicklung auf den Krankheitsverlauf bestehe.

Der Beschluss umschreibt damit einen Kernbereich der von Art. 2 Abs. 2 S. 1 GG geforderten Mindestversorgung in dem durch die GKV übernommenen staatlichen Verantwortungsbereich.[571] Die Sozialgerichte haben dieser Entscheidung bereits Rechnung getragen.[572]

---

[567] BVerfG NJW 2006, S. 891.

[568] Az.: 1 RK 28/95, BSGE 81, 54.

[569] Nach Zurückverweisung der Sache an das BSG wurde dort ein Vergleich geschlossen, vgl. Termin-Bericht des BSG Nr. 20/06 v. 27.3.2006, Internetpublikation 2008: www.bsg.bund.de.

[570] Vgl. *Francke/Hart*, MedR 2006, S. 131 f.; *Goecke*, NZS 2006, S. 291 (293 ff.).

[571] *Hauck*, AuR 2006, S. 147 (150).

[572] *Hauck*, AuR 2006, S. 147 (152) und *Kozianka/Hußmann*, PharmR 2006, S. 457 (459 ff.) jeweils unter Hinweis auf BSG, Urteil v. 4.4.2006, Az.: B 1 KR 7/05 R, NJW 2007, S. 1380; *Ehlers/Willhöft*, Pharmind 2007, S. 322, unter Hinweis auf BSG, Urteil v. 14.12.2006, Az.: B 1 KR 12/06 R.

B. Berufsrecht

I. Grundlagen des Berufsrechts

Die Rechtsquellen, welche den ärztlichen Beruf ausformen, sind in allen Gebieten des Rechts zu finden. Es existieren strafrechtliche, zivilrechtliche sowie öffentlich-rechtliche Normen des Arztrechts. Auch die Gestaltungsmittel sind vielfältig. Neben Gesetzen, Rechtsverordnungen und Satzungen stellt auch die richterliche Spruchpraxis ein Mittel der Ausformung des Arztrechts dar.

Gesetzliche Vorschriften finden sich etwa im Bürgerlichen Gesetzbuch, im Strafgesetzbuch sowie im Sozialgesetzbuch V. Das gemäß Art. 74 Abs. 1 Nr. 19 Grundgesetz durch Bundesgesetz zu regelnde Berufszulassungsrecht ist in der Bundesärzteordnung[573] ergangen. Die ärztliche Berufsausübung hingegen wird allein durch die Gesetzgebungsorgane der Länder geregelt. Diese Kammer- und Heilberufsgesetze der Länder[574] enthalten Vorschriften über die Berufspflichten, die Weiterbildung und die Berufsgerichtsbarkeit.

Neben diesen Gesetzen des Bundes und der Länder wurden zudem zahlreiche Rechtsverordnungen durch die Exekutivorgane erlassen. Als Beispiele seien hier etwa die Gebührenordnung für Ärzte[575] sowie die Zulassungsverordnung für Vertragsärzte genannt.

Die Kammer- und Heilberufsgesetze der Länder ermächtigen die jeweiligen Landesärztekammern zum Erlass von Satzungen über bestimmte Bereiche der Berufsausübung.[576] Diese Satzungen werden vielfach aus Gründen der Rechtseinheit zunächst vom Deutschen Ärztetag als Musterentwürfe erstellt[577], welche sodann weitgehend inhaltsgleich von den einzelnen Ärztekammern beschlossen werden. Ihre Wirksamkeit entfalten sie durch die Genehmigung der staatlichen Aufsichtsbehörde.[578] Die wesentlichen Regeln der ärztlichen Berufsausübung sind somit in den Satzungen der Ärztekammern ergangen. Neben der Weiterbildungsordnung ist hier vor allem die jeweilige Berufsordnung[579] von Bedeutung, da diese die Berufspflichten der Ärzte verbindlich regelt.

---

[573] BÄO vom 2.10.1961, BGBl. I S. 1857, i.d.F. vom 16.4.1987, BGBl. I S. 1218.
[574] Übersicht über die Kammer- und Heilberufsgesetze der Länder bei *Narr*, Ärztliches Berufsrecht, Rn. B3.
[575] Neubekanntmachung der GOÄ vom 9.2.1996, BGBl. I S. 210.
[576] *Laufs*, Arztrecht, Rn. 55.
[577] *Narr*, Ärztliches Berufsrecht, Rn. B70.
[578] *Laufs* in: Laufs/Uhlenbruck, Handbuch des Arztrechts, § 5 Rz. 5.
[579] Übersicht der Berufsordnungen bei *Narr*, Ärztliches Berufsrecht, Rn. B5.

II. Die Therapiefreiheit des Arztes

Die auch als Kernstück der ärztlichen Profession[580] bezeichnete Therapiefreiheit ist in § 1 Abs. 2 der Bundesärzteordnung und in § 2 Abs. 1 der Musterberufsordnung der deutschen Ärzte gesetzlich verankert und umfasst das Recht des Arztes zur freien Entscheidung über die Aufnahme einer Behandlung und über die Methodenwahl.[581] Sie ist zugleich Ausfluss der allgemeinen Handlungsfreiheit des Patienten und der Berufsfreiheit des Arztes.[582]

Im Rahmen dieser Therapiefreiheit obliegt es grundsätzlich der Entscheidung des behandelnden Arztes, welches Arzneimittel er bei welcher Indikation für geeignet hält und ob er dieses zur Therapie einsetzen wird.[583] Er ist dabei allein dem allgemein anerkannten medizinischen Standard unterworfen.[584]

III. Berufsrechtliche Sanktionen und Berufsgerichtsbarkeit

Die Kammer- und Heilberufsgesetze der Länder sehen Sanktionen von Verstößen gegen die Berufsordnung in verschiedenen Formen vor.[585] Es besteht zum einen nach einigen Landesgesetzen ein Rügerecht des Vorstands der Ärztekammer. Bei ausdrücklicher gesetzlicher Ermächtigung[586] kann ein den berufsordnungswidrigen Zustand feststellender Verwaltungsakt ergehen. Auch steht der Ärztekammer im Rahmen ihres Überwachungsrechts ein Antragsrecht auf Einleitung eines berufsgerichtlichen Verfahrens zu. Zudem steht ihr sogar als öffentlich rechtliche Körperschaft eine zivilrechtliche Klage gem. § 13 UWG bei Wettbewerbsverstößen durch berufsrechtliches Fehlverhalten offen.[587]

Die Gerichte der ärztlichen Berufsgerichtsbarkeit sind Gerichte für besondere Sachgebiete i.S.d. Art. 101 Abs. 2 GG. Es ist eine gesetzliche Legitimation zu ihrer Errichtung erforderlich, die mit den Kammer- und Heilberufsgesetzen geschaffen wurde. Dabei wurden unterschiedliche Ausgestaltungen der Einrichtung von Berufsgerichten vorgenommen. Die weitaus meisten Bundesländer haben die Berufsgerichte bei den Verwaltungsgerichten und Landesberufsge-

---

[580] *Laufs* in: Laufs/Uhlenbruck, Handbuch des Arztrechts, § 3 Rz. 13.
[581] *Laufs* in: Laufs/Uhlenbruck, Handbuch des Arztrechts, § 3 Rz. 13.
[582] BSGE 85, 36 -SKAT-.
[583] *Ehlers/Bitter*, PharmR 2003, S. 76 (77).
[584] BGH NJW 1992, 1560; VersR 1992, S. 745.
[585] Vgl. *Narr*, Ärztliches Berufsrecht, Rn. B76.
[586] BVerwG NJW 1986, S. 1120.
[587] *Pietzcker*, NJW 1982, S. 1840 f.

richte bei den Oberverwaltungsgerichten errichtet. Nur wenige Länder haben eine eigenständige Berufsgerichtsbarkeit eingerichtet[588] oder diese bei der ordentlichen Gerichtsbarkeit[589] errichtet.

Die Besetzung der Gerichte erfolgt mit hauptamtlichen Berufsrichtern sowie mit ehrenamtlichen Richtern aus den betreffenden Heilberufen. Das Berufsgericht ist mit einem hauptamtlichen Richter, welcher den Vorsitz führt, sowie mit zwei ehrenamtlichen Beisitzern besetzt. Verfahren vor den Landesberufsgerichten werden überwiegend von drei hauptamtlichen und zwei ehrenamtlichen Richtern durchgeführt. Das Verfahrensrecht der Berufsgerichtsbarkeit stützt sich weitestgehend auf das GVG, die StPO oder die VwGO.[590] Die Kammer- und Heilberufsgesetze enthalten entsprechende Verweisungen für den Fall des Nichtbestehens eigener landesrechtlicher Verfahrensvorschriften.

IV. Verordnung von Arzneimitteln

Als wesentliche Rechtsquelle für die ärztliche Berufsausübung ist für die Verordnung von Arzneimitteln die Musterberufsordnung der deutschen Ärzte stellvertretend für die Berufsordnungen der Länder heranzuziehen.

Die Musterberufsordnung stellt in § 34 ausdrückliche Anforderungen an die Verordnung von Arzneimitteln als berufliche Verhaltenspflicht. Jedoch enthält diese Norm lediglich eine Liste untersagter Verhaltensweisen in Bezug auf wirtschaftliche Aspekte der Arzneimittelverordnung, welche die Unabhängigkeit des Arztes sicherstellen soll. Aussagen über grundsätzliche Anforderungen an die Verordnung von Arzneimitteln werden nicht getroffen.

Deutlicher wird die Regelung des § 11 Abs. 1 MBO. Dieser bestimmt: „Mit der Übernahme der Behandlung verpflichtet sich der Arzt dem Patienten gegenüber zur gewissenhaften Versorgung mit geeigneten Untersuchungs- und Behandlungsmethoden." Hierin findet sich die berufsrechtliche Normierung der erforderlichen ärztlichen Sorgfalt.[591] § 11 MBO ist die berufsrechtliche Ausformung entsprechend § 276 BGB und fordert die berufsspezifische Achtung der im Verkehr erforderlichen Sorgfalt.[592] Da eine Behandlung des Patienten auch die

---

[588] Baden-Württemberg, § 59 Ba-WüKG; Niedersachsen, § 61 HKG-NS; Saarland, § 39 SÄKG.

[589] Bayern, Art. 62 BayHKG; Sachsen, § 62 Abs. 2 SächsHKG.

[590] *Narr*, Ärztliches Berufsrecht, Rn. B77.

[591] *Ratzel/Lippert*, Kommentar MBO, § 11 Rz. 1.

[592] *Ratzel*, Frauenarzt 2001, S. 934.

Verordnung von Arzneimitteln einschließt, liegt in § 11 MBO eine zentrale Norm des Berufsausübungsrechts. Kernpunkte dieser Bestimmung sind die Begriffe „gewissenhafte Versorgung" und „geeignete Methoden". Sie stellen unbestimmte Rechtsbegriffe dar, die der Auslegung bedürfen.

Die Formulierung „gewissenhafte Versorgung" umschreibt die Anforderungen an den persönlichen Einsatz des Arztes. Der Arzt ist aufgefordert, dem Patienten und dem medizinischen Problem seine ungeteilte Aufmerksamkeit zu widmen. Denn „gewissenhaft" kann nur die ärztliche Versorgung sein, bei der der Arzt seine ganze Arbeitskraft dem Patienten zur Verfügung stellt. Der Begriff „geeignete Methoden" fordert dabei eine Versorgung des Patienten mit solchen Untersuchungs- und Behandlungsmethoden, die das Behandlungsziel zu erreichen vermögen. In diesem Punkt liegt die Schnittstelle zwischen dem Recht der ärztlichen Berufsausübung und der medizinischen Wissenschaft: Über den unbestimmten Rechtsbegriff „geeignet" bricht der Stand der medizinischen Wissenschaft in das Berufsausübungsrecht ein.

Die Regelung des § 11 Abs. 1 MBO beinhaltet demnach die Pflicht des Arztes, die berufsspezifische Sorgfalt zu beachten, welche sich an dem jeweiligen, dem Arzt bei zumutbarer Anstrengung zugänglichen und verfügbaren Stand der medizinischen Wissenschaft orientiert[593]. Eine wesentliche Einschränkung der Therapiefreiheit lässt sich daher aus der MBO nicht ableiten.[594]

C. Haftungsrecht

I. Die Haftung des Arztes

Nach bislang einhelliger Auffassung ist der Arzt haftungsrechtlich zu einer Behandlung verpflichtet, die dem anerkannten Stand des medizinischen Wissens entspricht.[595] Ein schadensersatzauslösender Behandlungsfehler liegt somit dann vor, wenn die Anwendung eines Arzneimittels zwar mittlerweile dem anerkannten Stand des medizinischen Wissens entspricht, das Arzneimittel jedoch mangels Zulassung in der entsprechenden Indikation und damit mangels Erstattungsfähigkeit seitens der GKV nicht verordnet wird.[596]

---

[593] *Mertens* in: MünchKomm, § 823 Rz. 367; *Ratzel/Lippert*, Kommentar MBO, § 11 Rz. 1.
[594] *Ratzel*, Frauenarzt 2001, S. 934.
[595] OLG Köln, Urteil v. 30.5.1990, 27 U 169/87 -Aciclovir-, PharmaR 1991, S. 18; dem zustimmend: *Ehlers/Bitter*, PharmR 2003, S. 77.
[596] OLG Köln, Urteil v. 30.5.1990, JR 1991, S. 460.

Für einen Gesundheitsschaden, der durch einen off-label Gebrauch eines Arzneimittels entsteht, und welcher nicht durch die Haftung des pharmazeutischen Unternehmens (bestimmungsgemäßer Gebrauch, Bewerbung der Indikation oder Akzeptanz der Anwendung) abgedeckt ist, haftet der verordnende Arzt.[597]

II. Die Haftung des pharmazeutischen Unternehmers

Der pharmazeutische Unternehmer haftet für Arzneimittelschäden im Rahmen der §§ 84 f. AMG.[598] Im Bereich Off-Label-Use ist zu berücksichtigen, dass es sich hier um einen nach den Vorschriften des AMG bestimmungswidrigen Gebrauch des Arzneimittels handelt.[599] Eine Haftung des pharmazeutischen Unternehmers ist daher gem. §§ 84 f. AMG nur dann anzunehmen, wenn entweder der Off-Label-Use durch Erweiterung der Zulassung zum bestimmungsgemäßen Gebrauch wird oder der pharmazeutische Unternehmer die bestimmungswidrige Anwendung propagiert und hierdurch einen Vertrauenstatbestand schafft.[600]

---

[597] KassKomm-*Hess*, § 35b SGB V Rn. 10.
[598] Vgl. Teil 2, A.III.2.e.
[599] *Krüger*, PharmR 2004, S. 52 (55).
[600] BSG NJW 2003, S. 460; *Krüger*, PharmR 2004, S. 52 (55).

Teil 5: Lösungsansätze und Ergebnis

A. Das Erfordernis weiteren Handelns

Als kurze Zusammenfassung des 2. Teils dieser Arbeit sei nochmals erwähnt: Das Urteil des BSG v. 19.3.2002 sowie die Gesetzesänderung mit § 35b SGB V haben die Erstattungsfähigkeit beim Off-Label-Use auf ein neues Fundament gestellt. Die zulassungsüberschreitende Anwendung von Arzneimitteln ist zulasten der GKV derzeit neben der durch das BSG aufgezeigten Möglichkeit nur dann möglich, wenn entsprechende Empfehlungen der Expertengruppe nach Zustimmung des pharmazeutischen Unternehmers vom Gemeinsamen Bundesausschuss in die Arzneimittel-Richtlinien gem. § 92 Abs. 1 S. 2 Nr. 6 SGB V aufgenommen werden.[601]

Im Vorfeld der Suche nach einer verbindlichen Lösung gab es Einzelbemühungen auf Länderebene, den Off-Label-Use zumindest für eine Übergangszeit zwischen Leistungserbringern und den Krankenkassen zu vereinbaren. Als Beispiel hierzu wurden bereits 2001 Gespräche zwischen der Kassenärztlichen Vereinigung Berlin und den Krankenkassen aufgenommen, welche jedoch scheiterten.[602] Auch zwischen der Kassenärztlichen Vereinigung Hamburg und den Hamburger Krankenkassen wurden Gespräche geführt. Diese Konsensbemühungen scheiterten im Ergebnis an der Auffassung der Krankenkassen, nach ergehen des Urteils des BSG v. 19.3.2002 habe der Arzt die Bewertung der Zulässigkeit des Off-Label-Use anhand der in diesem Urteil aufgestellten Kriterien selbst zu bewerten und das entsprechende Risiko eines Regresses zu übernehmen.[603]

Off-Label-Use hängt, wie bereits ausgeführt, eng mit der Frage nach der Finanzierbarkeit des Gesundheitssystems zusammen.[604] Die ersten kritischen Stimmen waren hierbei Krankenkassen mit der Ankündigung von Regressforderungen. Die Lösung des Problems setzt damit auch die Fähigkeit zur Selbstkritik voraus: Mancher Off-Label-Use erfolgt unkritisch und verursacht daher neben der Gefährdung des Patienten zudem Kosten für das Gesundheitssystem, die vermeidbar wären. Aus diesem Grund ist nach der Arzneimittelkommission der deutschen Ärzteschaft zunächst der einzelne Arzt berufen, die Off-label-Verordnung besonders von kostenintensiven Arzneimitteln kritisch zu hinter-

---

[601] *Sommer* in: Jahn, SGB V, § 35b Rn. 12.
[602] Redaktion des DÄBl., DÄBl. 2001, A1997.
[603] *Späth*, HÄB 2002, S. 393.
[604] Vgl. Teil 3, A.II.

fragen und die Therapie an unabhängigen, kompetenten und evidenzbasierten Leitlinien auszurichten.[605]

Ferner wurde bereits dargestellt, dass der nun gewählte Ansatz eine Behandlung des Systemmangels des AMG unberücksichtigt lässt und hinsichtlich der Einführung des § 25 Abs. 7a S. 7 AMG Unklarheiten verbleiben.

B. Nochmals: Kritik an § 35b SGB V

Die richterliche Rechtsfortbildung ist durch das Einfügen des § 35b SGB V bestätigt worden. Die Bewertung der Notwendigkeit eines Off-Label-Use von Arzneimitteln und damit die Bejahung der Erstattungsfähigkeit obliegt hiernach nicht etwa den Krankenkassen über die Auslegung der unbestimmten Rechtsbegriffe „schwerwiegende Krankheit", „keine andere Therapie verfügbar" und „begründete Aussicht auf einen Behandlungserfolg". Vielmehr erfolgte eine Übertragung dieser Einschätzung zunächst auf die durch den Erlass des BMG eingerichtete Expertengruppe Off-label. Schließlich wurden gem. § 35b SGB V die Bewertungen auf den Gemeinsamen Bundesausschuss und die Expertengruppen beim BfArM übertragen. Es hängt mit dieser Aufgabenzuteilung der Erfolg einer Lösung der Finanzierung von Off-label-Anwendungen in der GKV zunächst an der Arbeitsfähigkeit dieser Gremien.[606]

Ein Mangel trotz Funktionsfähigkeit der Gremien bleibt jedoch die nicht erfolgte Verknüpfung zum Arzneimittelrecht.

C. Lösungsansätze für den Off-Label-Use

Es stellt sich nach dem Vorangegangenen nun die Frage, wie das Problem Off-Label-Use zu lösen ist. Mehrere Varianten wurden bereits angesprochen. Im Folgenden werden diskutierte, in Ansätzen bereits praktizierte sowie neue Ansätze vorgestellt.

I. Einzellösungen oder Gesamtlösung?

Wie bereits ausgeführt, existieren im AMG derzeit zwei Bereiche mit Regelun-

---

[605] *Müller-Oerlinghausen*, DÄBl. 2002, A1684 (1685).
[606] *Heidelmann*, Krankenhauspharmazie 2004, S. 364 (367).

gen des Off-Label-Use: Pädiatrie und Tierarzneimittel. Während die Regelung für die Tierarzneimittel nicht aus den aktuellen Problemen der Finanzierbarkeit des Gesundheitssystems resultiert, sondern schon früh im Hinblick auf die Rückstandsproblematik erkannt und geregelt wurde, ist die Regelung im Bereich der Pädiatrie neueren Datums.[607] So notwendig und vorteilhaft diese Regelung dabei auch sein kann, sie bleibt für eine Gesamtbetrachtung des Off-Label-Use leider nur Stückwerk. Etwa Onkologen sowie Ärzte von HIV-infizierten Patienten kämpfen seit Jahren mit der gleichen Problematik: Als Verordner von Hochpreisarzneimitteln und als Ärzte in Fachgebieten mit rasanten Fortschritten im Bereich der Medikation sind sie vom Off-Label-Use gleichermaßen abhängig wie betroffen.

Durch die Teilregelung allein für die Pädiatrie stellt sich der Gesetzgeber nun selbst das Zeugnis aus, mit § 35b SGB V nicht alles Erforderliche getan zu haben, um den Off-Label-Use auch im Hinblick auf die Arzneimittelsicherheit handhaben zu können. Fraglich aber ist, ob nun für alle bereits erkannten und in Zukunft bekannt werdenden Problembereiche der Medizin jeweils eine Sonderregelung im AMG zu treffen ist. Mit der Gesetzesänderung vom 30.7.2004 jedenfalls lässt der Gesetzgeber hierauf mit einiger Wahrscheinlichkeit schließen.

Die Folgen dieser Entwicklung sind jedoch zu beklagen: Nur, wer sich in Zukunft mit lauter und vom Gesetzgeber vernehmbarer Stimme zu äußern vermag, wird sich - nach Durchlaufen eines Gesetzgebungsverfahrens – mit einer Lösung seines Problems versehen sehen. Daher scheint eines der im folgenden vorgeschlagenen Verfahren unumgänglich: Es werden nunmehr in einer konzertierten Aktion Anstrengungen vom Gesetzgeber unternommen, alle Bereiche der Medizin unter Beteiligung der Fachgesellschaften auf den Grad der Betroffenheit vom Off-Label-Use hin zu untersuchen. Dieses Ergebnis mündet in die Entscheidung, ob weitere Einzelregelungen zu treffen sind oder aber eine generelle Lösung des Problems Off-Label-Use in das AMG einzufügen ist. Vieles spricht dabei jedoch schon jetzt für eine Lösung im Bereich der von der Betroffenheit unabhängigen Zulassungserweiterung.

Auch etwa das Wettbewerbsrecht wäre in eine Lösung der Problematik einzubeziehen. So führt Stumpf[608] zutreffend aus, dass es dem Arzneimittelhersteller auch vor dem Hintergrund des § 3a HWG möglich sein sollte, interessierte Fachkreise auf die Erkenntnisse der Einsetzbarkeit des Arzneimittels außerhalb

---

[607] Vgl. Teil 2, C.III.2.
[608] *Stumpf*, PharmR 2003, S. 421 (424).

der zugelassenen Indikation hinzuweisen. De lege lata ist dies jedoch als Verstoß gegen § 3a HWG anzusehen.[609]

II. Lösungen im Arzneimittelrecht

1. Bestehende arzneimittelrechtliche Möglichkeiten

Es wurde bereits mehrfach vorgeschlagen, zur Vermeidung des Off-Label-Use zunächst auf die bereits heute bestehenden arzneimittelrechtlichen Möglichkeiten zurückzugreifen. Dies sind insbesondere die Vorschriften über den Arzneimittelimport gem. § 73 AMG, über das Inverkehrbringen innovativer Arzneimittel mit großem therapeutischen Wert gem. § 28 Abs. 3 AMG sowie der Einsatz des Arzneimittels als Heilversuch im Einzelfall. Wo keines dieser Instrumente mehr greift, sei sodann nach geltendem Recht die Indikationserweiterung vom pharmazeutischen Hersteller zu beantragen.[610]

2. Zulassungserweiterung vom Amts wegen entsprechend § 36 AMG

Wartensleben hat hierzu bereits vorgeschlagen, über eine Erweiterung der Zulassung von Amts wegen zu diskutieren.[611] Dabei will er diese Diskussion an den Regeln über die Standardzulassung gem. § 36 AMG ausgerichtet wissen. Zusätzlich schlägt Wartensleben vor, dem pharmazeutischen Unternehmer bei einem Gebrauchmachen von der Zulassung eine Lizenzgebühr aufzuerlegen.[612]

Ein Vorteil dieser Lösung im Zulassungsrecht ist das Entfallen der Notwendigkeit weiterer Regelungen: Greift eine Zulassung von Amts wegen ein und stehen Arzneimittel demzufolge für die Anwendung nach dem AMG zur Verfügung, stellt sich die Frage der Erstattungsfähigkeit nach dem SGB V nicht mehr. Das Grundproblem der fehlenden Zulassung in entsprechender Indikation wäre damit beseitigt.

Nachteilig hieran ist die praktische Entbindung des pharmazeutischen Unternehmers von der Zulassungspflicht. Weiter problematisch ist nach derzeitiger Ausgestaltung der Norm das Erfordernis ausreichender Studien über die An-

---

[609] Vgl. OLG Hamburg, Urteil v. 16.3.2000, Az.: 3 U 194/99, Pharma Recht 2000, S. 270.

[610] *Ludwig/Müller-Oerlinghausen/Willich*, Bundesgesundheitsbl. 2003, S. 455 (457).

[611] *Wartensleben*, PharmR 2002, S. 128 (129).

[612] *Wartensleben*, PharmR 2002, S. 128 (129).

wendung des Arzneimittels sowie die fehlende Möglichkeit zur Verpflichtung des pharmazeutischen Unternehmers zur Durchführung von Studien.[613]

3. Lösungen für Einzelbereiche der Medizin

Bereiche der Medizin, die unter dem Zwang zum Off-Label-Use besonders leiden, könnten für sich eine Sonderregelung im AMG beanspruchen. Dem Beispiel des § 25 Abs. 7a S. 7 AMG (Pädiatrie) könnten weitere folgen. Dies scheint auch der eingeschlagene Weg zu sein. Vorteilhaft hieran ist die Klarheit der Regelung für den betroffenen Bereich und die Variabilität bei der Unterscheidung medizinischer Bereiche. Gleichzeitig liegt hierin jedoch auch ein besonderer Nachteil: Mit dem Instrument der Regelung von Einzelbereichen durch Gesetz ist hinsichtlich des Gesamtproblems für Chaos gesorgt. Entweder der Gesetzgeber wählt für einen jeden Bereich der Medizin den gleich lautenden Wortlaut und macht Einzelregelungen damit im Grunde überflüssig, oder er wählt feinste Wortlaut-Unterschiede und löst damit ein Auslegungsbedürfnis aus, welches die eingangs genannten Vorteile von Einzelregelungen zunichte macht. In jedem Fall aber ist ein Gesetzgebungsverfahren langwierig, es könnte damit wieder nur mit einer Verzögerung auf aktuelle Probleme reagiert werden. Dass dieses Problem aber erkannt wurde, zeigt auch die Regelung in § 25 Abs. 7a S. 7 AMG durch die Einbindung einer Kommission in die Entscheidungsabläufe. Schließlich wird sich mancher notwendige Off-Label-Use verbieten, nur weil bereits die Bemühungen zur Einleitung eines Gesetzgebungsverfahrens scheitern: Solange keine Gesetzgebungsinitiative durch Private existiert, ist der off-label arbeitende Arzt darauf angewiesen, sich erfolgreich Gehör zu verschaffen. Eine Lösung somit darin zu suchen, an verschiedenen Stellen des AMG für Einzelbereiche der Medizin einzelne Kommissionen zu schaffen, ist sicherlich der falsche Weg. Zu beliebig und schwerfällig bleibt das Ergebnis. Vielmehr ist es erforderlich, die Vorteile des Regelungsinstruments Gesetz, die Regelung abstrakt-genereller Sachverhalte, stärker in Anspruch zu nehmen.

4. Entmachtung des Zulassungsantrags durch Variabilität des Verfahrens

Bereits in der Einführung und an weiteren Stellen dieser Arbeit wurde als ein Hauptgrund für das Entstehen und die Notwendigkeit des Off-Label-Use der Umfang der Zulassung, wie sie durch den Zulassungsantrag des pharmazeuti-

---

[613] *Engelmann/Meurer/Verhasselt*, NZS 2003, S. 70 (73).

schen Unternehmers bestimmt wird, genannt. Ein denkbarer Ansatz zur Lösung dieser Zwänge ist die beschriebene Zulassung und Zulassungserweiterung von Amts wegen. Ein anderer Weg besteht in der Entstörung des Umfangs des Zulassungsantrags als negatives Wirtschaftsgut des pharmazeutischen Unternehmers. Da die Zulassung selbst das Wirtschaftsgut Nr. 1 des pharmazeutischen Unternehmers darstellt, kann dies jedoch nur dann gelingen, wenn einer möglichst umfassenden Zulassung ein (wirtschaftlicher) Vorteil entspringt.

Auch weil eine umfangreichere Zulassung oder eine Zulassungserweiterung höhere Kosten bedeutet, deren wichtigste Faktoren Entwicklung, Erprobung sowie Zeit bis zur Markteinführung sind, erscheint das Modell der Vorabentscheidung über das Schicksal des Arzneimittels allein durch den Zulassungsantrag des pharmazeutischen Unternehmers nicht mehr tragfähig.

Als ausgleichender Kompromiss zwischen einer Zulassungserweiterung von Amts wegen und der heutigen nahezu alleinigen Wirkung des Zulassungsantrags auf den Umfang der Zulassung bietet sich daher die Lösung über einen Zulassungsantrag mit erweiterbarem Umfang bei gerecht verteilter Kostentragungspflicht an. Die folgenden Anknüpfungspunkte sind alternativ oder kumulativ denkbar.

a. Zulassungserweiterungsverfahren „Off-Label-Use" mit Anreizen für den pharmazeutischen Unternehmer

Eine solche Vorgehensweise haben bereits Engelmann, Meurer und Verhasselt[614] vorgeschlagen: Eine arzneimittelrechtliche Lösung könnte in der Einführung einer Zulassungserweiterung durch ein ordentliches Verfahren[615] liegen, welches zur erforderlichen Mitwirkung des pharmazeutischen Unternehmers Anreize für diesen bereithält.[616] Solche Anreize könnten etwa liegen in dem Erlass von Zulassungsgebühren, einem verlängerten Patentschutz, der Errichtung von Forschungsfonds oder einem befristeten Alleinvermarktungsrecht für das entsprechende Anwendungsgebiet.

Dieser Vorschlag nimmt Bezug auf Erfahrungen aus dem Bereich der Kinderheilkunde in den USA: Mit der „paediatric exclusivity" seien Anreize für die

---

[614] *Engelmann/Meurer/Verhasselt*, NZS 2003, S. 70 (73 ff.).
[615] Für die Schaffung eines vereinfachten Verfahrens zur Zulassungserweiterung bei neuen Indikationen auch: Meyer/Grunert, A/ZusR 2005, S. 55 (57).
[616] Diese Lösung ebenfalls in Betracht ziehend: *Francke/Hart*, SGb 2003, S. 653 (662).

Pharmaindustrie geschaffen worden, klinische Studien durchzuführen und einen Zulassungsantrag zu stellen.[617] Etwa werde hiernach ein um sechs Monate verlängerter Patentschutz gewährt. Auch finde eine finanzielle Unterstützung der Studien statt. Weiter könne nach der 1998 erlassenen „paediatric rule" der pharmazeutische Unternehmer zur Durchführung von pharmakokinetischen Studien verpflichtet werden.[618]

Hinsichtlich der Übertragbarkeit dieser Erfahrungen wird insbesondere von den Autoren selbst das Problem der Umsetzung einer Verpflichtung zur Durchführung von Studien angesprochen. Im Rahmen einer Erstzulassung dürfte dabei im Bereich der Kinderheilkunde bereits die Regelung des § 25 Abs. 7a S. 7 AMG zum Tragen kommen.[619] Auch für andere Bereiche komme es zunächst darauf an, festzustellen, in welchen weiteren Indikationen weitere Forschung sinnvoll und möglich sei.[620]

Auch Ludwig, Müller-Oerlinghausen und Willich[621] nehmen auf diese Möglichkeiten Bezug und weisen weitergehend darauf hin, dass der pharmazeutische Hersteller an die Beantragung einer Indikationserweiterung als eine ihm obliegende Aufgabe erinnert werden sollte. Francke und Hart halten das Vorgeschlagene trotz grundsätzlich anderer Auffassung für zumindest praktikabel und mit dem Verfassungsrecht vereinbar.[622] Auch für Ehlers[623] ist eine vereinfachte Zulassungserweiterung unter Einbeziehung der Expertengruppen Off-label eine denkbare Lösung.

Mit einem solchen Ansatz erfolge insgesamt kein Legalisierung des Off-Label-Use, sondern vielmehr dessen Reduzierung.[624] Dies kann im Sinne einer Risikovermeidung durchaus einen richtigen Weg darstellen.

b. Instrumente und Maßstäbe einer Zulassungserweiterung

Das Arzneimittelgesetz kennt bereits Regelungen für atypische Zulassungssituationen.

---

[617] *Engelmann/Meurer/Verhasselt*, NZS 2003, S. 70 (74).
[618] *Engelmann/Meurer/Verhasselt*, NZS 2003, S. 70 (74).
[619] Vgl. Teil 2, C.III.2.
[620] *Engelmann/Meurer/Verhasselt*, NZS 2003, S. 70 (74).
[621] *Ludwig/Müller-Oerlinghausen/Willich*, Bundesgesundheitsbl. 2003, S. 455 (457).
[622] *Francke/Hart*, SGb 2003, S. 653 (662).
[623] *Ehlers*, PharmInd 64 (2002), S. 765 (766).
[624] *Engelmann/Meurer/Verhasselt*, NZS 2003, S. 70 (73).

Die Zulassung aufgrund anderweitigen wissenschaftlichen Erkenntnismaterials gem. § 22 Abs. 3 S. 1 Nr. 1 AMG erlaubt eine Arzneimittelzulassung unter Verzicht auf die Vorlage der Ergebnisse der pharmakologischen und toxikologischen Versuche sowie der klinischen Prüfungen und ärztlichen Erprobung etwa für ein Arzneimittel, dessen Wirkstoffe in der EU seit mindestens zehn Jahren medizinisch verwendet wurden und deren Wirkungen und Nebenwirkungen bekannt und aus dem wissenschaftlichen Erkenntnismaterial ersichtlich sind. Hier ist die Vorlage anderen wissenschaftlichen Erkenntnismaterials erforderlich, welches in einer Sammlung von wissenschaftlichen Studien, Einzelfallberichten und Erfahrungsberichten bestehen kann.[625]

Die Zulassungsbehörde kann des Weiteren die Zulassung mit Auflagen verbinden, § 28 Abs. 1 S. 1 AMG. Dies kann auch nachträglich erfolgen, § 28 Abs. 1 S. 4 AMG. Damit steht dem BfArM bereits ein Instrument zur Anpassung der Zulassung an neue Gegebenheiten zur Verfügung. Eine Verpflichtung zur Durchführung weiterer analytischer, pharmakologisch-toxischer oder klinischer Prüfungen ist in § 28 Abs. 3 AMG enthalten, eine Dokumentation weiterer Erkenntnisse bei der Anwendung des Arzneimittels kann gem. § 28 Abs. 3a AMG verlangt werden.

Es handelt sich hierbei um Ansätze, die ein flexibles Agieren der Zulassungsbehörde ermöglichen.[626] Zur Ausgestaltung einer Zulassungserweiterung könnten diese damit durchaus nutzbar gemacht werden.

Schließlich entscheidet das BfArM gem. § 21 Abs. 4 AMG über die Frage nach der Zulassungspflicht eines Arzneimittels. Diesen Ansatz auf eine Zulassungserweiterung (von Amts wegen) übertragen, kann in einer entsprechenden Regelung das Instrument zur Feststellung der Erweiterungsbedürftigkeit zur Hand reichen.

III. Lösungen im Recht der GKV

1. Einbeziehung in die AMR gem. § 35b Abs. 3 SGB V

Der gem. § 35b Abs. 3 SGB V vom Gesetzgeber eingeschlagene Weg, die Wirtschaftlichkeit von Off-Label-Verordnungen mittels AMR des G-BA anzuerken-

---

[625] *Goecke*, NZS 2002, S. 620 (626) mit Hinweis auf den 5. Abschnitt der Arzneimittelprüfrichtlinien vom 5.5.1995, BAnz 1995 Nr. 96a.

[626] *Kloesel/Cyran*, § 28 AMG Nr. 24.

nen, stellt damit eine sozialrechtliche Lösung dar. Eine Einbeziehung der AMR in die Lösung der Problematik wurde auch im Vorfeld der gesetzgeberischen Aktivitäten bereits verschiedentlich vorgeschlagen.[627] Ihre Umsetzung wurde einerseits nicht kritiklos aufgenommen[628], ist jedoch andererseits akzeptabel und führt zu einem sozialrechtlich verwertbaren Ergebnis.[629]

2. Entscheidung des G-BA in einem an § 135 SGB V orientierten Verfahren

Für eine sozialrechtliche Lösung, welche sich an § 135 Abs. 1 S. 1 SGB V orientiert, sprechen sich etwa Francke und Hart aus.[630] Dabei wird zunächst auf die praktischen und rechtlichen Schwierigkeiten einer arzneimittelrechtlichen Lösung verwiesen. Entgegen der Auffassung des BSG stünde einer solchen Lösung auch das Arzneimittelrecht nicht entgegen: Eine Haftung des pharmazeutischen Unternehmers werde durch den dann zu bejahenden bestimmungsgemäßen Gebrauch begründet. Weitere Vorteile seien das vorhandene Verfahrens- und Kriteriengerüst beim G-BA sowie vor allem der sodann bei der Entscheidung anzusetzende versorgungsrechtliche Standard.[631] Damit sei es für die vertragsärztliche Versorgung angezeigt, dass alle nicht nach dem AMG bezüglich ihrer beabsichtigten Verwendung in einer Indikation geprüften Arzneimittel einer sozialrechtlichen Prüfung zu unterziehen seien.[632]

D. Ergebnis

Die Kernfragen lauten: Können Off-Label-Use und Anwendungsbezogenheit der Zulassung unter Berücksichtigung der Verantwortlichkeit des pharmazeutischen Unternehmers für das Arzneimittel koexistieren? Und nicht zuletzt: Wie kann bei Gewährleistung der Arzneimittelsicherheit verhindert werden, dass Patienten heilbringende Arzneimittel vorenthalten werden?

Trotz Vorliegens einer Zulassung eines Arzneimittels, welches damit einer Wirksamkeits- und Unschädlichkeitsprüfung unterzogen wurde, ist beim Off-Label-Use die Arzneimittelsicherheit nicht garantiert. Zwar ist ein Inverkehrbringen verboten, § 21 AMG, nicht jedoch die konkrete Anwendung des

---

[627] Vgl. *Niemann*, NZS 2002, S. 361 (366).
[628] Vgl. *Kozianka/Millarg*, PharmR 2002, S. 212 (215).
[629] Vgl. Teil 3, D.II.3.
[630] *Francke/Hart*, SGb 2003, S. 653 (662 f.).
[631] *Francke/Hart*, SGb 2003, S. 653 (663).
[632] *Francke/Hart*, SGb 2003, S. 653 (662 f.).

Arzneimittels. Dies bedeutet sowohl nach dem Arzneimittelrecht als auch nach dem ärztlichen Berufsrecht: Möglichkeit der Einzelfallanwendung ohne Massenverfügbarkeit am Markt.

Dieser Systematik sind das Bundessozialgericht und das Bundesverfassungsgericht unter Aufstellung enger Voraussetzungen auch im Hinblick auf das Recht der gesetzlichen Krankenversicherung gefolgt. Fraglich ist, ob sich diese durch das geltende Recht vorgegebene Systematik auch dann als richtig erweist, wenn die Erkenntnisse der medizinischen Wissenschaft die Einzelfallanwendung hinter sich gelassen hat und der Off-Label-Use als Regelfall zur Verfügung zu stehen scheint. Kann medizinischer Fortschritt etwa nur Patienten verfügbar gemacht werden, welche an einer Erkrankung leiden, die sich durch ihre Schwere oder Seltenheit vom Durchschnitt abhebt? Eine Öffnung des Zulassungsstatus für neue medizinische Erkenntnisse unter Zusammenwirken von Zulassungsbehörde und pharmazeutischem Unternehmer erscheint hier als der richtige Weg.

Die möglichen Lösungswege für die Handhabung des Off-Label-Use sind zwar vielfältig. Nach Auffassung des Verfassers dieser Arbeit liegen jedoch die entscheidenden Vorteile in den auch das Arzneimittelrecht berücksichtigenden Vorschlägen. Der Gesetzgeber hat bislang die sozialrechtliche Regelungsmaterie in Angriff genommen. Die akuten und dringlichsten Probleme konnten damit zwar zunächst angesprochen werden, jedoch verbleibt Handlungsbedarf im Interesse der Arzneimittelsicherheit. Aufgrund dieser letztendlich wohl überragenden Bedeutung der Arzneimittelsicherheit, der Ausgestaltung des AMG als in das SGB V einstrahlende Rechtsmaterie sowie der europaweiten Wirkungen der nationalen Zulassung scheint die Lösung dabei zumindest auch im Arzneimittelrecht einzugliedern zu sein. Dabei bietet sich vor allem die Verwendung eines Verfahrens zur Erweiterung der Zulassung an, um gesetzliche Einzelregelungen für die verschiedenen Bereiche der Medizin zu vermeiden. Der Rückgriff auf verlässlichen medizinischen Sachverstand ist dabei unverzichtbar.[633] Weiterhin ist der Bereich des Off-Label-Use, in dem es um die lediglich anzeigepflichtigen Zulassungsänderungen geht, in konsequenter Fortführung der Rechtsprechung des BSG aus der Problematik auszuklammern und als Teil der Leistungspflicht der GKV ausdrücklich anzuerkennen. Festzuhalten ist: Off-Label-Use ist stets auch eine Gefahr für die Arzneimittelsicherheit. Dieser ist keinesfalls hinfort zu

---

[633] Vgl. auch die Ergebnisse des Bochumer Symposiums „Arzneimittelverordnung außerhalb zugelassener Indikationen" am 27.10.2001, Internetpublikation 2008: http://www.ruhr-uni-bochum.de/pressemitteilungen-2001/msg00312.html; sowie Internetpublikation 2005: http://www.uni-protokolle.de/nachrichten/id/78638/; zudem in: *Zylka-Menhorn*, DÄBl. 2001 A3413 (3415).

denken, jene ist nicht hinzunehmen, vielmehr ist beiden durch eine Umgestaltung auch des Arzneimittelrechts Rechnung zu tragen.

Literaturverzeichnis

Ayaß, Wolfgang / Tennstedt, Florian / Winter, Heidi
Quellensammlung zur Geschichte der Deutschen Sozialpolitik 1867 bis 1914, II. Abteilung: Von der Kaiserlichen Sozialbotschaft bis zu den Februarerlassen Wilhelms II. (1881–1890), Band 1: Grundfragen der Sozialpolitik, Darmstadt 2003

Bäcker, Gerhard
GKV – Reformnotwendigkeiten und –optionen, KrV 2001, S. 51 – 56

Baltes, Joachim / Rogowski, Alfons
Sozialrecht, Köln 1986

Batz, Karl
Die Zulassungsvoraussetzungen für Arzneimittel, Diss. iur. Gießen 1986

Bausch, Jürgen
Die Abseitsfalle – Konsequenzen für die tägliche Praxis aus dem BSG-Urteil vom 19. März 2002 zum Off-Label-Usc, HcssÄBl. 2002, S. 327 – 328

Becher, Clemens
Selbstverwaltungsrecht in der Sozialversicherung, Kommentar, Berlin 1976, Loseblatt, Stand: Dezember 2003

Beck, Jürgen
Bürgerversicherung: Steht die Verfassung ihrer Einführung entgegen?, SozSich 2004, S. 386 – 392

Beyer, Christian
Grenzen der Arzneimittelhaftung dargestellt am Beispiel des Conterganfalles, München 1989, zugleich Diss. iur. München 1988

Blasius, Helga / Müller-Römer, Dietrich / Fischer, Jürgen
Arzneimittel und Recht in Deutschland, Stuttgart 1998

Bogs, Harald

Molekularmedizinische Fortschritte, verfassungsrechtliches Gendaten-Geheimnis und duale Krankenversicherungsordnung (PKV/GKV), in: Festschrift für Hans-Ludwig Schreiber zum 70. Geburtstag, hrsg. von Knut Amelung, Werner Beulke, Hans Lilie, Henning Rosenau, Hinrich Rüping und Gabriele Wolfslast, Heidelberg 2003, S. 603 – 613

ders.

Ist das uneingeschränkte Monopol der deutschen kassenärztlichen Vereinigungen noch zeitgemäß? – Grundrechtliche Betrachtungen zur Rechtsstellung dieser öffentlichen Körperschaften, in: Festschrift für Otto Ernst Krasney zum 65. Geburtstag, hrsg. von Wolfgang Gitter, Bertram Schulin und Hans F. Zacher, München 1997, S. 25 – 38

Bruns, Johannes / Herz, Elke

Off-Label-Use aus Sicht der gesetzlichen Krankenkassen, Bundesgesundheitsbl 2003, Band 46, Nr. 6, S. 477 – 482

Bücheler, Reinhild / Schwoerer, Peter / Gleiter, Christoph H.

Off-Label-Verordnungen in der Pädiatrie, Bundesgesundheitsbl 2003, Band 46, Nr.6, S. 467 – 476

Butzer, Hermann / Kaltenborn, Markus

Die demokratische Legitimation des Bundesausschusses der Ärzte und Krankenkassen, MedR 2001, S. 333 – 342

Dalichau, Gerhard / Grüner, Bernd

SGB V – Krankenversicherung, Kommentar und Rechtssammlung, Starnberg 2003, Loseblatt, Stand: Dezember 2003

Deutsch, Erwin

Anmerkung zum Urteil des OLG Köln v. 30.5.1990, – 27 U 169/89 –, VersR 1991, S. 189

ders. / Lippert, Hans-Dieter

Kommentar zum Arzneimittelgesetz, Berlin, Heidelberg 2001

ders. / Spickhoff, Andreas

Medizinrecht – Arztrecht, Arzneimittelrecht, Medizinprodukterecht und Transfusionsrecht --, 5. Auflage, Berlin, Heidelberg 2003

Di Fabio, Udo
Risikoentscheidungen im Rechtsstaat. Zum Wandel der Dogmatik im öffentlichen Recht, insbesondere am Beispiel der Arzneimittelüberwachung, Tübingen 1994

Dierks, Christian
Rechtliche Aspekte der Off-Label-Verordnung in der Praxis, Bundesgesundheitsbl 2003, Band 46, Nr. 6, S. 458 – 461

ders.
Gesetzliche Rahmenbedingungen und die Leistungsgrenzen der GKV für die Arzneimitteltherapie, in: Glaeske, Gerd/ Dierks, Christian (Hrsg.), Off-label-use – Weichenstellung nach dem BSG-Urteil 2002, München 2002, S. 28 – 66

ders.
Bundessozialgericht verfeinert Krieterien für Off-label-use, Ärzte Zeitung v. 06.09.2006, Internetpublikation 2007: www.aerztezeitung.de

ders. / Nitz, Gerhard
Erwiderung zum Beitrag von Waßermann/Rosenkranz/Erdmann in DMW 2004, S. 396 – 397, DMW 2004, S. 397 – 398

Ehlers, Alexander
Aktuelle Entwicklungen zum Off-Label-Use, PharmInd 64 (2002), S. 765 – 767

ders.
Onkologische medikamentöse Therapie unter der prämisse nicht zugelassener Medikamente im Spannungsfeld zwischen Ressourcen, Vorgaben und Hilfeleistung, PharmR 2001, S. 215 – 217

ders. / Bitter, Horst
Der „off-label-use" im haftungsrechtlichen Focus, PharmR 2003, S. 76 – 78

ders. / Hoffmann, Andrea
Die Off-Label-Rechtsprechung des Bundessozialgerichts, A/ZusR 2006, S. 4 – 11

ders. / Weizel, Isabel
Regressflut bei Off-Label-Verordnungen, PharmInd 63 (2001),
S. 1256 – 1259

ders. / Willhöft, Cord
Strenge Auflagen für die Kostenerstattung von Arzneimitteln ohne arzneimittelrechtliche Zulassung in Deutschland oder in EU-Mitgliedsländern zu Lasten der Gesetzlichen Krankenversicherung, PharmInd 69 (2007), S. 322 – 323

Engelmann, Christina / Meurer, Friederike / Verhasselt, Bettina
Lösungsansätze für die Problematik der Off-label-Therapie mit Arzneimitteln – zugleich eine Anmerkung zum Sandoglobulin-Urteil des BSG vom 19.3.2002 –, NZS 2003, S. 70 – 76

Engelmann, Klaus
Untergesetzliche Normsetzung im Recht der gesetzlichen Krankenversicherung durch Verträge und Richtlinien (Teil 2), NZS 2000, S. 76 – 84

Fastabend, Katrin / Schneider, Egbert
Das Leistungsrecht der gesetzlichen Krankenversicherung, Berlin 2004

Feiden, Karl
Die Neuordnung des Arzneimittelrechts, 2. Auflage,
Frankfurt am Main 1983

Figge, Gustav
Sozialversicherungshandbuch, Leistungsrecht, Köln 1995, Loseblatt, Stand: Juni 2004

Francke, Robert / Hart, Dieter
Off label Use – Arzneimittelrechtliche, haftungsrechtliche, berufsrechtliche und sozialrechtliche Fragen, SGb 2003, S. 653 – 664

dies.
Die Leistungspflicht der gesetzlichen Krankenversicherung für Heilversuche, MedR 2006, S. 131 – 138

Fritze, J / Schmauß, M
Off-Label-Use: Gesundheitsministerium errichtet Expertengremium – Wo bleibt die Psychopharmakotherapie?, Nervenarzt 2002, S. 1125 – 1127

Giesen, Dieter
Anmerkung zum Urteil des OLG Köln v. 30.5.1990, – 27 U 169/89 –,
JR 1991, S. 464 – 465

Goecke, Klaus
Der zulassungsüberschreitende Einsat von Arzneimitteln („Off-Label-
Use) – zugleich eine Anmerkung zum Urteil des Bundessozialgerichts
vom 19. März 2002 (B 1 KR 37/00 R) –, NZS 2002, S. 620 – 629

ders.
Der Regress gegen den Vertragsarzt wegen unwirtschaftlicher Verordnungen von Leistungen im Einzelfall, MedR 2002, S. 442 – 448

ders.
Verfassungsrechtliche Vorgaben für die Leistungspflicht der Krankenkassen beim Off-Label-Use von Arzneimitteln, NZS 2006, S. 291 – 297

Großbölting, Ralf / Schnieder, Karl-Heinz
Kostenerstattung für neue Behandlungsmethoden im Rahmen der Gesetz-
lichen Krankenversicherung – Rechtsprechung des BSG im Wandel,
MedR 1999, S. 405 – 407

Haft, Fritjof
Reformbedarf beim System der gesetzlichen Krankenversicherung,
ZRP 2002, S. 457 – 462

Hauck, Ernst
„Off-Label-Use" in der Rechtsprechung des Bundessozialgerichts,
A&R 2006, S. 147 – 152

Hauck, Karl / Noftz, Wolfgang
Sozialgesetzbuch, Gesamtkommentar, SGB V, Gesetzliche Krankenversicherung, Band 1–4, Loseblatt, Stand: Juni 2004

Heckmann, Marc / Plewig, Gerd
Behandlung der Hyperhidrose mit Botulinumtoxin–A, DÄBl. 2000,
Heft 43, A 2850 – 2851

Heidelmann, Ulrike
Neue Entwicklungen bei der Verordnung im Off-Label-Use, Krankenhauspharmazie 2004, S. 364 – 367

Heigl, Josef / Schuwerack, Friedrich
   Praxishandbuch des Sozialrechts, Band 1–4, Köln 2003, Loseblatt,
   Stand: Juli 2004

Heinze, Helmut
   Die neue Krankenversicherung, Fünftes Buch SGB, Kommentar, Band I–
   III, in: Bley, Helmar u.a., Sozialgesetzbuch Sozialversicherung, Gesamt-
   kommentar, Band 1–10, Loseblatt, Stand: August 2002

Hennies, Günter
   Heilversuch – Beobachtungsstudie – Klinische Arzneimittelprüfung,
   ArztR 1996, S. 95 – 99

Hennig, Werner (Hrsg.)
   Handbuch zum Sozialrecht, Band 1–8, Neuwied 2004, Losebaltt,
   Stand: Oktober 2004, zit.: HzS–Bearbeiter

Hiddemann, Till-Christian/ Muckel, Stefan
   Das Gesetz zur Modernisierung der gesetzlichen Krankenversicherung,
   NJW 2004, S. 7 – 13

Hohmann, Christina
   Thalidomid – erneute Zulassung erwogen, Pharmazeutische Zeitung online, Ausgabe 07/2003, Internetpublikation 2008: www. pharmazeutische-
   zeitung.de/fileadmin/pza/2003-07/pharm5.htm

Hopf, Günter
   Urteil schafft Klarheit, DÄBl. 2002, Heft 16, A 1069 – 1070

ders.
   Zulassung und Verordnung von Arzneimitteln, RhÄB 2002, S. 15 – 18

ders.
   Arzneiverordnung außerhalb der offiziellen Indikation, RhÄB 2000,
   S. 21 – 23

Ihnen, Hans-Jürgen
   Grundzüge des Europarechts, München 1995

Jahn, Kurt
Sozialgesetzbuch (SGB) für die Praxis, Fünftes Buch (V) Gesetzliche Krankenversicherung, Freiburg i.br., Berlin 2004, Loseblatt, Stand: Juli 2004

Kirk, Beate
Der Contergan-Fall: Eine Unvermeidbare Arzneimittelkatastrophe? Zur Geschichte des Arzneistoffs Thalidomid, Greifswalder Schriften zur Geschichte der Pharmazie und Sozialpharmazie, Bd.1, Stuttgart 1999, zugleich Diss. Greifswald 1998

Kloesel, Arno
Das neue Arzneimittelrecht, NJW 1976, S. 1769 – 1773

ders. / Cyran, Walter
Arzneimittelrecht, Kommentar, Band I – X, Stuttgart 2004, Loseblatt, Stand: Juni 2004

Klusen, Norbert
Politik nach dem Prinzip Sankt Florian, SozSich 2001, S. 220 – 222

Kozianka, Wolfgang / Millarg, Ivo
Endlich Klarheit beim off-label-use? – Zur Pressemitteilung des Bundessozialgerichts zum Urteil vom 19.3.2002 (Az.: B 1 KR 37/00 R) –, PharmR 2002, S. 212 – 216

dies.
Der zulassungsüberschreitende Einsatz von Arzneimitteln als Leistung der gesetzlichen Krankenkassen, PharmR 2001, S. 236 – 244

Krasney, Otto Ernst
Das neue Gesetz zur Stärkung der Solidarität in der gesetzlichen Krankenversicherung, NJW 1999, S. 1745 – 1750

Krauskopf, Dieter
Soziale Krankenversicherung, Pflegeversicherung, 3. Auflage, München 2000, Loseblatt, Stand: Juni 2003

ders.
Die gesetzliche Krankenversicherung (GKV) in der sozialrechtlichen Rechtsprechung und Literatur, in: Wannagat, Georg/ Gitter, Wolfgang (Hrsg.), Jahrbuch des Sozialrechts, Band 24, Berlin 2002, S. 61 – 73

Krüger, Carsten
   Haftung des pharmazeutischen Unternehmers bei Off-Label-Use,
   PharmR 2004, S. 52 – 55

Kruse, Jürgen / Hänlein, Andreas (Hrsg.)
   Das neue Krankenversicherungsrecht, Baden-Baden 2004

Laufs, Adolf
   Arztrecht, 5. Auflage, München 1993

ders. / Uhlenbruck, Wilhelm
   Handbuch des Arztrechts, 3. Auflage, München 2002

Lenz, Widukind / Knapp, Klaus
   Die Thalidomid-Embryopathie, DMW 87 (1962), S. 1232 – 1242

Lindner, Martin
   Das Comeback des Contergans, Frankfurter Allgemeine Sonntagszeitung,
   10.08.2003, Nr. 32, S. 54

Loesch, Lutz Rüdiger von
   Lebens- und Arzneimittelrecht der Vereinigten Staaten von Amerika,
   Göttingen 1975, zugleich Diss. iur. Göttingen 1975

Ludwig, Wolf-Dieter / Müller-Oerlinghausen, Bruno / Willich, Stefan
   Off-label-Verordnung – Soll und kann sie begrenzt werden?,
   Bundesgesundheitsbl 2003, Band 46, Nr.6, S. 455 – 457

Luhmann, Hans-Jochen
   Die Contergan-Katastrophe revisited – Ein Lehrstück vom Beitrag der
   Wissenschaft zur gesellschaftlichen Blindheit,
   Umweltmed Forsch Prax 5 (5) 295 – 300 (2000)

Maaß, Rainald
   Das Kassenarztrecht nach dem Einigungsvertrag, SGb 1991 B,
   S. 113 – 119

ders.
   Wieviel Reform braucht die gesetzliche Krankenversicherung?,
   ZRP 2002, S. 462 – 467

Maaßen, Hans Joachim / Schermer, Joachim / Wiegand, Dietrich / Zipperer, Manfred
> Sozialgesetzbuch Fünftes Buch – SGB V, Gesetzliche Krankenversicherung GKV, Kommentar, Loseblatt, Stand: Oktober 2004,
> zit.: Bearbeiter, GKV-Komm

Mangoldt, Hermann von / Pestalozza, Christian / Klein, Friedrich
> Das Bonner Grundgesetz, Band 8: Art. 70 – Art. 75, Die Gesetzgebungskompetenzen, 3. Auflage, München 1996

Maunz, Theodor / Dürig, Günter
> Grundgesetz, Kommentar, Band 5, Art. 70 – Art. 99, München 1958, Loseblatt, Stand: Juni 2003

Maydell, Bernd Baron von
> Gemeinschaftskommentar zum Sozialgesetzbuch – Gesetzliche Krankenversicherung, GK – SGB V, Band 1–5, Neuwied 1989, Loseblatt, Stand vor Einstellung: Oktober 2002

Meyer, Florian / Grunert, Gordon
> „Off-Label-Use": Haftungs- und Regressrisiken für Ärzte, Apotheker und Pharmaunternehmen, A/ZusR 2005, S. 55 58

Millarg, Ivo
> Gericht stoppt Neufassung der Arzneimittel-Richtlinien (LG Hamburg, Urteil vom 31. März 1999, Az.: 315 O 129/99), PharmInd 62 (2000), S. 948 – 954

Mrozynski, Peter
> Anmerkung zum Urteil des BSG v. 19.3.2003, SGb 2003, S. 106 – 109

Muckel, Stefan
> Sozialrecht, München 2003

Müller-Oerlinghausen, Bruno
> Moderne Arzneimitteltherapie an der Grenze der finanziellen Belastbarkeit, DÄBl. 2002, Heft 24, A 1684 – 1685

Münder, Johannes
> Das SGB II – Die Grundsicherung für Arbeitssuchende, NJW 2004, S. 3209 – 3214

Narr, Helmut
Ärztliches Berufsrecht, Band I–II, 2. Auflage, Köln 2003, Loseblatt, Stand: April 2003

Niemann, Frank
Die Verordnung eines Arzneimittels außerhalb der zugelassenen Indikation – „Off-Label-Use", NZS 2004, S. 254 – 256

ders.
Die Rechtsprechung des Bundessozialgerichts zum so genannten „off-label-use" – Anwendung eines zugelassenen Arzneimittels außerhalb seiner zugelassenen Indikation, NZS 2002, S. 361 – 366

Niesel, Klaus
Kasseler Kommentar, Sozialversicherungsrecht, Band 1–2, München 2005, Loseblatt, Stand: Dezember 2004, zit.: KassKomm–Bearbeiter

Oberender, Peter
Die Zukunft des deutschen Gesundheitswesens – eine ordnungsökonomische Analyse, Bitburger Gespräche, Jahrbuch 1996, München 1996, S. 133 – 144

Pabel, Herman Josef
Arzneimittelgesetz, Texte des Arzneimittelgesetzes und der arzneimittelbezogenen Regelungen des SGB V mit Kurzdarstellung, 9. Auflage, Stuttgart 2003

ders.
Sind Verkehrsverbote nach dem Arzneimittelgesetz auch Anwendungsverbote für den behandelnden Arzt?, NJW 1989, S. 759 – 760

Palandt, Otto
Bürgerliches Gesetzbuch, 66. Auflage, München 2007

Parr, Jürgen / Leutheuser-Schnarrenberger, Sabine
Anmerkung zu dem AMR-Urteil des Hanseatischen Oberlandesgerichts vom 19.10.2000, Pharma Recht 2001, Heft 1, S. 11 – 14

Peikert, Peter
Erste Erfahrungen mit Medizinischen Versorgungszentren, ZMGR 2004, S. 211 – 221

Peters, Horst
Handbuch der Krankenversicherung, Teil II – Sozialgesetzbuch V,
Band 1–4, Loseblatt, Stand: Januar 2004

Pietzcker, Jost
Standesaufsicht durch Wettbewerbsklagen?, NJW 1982, S. 1840 – 1846

Plagemann, Hermann
Der Wirksamkeitsnachweis nach dem Arzneimittelgesetz von 1976,
Baden-Baden 1979, zugleich Diss. iur. Berlin 1978

Pschyrembel, Willibald
Pschyrembel Klinisches Wörterbuch, 259. Auflage, Berlin,
New York 2002

Ratzel, Rudolf / Lippert, Hans-Dieter
Kommentar zur Musterberufsordnung der deutschen Ärzte (MBO),
3. Auflage, Berlin, Heidelberg 2002

ders.
Ärztlicher Beruf. Wie weit geht die Therapiefreiheit? Strukturelle Vorga-
ben durch Qualitätssicherung, Leitlinien und Recht Frauenarzt 2001,
S. 934 – 942

Rebmann, Kurt / Säcker, Franz Jürgen
Münchener Kommentar zum Bürgerlichen Gesetzbuch, Band 5, Schuld-
recht, Besonderer Teil III, §§ 705 – 853, PartGG, ProdHaftG, 4. Auflage,
München 2004, zit.: Bearbeiter in: MünchKomm

Redaktion des DÄBl.
Regresse drohen in Berlin, DÄBl. 2001, Heft 31–32, A 1997

Ries, Hans Peter / Schnieder, Karl-Heinz / Althaus, Jürgen / Großbölting, Ralf
Arztrecht, Praxishandbuch für Mediziner, Berlin, Heidelberg 2004

Rürup, Bert
Die Empfehlungen der „Kommission für die Nachhaltigkeit in der Finan-
zierung der Sozialen Sicherungssysteme": Nun ist die Politik gefragt,
SozSich 2003, S. 256 – 267

Saame, Philipp
Das 12. Gesetz zur Änderung des Arzneimittelgesetzes – Anmerkungen zur zwölften AMG-Novelle, PharmR 2004, S. 309 – 320

Sander, Axel
Arzneimittelrecht, Kommentar für die juristische und pharmazeutische Praxis zum Arzneimittelgesetz mit Hinweisen zum Medizinproduktegesetz und zum Betäubungsmittelgesetz, Band 1 – 5, Stuttgart 1977/2004, Loseblatt, Stand: Dezember 2003

Schimmelpfeng-Schütte, Ruth
Deutschland auf dem Weg in ein dirigistisches Gesundheitssytem?, ZRP 2004, S. 253 – 257

dies.
Der Arzt im Spannungsfeld der Inkompatibilität der Rechtssysteme, MedR 2002, S. 286 – 292

dies.
Recht auf Behandlung und Off-Label-Use in der Gesetzlichen Krankenversicherung (GKV), MedR 2004, S. 655 – 659

Schreiber, Hans-Ludwig
Notwendigkeit und Grenzen einer rechtlichen Regelung ärztlicher Tätigkeit, Der Chirurg 1980, S. 411 – 413

ders.
Wann darf ein Organ entnommen werden? – Recht und Ethik der Transplantation –, in: Festschrift für Erich Steffen zum 65. Geburtstag, hrsg. von Erwin Deutsch, Ernst Kling Müller und Hans Josef Kullmann, Berlin, New York 1995, S. 451 – 463

Schroeder-Printzen, Jörn / Tadayon, Ajang
Die Zulässigkeit des Off-Label-Use nach der Entscheidung des BSG vom 19.3.2002, SGb 2002, S. 664 – 667

Schulin, Bertram (Hrsg.)
Handbuch des Sozialversicherungsrechts, Band 1: Krankenversicherungsrecht, München 1994

Schwerdtfeger, Gunther
Die Bindungswirkung der Arzneimittelzulassung: Zur rechtlichen Relevanz der Wirksamkeitsprüfung nach dem AMG für die RVO-Schiene, das Beihilferecht und die Transparenzkommission, Baden-Baden 1983

ders.
Keine Kassenzulassung für innovative Arzneimitteltherapien nach § 135 I 1 SGB V – Kritisches zum „Jomol-Urteil" des BSG –, SGb 2000, S. 154 – 159

Sodan, Helge
Freie Berufe als Leistungserbringer im Recht der gesetzlichen Krankenversicherung – Ein verfassungs- und verwaltungsrechtlicher Beitrag zum Umbau des Sozialstaates, Tübingen 1997

ders.
Die „Bürgerversicherung" als Bürgerzwangsversicherung, ZRP 2004, S. 217 – 221

Späth, Michael / Kronert, Ulrich
BSG-Urteil zu Off-Label-Verordnungen, HÄB 2002, S. 270

ders.
Off-Label-Verordnungen nach dem BSG-Urteil, HÄB 2002, S. 393 – 395

Stapel, Ute
Die Arzneimittelgesetze 1961 und 1976, Stuttgart 1987, zugleich Diss. Marburg 1987

Stumpf, Christoph
Der Vertrieb von Arzneimitteln außerhalb zugelassener Indikationen in wettbewerbsrechtlicher Perspektive – Die Beurteilung des „Off-Label-Use" nach dem Arzneimittel-, Sozial- und Arzthaftungsrecht und ihre wettbewerbsrechtlichen Konsequenzen, PharmR 2003, S. 421 – 425

Vogt, Gerhard
Perspektiven der Selbstverwaltung im Gesundheitswesen, RhÄB 2002, Heft 4, S. 14 – 17

Wannagat, Georg / Eichenhofer, Eberhard (Hrsg.)
Sozialgesetzbuch, Kommentar zum Recht des Sozialgesetzbuchs, SGB V, Gesetzliche Krankenversicherung, München 2005, Loseblatt, Stand: Februar 2005

Wartensleben, Herbert
Einführung einer vierten Hürde für die Verordnungsfähigkeit zugelassener Fertigarzneimittel zu Lasten der GKV durch ein „Zentrum für Qualität in der Medizin", PharmR 2003, S. 73 – 75

ders.
Beeinflussung der Verordnungsweise des Arztes durch Zulassungsentscheidungen der Bundesoberbehörden, AuR 1997, S. 3 – 6

ders.
Zulassungserweiterung von Amts wegen als Folge der restriktiven sozialgerichtlichen Rechtsprechung zur fehlenden Verordnungsfähigkeit zu Lasten der GKV bei Off-label-Use?, PharmR 2002, S. 128 – 129

ders.
Zwei neue BSG-Entscheidungen zum Off-Label-Use, PharmR 2005, S. 207 – 211

Waßermann, Klaus / Rosenkranz, Stephan / Erdmann, Erland
Zum Beitrag aus DMW 41/2003 von Dierks/Nitz: Aktuelle Fragen des Off-Label-Use in DMW 2003, S. 2138 – 2142, DMW 2004, S. 396 – 397

Werner, Frank
Die Erstattungsfähigkeit neuartiger Arzneitherapien in der gesetzlichen Krankenversicherung – eine Bestandsaufnahme, PharmR 2001, S. 284 – 290

Wigge, Peter / Frehse, Michael
Verfahrensrechtliche Beteiligung der Arzneimittelhersteller bei der Richtliniengebung des Bundesausschusses der Ärzte und Krankenkassen, PharmInd 64 (2002), S. 948 – 953

Zylka-Menhorn, Vera
Off-label-Therapie. Den schwarzen Peter hat der Arzt, DÄBl 2001, Heft 51–52, A 3413–3416

Die Reihe RECHT UND MEDIZIN wird von den Professoren Deutsch (Göttingen), Kern (Leipzig), Laufs (Heidelberg), Lilie (Halle a.d. Saale), Schreiber (Göttingen) und Spickhoff (Regensburg) herausgegeben. Ihre Aufgabe ist es, Monographien und Dissertationen auf dem Gebiet des medizinischen Rechts zu veröffentlichen. Dieses Gebiet, das an Bedeutung noch zunehmen wird, umfaßt auf der juristischen Seite sowohl zivilrechtliche als auch straf- und öffentlich-rechtliche Fragestellungen. Die Fragen können von der juristischen oder von der medizinischen Seite aus untersucht werden. Übergreifendes Ziel ist es, den medizin-rechtlichen Fragen nicht etwa ein gängiges juristisches Denkschema überzuwerfen, sondern die besonderen Probleme der Regelung medizinischer Sachverhalte eigenständig aufzufassen und darzustellen.

Manuskriptzusendungen an die Herausgeber bitte per Brief- bzw. Paketpost. Die Adressen der Herausgeber sind:

Prof. Dr. Dr. h.c. Erwin Deutsch (Zivilrecht und Rechtsvergleichung)
Höltystraße 8
37085 Göttingen

Prof. Dr. Bernd-Rüdiger Kern (Rechtsgeschichte und Arztrecht)
Universtität Leipzig
Juristenfakultät / Lehrstuhl für Bürgerliches Recht, Rechtsgeschichte
und Arztrecht
Burgstraße 27
04109 Leipzig

Prof. Dr. Dr. h.c. Adolf Laufs (Zivilrecht, Medizinrecht und Rechtsgeschichte)
Kohlackerweg 12
69151 Neckargemünd

Prof. Dr. Hans Lilie (Strafrecht, Strafprozeßrecht und Medizinrecht;
federführender Reihenherausgeber)
Martin-Luther Universität Halle-Wittenberg
Juristische Fakultät: Strafrecht
Universitätsplatz 6
06108 Halle a.d. Saale
hans.lilie@jura.uni-halle.de

Prof. Dr. Dr. h.c. Hans-Ludwig Schreiber (Strafrecht und Rechtstheorie)
Grazer Str. 14
30519 Hannover

Prof. Dr. Andreas Spickhoff (Zivil- und Zivilprozessrecht, Internationales und
Vergleichendes Medizinrecht)
Universität Regensburg
Juristische Fakultät
Universitätsstraße 31
93053 Regensburg

RECHT UND MEDIZIN

www.peterlang.de

Ivonne Fuhrmeister

Das Umpacken von Arzneimitteln im Spannungsverhältnis zwischen Markenrecht und Warenverkehrsfreiheit

Frankfurt am Main, Berlin, Bern, Bruxelles, New York, Oxford, Wien, 2008.
XL, 264 S.
Europäische Hochschulschriften: Reihe 2, Rechtswissenschaft. Bd. 4681
ISBN 978-3-631-57790-5 · br. € 51.50*

Im Fokus dieser Untersuchung stehen die markenrechtlichen Probleme des Umpackens und Umbenennens von Arzneimitteln im grenzüberschreitenden Warenverkehr innerhalb der EU und des EWR. Die zwischen den Mitgliedstaaten bestehenden Preisdifferenzen bilden die ökonomische Grundlage für Parallel- und Reimporte. Um die Verkehrsfähigkeit im Importland herzustellen, werden Arzneimittel oft umgepackt. Unterscheidet sich die im Importstaat für das Arzneimittel verwendete Marke von der des Exportstaates, wird oft auch die Marke durch den Importeur geändert. Die Frage der Zulässigkeit des Umpackens und Umbenennens von Arzneimitteln ist seit vielen Jahren Gegenstand von Rechtsstreitigkeiten und kontroverser Auseinandersetzungen in der Literatur. Dieses Buch enthält eine umfassende Auswertung dieser Rechtsprechung und Literatur und stellt die bei der Prüfung der Zulässigkeit von Arzneimittelparallelimporten und -reimporten in der Praxis zu beachtenden Grundsätze dar.

Aus dem Inhalt: Der Arzneimittelmarkt: Aktuelle Marktsituation und Interessenlage · Der markenrechtliche Erschöpfungsgrundsatz · Die Ausnahmen vom Erschöpfungsgrundsatz bei dem Umpacken von parallel- und reimportierten Arzneimitteln · Zulässigkeit der Änderung von Originalbezeichnungen bei parallel- und reimportierten Arzneimitteln · Darlegungs- und Beweislast · Folgen einer Rechtsverletzung nach deutschem Recht

Frankfurt am Main · Berlin · Bern · Bruxelles · New York · Oxford · Wien
Auslieferung: Verlag Peter Lang AG
Moosstr. 1, CH-2542 Pieterlen
Telefax 00 41 (0)32/376 17 27

*inklusive der in Deutschland gültigen Mehrwertsteuer
Preisänderungen vorbehalten
Homepage http://www.peterlang.de